21世紀ICT企業の経営戦略
―変貌する世界の大企業体制―

夏目啓二

編著

文眞堂

はしがき

　2017年1月20日，アメリカで第45代大統領が誕生した。トランプ大統領の誕生は，これまでのアメリカと世界の政治，経済，経営，外交，社会，文化の流れ，新自由主義とグローバリゼーションの流れを自国利益優先主義に変質させることになろう。「アメリカ第一主義」を掲げるトランプ大統領は，第二次世界大戦後続いてきた，パックス・アメリカーナを変質させる大統領として歴史に刻まれることになろう。パックス・アメリカーナは，第二次世界大戦後のアメリカ主導による世界秩序の形成，すなわち，アメリカの軍事力を背景とした自由貿易による世界経済の拡張を目指すものであった。しかし，トランプ大統領の「アメリカ第一主義」は，多国間貿易と決別し，二国間貿易を追究する保護貿易主義であり，移民を排除する排外主義である。

　ところで，2008年9月に起きたリーマン・ショック後の世界経済は，G20（20ヶ国・地域首脳会合）による国際協調の財政・金融政策と新興諸国の経済成長により，不安定さを伴いながらも経済成長を回復してきた。その反面，世界各国で政治的な不安定さや政府の危機を招いてきた。ギリシャの財政危機に端を発したEUの信用危機，中東からの大量の移民流入で揺れるEU，そのEUからイギリスは離脱を決定した。アメリカと日本における所得格差や高い失業率と雇用不安，新たな貧困問題の発生，国家財政を巡る政治的な不安定，新興経済諸国の経済発展と所得格差の広がり，北アフリカや中東諸国の独裁政権崩壊にともなう政治的不安定，タイの国会議員選挙をめぐる与野党対立があった。

　リーマン・ショックを乗り切るためのG20による財政・金融政策の経済的負担が，新たに世界各国での政治的な不安定さや政府の危機を招いたのである。アメリカと世界にとって，政治的，経済的，外交的，社会的な不安定と政府の危機が深まるなかで，「アメリカ第一主義」を掲げるトランプ大統領が誕生したが，これらの不安定と危機は，さらに深まった。

しかしながら一方で，リーマン・ショック後の世界を舞台に活動する多国籍企業は，経営業績の落ち込みを経験しながらも急回復した。そればかりか，世界の多国籍企業は，東西冷戦後の1990年代以降，企業成長を持続しており，さらに，2000年以降の新興経済諸国の台頭とともにその持続的な拡大傾向が続いている。リーマン・ショックが，世界各国で経済的，政治的な不安定さや政府の危機を招いているにもかかわらず，世界の多国籍企業は経営業績の落ち込みを回復し，企業成長を持続させている。それは，なぜだろうか。

　さらに，世界の多国籍企業の業績回復は一様ではなく，先進国と新興国との間，産業間，地域間で不均衡が極めて著しい。2000年代に入って先進国の多国籍企業の停滞，とくに日本の多国籍企業の停滞と衰退が著しいなかで，新興国の多国籍企業，とくに，韓国，台湾，中国，インドの多国籍企業の台頭が著しい。資源・エネルギー産業，金融業，製造業などの分野で新興国の多国籍企業の台頭が著しい。20世紀の多国籍企業の世界では考えられなかった事態が，21世紀に入った10数年間に起きている。それは，なぜだろうか。これらの問に答えることが，われわれの共同研究の課題である。

　われわれは，こうした問題意識と研究課題をもとに共同研究を実施した。われわれは，電気・電子・エレクトロニクスを包括するICT産業に焦点を当てて世界の多国籍企業の経営戦略を分析してきた。ICT産業は，世界の資源・エネルギー，自動車産業に並ぶ巨大産業であるばかりか，先進国と新興国の多国籍企業間分業がもっとも広がる産業である。そこで，われわれは，ICT産業を切り口に21世紀の世界の多国籍企業の経営戦略を分析してきた。

　この共同研究は，2013年度から2015年度の間，龍谷大学社会科学研究所の共同研究「グローバルなICT産業における経営戦略の国際比較」として実施した。年4回の研究会を基本に研究活動を継続してきた。石上悦朗（福岡大学），中川涼司（立命館大学），中原裕美子（九州産業大学），宋娘沃（中国短期大学），羽渕貴司（神戸国際大学），上田智久（東京農業大学），林尚毅（龍谷大学），鍬塚賢太郎（龍谷大学），宮崎信二（名城大学），李美善（名古屋経済大学），陸云江（龍谷大学）の各先生（順不同）には，共同研究員，研究協力者としてご参加いただいた。石上先生には，学部長就任とご留学など校務等のご都合から，共同研究の成果にはご参加いただくことはできなかったが，共

同研究には多大な貢献をいただいた。ご協力いただいた学校法人龍谷大学と関係の皆様には深く感謝申し上げたい。

　また，2014年度には，経営学会国際連合（International Federation of Scholarly Association of Management：IFSAM）の東京大会（明治大学）が9月に開催されたが，本共同研究の多数のメンバーが研究発表し参加することができた。また，本共同研究の実施にあたって，カリフォルニア大学デービス校のMartin Kenney教授と令夫人の田中荘子氏にはひとかたならぬご協力を得ることができた。研究代表者の夏目は，アメリカのICT企業と産業の調査・研究にあたって，2015年の夏期休暇期間，及び，2016年の春期休暇期間の2度にわたり，短期国外研究員としてカリフォルニア大学デービス校のMartin Kenney教授を訪問し，調査・研究することができた。Martin Kenney教授にはHart Hallの研究室を利用させていただいたことに感謝申し上げたい。また，学校法人龍谷大学には，短期国外研究員の機会を提供していただいたことに感謝したい。

　また，日本経営学会常任理事会及び日本経営学会関西部会の先生はじめ，日本比較経営学会，アジア経営学会，アメリカ経済史学会，日本国際経済学会，管理論研究会の先生方からは日頃より学会活動を通じて多くを学ばせていただいている。お名前を記させていただいていないが，ご専門分野の第一線でご活躍のご高名な先生方ばかりである。これらの先生方の交流とご厚情なくして本共同研究は生まれなかった。心より感謝申し上げたい。

　最後になったが，本書は，学校法人龍谷大学の社会科学研究所の叢書の一巻として出版することができた。社会科学研究所と関係者の皆様には深く感謝申し上げたい。また，文眞堂の前野隆氏，前野眞司氏には，多大なご協力をいただいた。執筆者や編者の執筆・編集作業の遅れに対しても寛容かつ厳格に編集の労をとっていただいた。深く感謝申し上げたい。

2017年1月

著者を代表して

夏目　啓二

目　　次

はしがき……………………………………………………………………… *i*

序章　21世紀 ICT 企業の経営戦略 ……………………………… *1*

　1.　21世紀企業のグローバリゼーション ……………………………… *1*
　2.　中国製造業の国際競争力 …………………………………………… *4*
　3.　本書の分析対象と分析方法 ………………………………………… *6*
　4.　本書の構成 …………………………………………………………… *7*

第 1 部　先進国大企業の経営戦略 ……………………………… *13*

第 1 章　21世紀の世界とアメリカ多国籍企業 ……………… *15*

　はじめに ……………………………………………………………… *15*
　第 1 節　変貌する世界とアメリカの多国籍企業 ………………… *16*
　第 2 節　グローバルな ICT 産業とアメリカ多国籍企業 ………… *19*
　第 3 節　先進国へ回帰する世界とアメリカの多国籍企業 ……… *24*
　第 4 節　オフショア金融センターに向かう投資フロー ………… *27*
　おわりに ……………………………………………………………… *35*

第 2 章　「電子立国・日本」の衰退と日本企業システムの変容 … *38*

　はじめに ……………………………………………………………… *38*
　第 1 節　21世紀の「電子立国・日本」の現状 …………………… *38*
　第 2 節　「電子立国・日本」の成立と日本型企業システム ……… *44*
　第 3 節　「電子立国・日本」の衰退と日本型企業システムの変容 … *48*

おわりに ……………………………………………………………… 60

第3章 日本半導体製造装置産業の持続的競争優位性に関する考察 …………… 65

はじめに ……………………………………………………………… 65
第1節 日本半導体産業と日本半導体製造装置産業の発展
　　　　—DRAM ビジネスを踏まえて ………………………… 65
第2節 日本半導体製造装置産業の発展と
　　　　超 LSI 技術研究組合の存在 …………………………… 67
第3節 世界における日本半導体製造装置企業の位置 ………… 70
第4節 日本半導体製造装置企業の衰退
　　　　—Tokyo Electron を事例に …………………………… 72
第5節 Lam Research と Tokyo Electron の差異分析
　　　　—デポジション市場と関連させて ……………………… 77
おわりに ……………………………………………………………… 79

第4章 日本企業の「グローバル採用」と人事制度改革 ……… 82

はじめに ……………………………………………………………… 82
第1節 日本企業の「グローバル採用」と人事制度改革 ……… 83
第2節 A社の「グローバル採用」 ………………………………… 87
第3節 A社の人事制度改革 ……………………………………… 92
第4節 「国際人材紹介サービス」の展開 ………………………… 95
おわりに ……………………………………………………………… 97

第2部 新興国大企業の台頭と経営戦略 ………………………… 103

第5章 中国の多国籍企業化の現状と発展途上国多国籍企業論への意味 …………… 105

はじめに ……………………………………………………………… 105
第1節 対外直接投資と多国籍企業 ……………………………… 105

第2節　中国多国籍企業の特徴 ………………………………………… *107*
　　第3節　発展途上国多国籍企業論の系譜と中国多国籍企業 ………… *115*
　おわりに ………………………………………………………………………… *119*

第6章　インド地方都市における
　　　　ICTサービス産業立地と成長機会 ………………………… *123*

　はじめに ………………………………………………………………………… *123*
　　第1節　インドICTサービス産業の成長過程と立地 ………………… *124*
　　第2節　インドICTサービス産業の大都市集積と地方展開 ………… *127*
　　第3節　チャンディーガルにおけるICTサービス産業の成長 ……… *135*
　おわりに ………………………………………………………………………… *139*

第7章　モバイル時代における
　　　　レノボ社のクロスボーダーM&A ………………………… *143*

　はじめに ………………………………………………………………………… *143*
　　第1節　世界最大手パソコンメーカーへの道 ………………………… *145*
　　第2節　モバイル時代の競争──スマホ産業を中心とする考察 ……… *149*
　　第3節　レノボ社のモバイル時代におけるクロスボーダーM&A … *153*
　おわりに ………………………………………………………………………… *156*

第3部　新興国と先進国とのグローバル企業間競争 ………… *161*

第8章　韓国モバイル産業における部品の調達戦略 ……………… *163*

　はじめに ………………………………………………………………………… *163*
　　第1節　モバイル産業のグローバル競争 ……………………………… *164*
　　第2節　韓国モバイル産業における部品の調達戦略 ………………… *167*
　　第3節　アップルにおける部品の調達戦略 …………………………… *172*
　　第4節　モバイル産業における部品開発 ……………………………… *177*
　おわりに ………………………………………………………………………… *180*

第9章　ICT時代における
　　　　サムスン電子のスマートフォン戦略 …………………… *184*

　はじめに ………………………………………………………………… *184*
　第1節　サムスンの発展 ………………………………………………… *185*
　第2節　サムスンの携帯電話端末事業の展開 ………………………… *196*
　第3節　世界のトップリーダーとしてのサムスンのゆらぎ ………… *201*
　おわりに ………………………………………………………………… *207*

第10章　鴻海とシャープの経営の相違および買収後の展望 … *210*

　はじめに ………………………………………………………………… *210*
　第1節　シャープのものづくりと，その経営不振の要因 …………… *210*
　第2節　鴻海の概要と特徴，危うさ …………………………………… *214*
　第3節　鴻海によるシャープ買収の，台湾における背景 …………… *220*
　第4節　鴻海の，シャープ買収の意図 ………………………………… *222*
　第5節　シャープの今後は ……………………………………………… *224*
　おわりに―日台連携の今後，日本企業のものづくりの今後への示唆 … *226*

結章　タックスヘイブンと変貌する世界の大企業体制 ………… *230*

　はじめに ………………………………………………………………… *230*
　第1節　先進国と新興国の多国籍企業 ………………………………… *230*
　第2節　多国籍企業のオペレーション・マネジメントと
　　　　　タックス・マネジメント ……………………………………… *234*
　第3節　多国籍企業の行動が途上国へ及ぼす影響 …………………… *242*
　おわりに ………………………………………………………………… *245*

キーワード（用語解説）………………………………………………………… *248*
索引………………………………………………………………………………… *261*

序章

21世紀ICT企業の経営戦略

1. 21世紀企業のグローバリゼーション

　20世紀末まで，グローバルな経済と産業を支配してきたのが，日米欧を中心とした先進国大企業であり，なかでも，アメリカ企業と日本企業が圧倒的な競争力と支配力をもっていた。グローバル寡占企業，あるいは大企業と言えば，先進国大企業であり，アメリカと日本の寡占企業，大企業であった。

　このことを『フォーチュン』誌のグローバル500のデータにより確認しよう。図表序-1が示すように，2001年の世界の売上高上位500社のうち，アメリカ企業（197社）と日本企業（88社）とが285社を占め，約60％を占めていた。売上高で世界最大500社のうち，日米の大企業が約60％を占めていた。これに，ヨーロッパ企業のフランス（37社），ドイツ（35社），イギリス（33社），スイス（11社），オランダ（9社），北米企業のカナダ（16社）の合計で437社，約90％を占めた。20世紀末までは米日欧の先進国大企業が，世界の経済と産業を支配する時代であった[1]。

　他方で，アメリカ大企業が世界経済における一極集中＝ガリバー型寡占を復活させることに成功した20世紀末とその翌年の，2001年現在では，新興国の大企業の世界最大500社に占める位置は，中進国の韓国11社を含めて29社（6％）にすぎなかった。しかしながら，21世紀になると新興国の経済発展とともに，新興国大企業の数も増大してきた。とくに，2005年ころからその数が，急速に増大し，2012年には，115社に増大した。世界最大500社の約20％を新興国大企業が占めるにいたった。

　なかでも中国企業の成長が著しい。中国は21世紀に入って2001年にWTO

（世界貿易機構）への加盟を果たし，2009年には，ドイツを抜いて世界最大の輸出国となる。さらに，2011年にはGDP（国内総生産）で日本を抜いて世界第2位となる。こうした中国の輸出主導型の経済発展とともに，20世紀末に『世界の工場』と呼ばれた中国は，21世紀に入って『世界の市場』と呼ばれるようになった。かくして中国企業は，売上高世界最大500社のなかでその存在感を高めていく。

その転機は，2008年のリーマン・ショックであった。中国政府が4兆元にものぼる景気対策として資源・エネルギー分野をはじめ道路網，鉄道網，通信網などインフラストラクチャ（産業基盤）の整備を実施した。この結果，中国の大企業数は，2001年に12社にすぎなかったものが，2012年には，73社となり，日本企業68社を数で追い抜いぬき，アメリカ企業132社に次いで世界最大500社に占める地位が2位となった。2014年現在では，中国企業は，98社を占める。

このような中国企業の台頭は，日本大企業の数や地位の相対的低下のみならず，アメリカ企業はじめ先進国大企業の数と地位の相対的低下を伴った。2014年には，日本企業の54社はじめ，アメリカ企業128社，フランス31社，ドイ

図表序-1　世界の売上高最大500社の推移（上位10カ国：2001年～2015年）

国名	2014年	2013年	2012年	2011年	2010年	2009年	2008年	2007年	2006年	2005年	2004年	2003年	2002年	2001年
アメリカ	128	128	132	132	133	139	140	153	162	170	176	189	192	197
中国	98	95	89	73	61	46	37	29	24	20	16	15	11	11
日本	54	57	62	68	68	71	68	64	67	70	81	82	88	88
フランス	31	31	31	32	34	39	40	39	38	38	39	37	40	37
ドイツ	28	28	29	32	35	37	39	37	37	35	37	34	35	35
イギリス	28	27	26	26	30	29	26	34	33	38	37	35	34	33
スイス	12	13	14	15	15	15	15	14	13	12	11	12	11	11
韓国	17	17	14	13	14	10	14	15	14	12	11	11	13	12
オランダ	13	12	11	12	12	13	12	13	14	14	14	12	11	9
カナダ	11	10	9	11	11	11	14	14	16	14	13	13	14	16
合計	420	418	417	414	413	410	405	412	418	423	435	440	449	449

（出所）　*Fortune*, 2015, 7, July. 及び各年版　により筆者作成。

ツ 28 社，イギリス 28 社，カナダ 11 社など欧米の先進国企業数の相対的な低下が著しい。アメリカ企業や日欧企業の先進国企業の世界最大 500 社に占める地位の低下が著しい。かかる意味で 21 世紀は，中国を中心とした新興国企業・中進国企業の台頭の時代である。

1980 年代，1990 年代に日米の大企業間で起きた『日米逆転』，『日米，再逆転』の舞台は，アメリカと日本という先進国であった。しかしながら，21 世紀に起きている新興国・中国企業の台頭の舞台は，アジアの新興国や発展途上国であった。また，21 世紀に台頭した中国の大企業は，日米欧の先進国企業にはない特質をもっていた。そこで，急速に世界に台頭している新興国・中国大企業の特質を分析することにしよう。

図表序-2 は，アメリカの経済誌『フォーチュン』が，2015 年 7 月に集計・発表し，売上高で見た世界最大 500 社にランクインした中国大企業 98 社である。この表によると，民間企業 11 社，混合企業 5 社を除くと，「中央」「地方」「直轄」「金融」などの諸形態の「国有」企業が 82 社を占める。「国有」とは国が過半数の所有権をもつことを指している。こうした国有企業のうち，「中央」とは国務院国有資産監督管理委員会の所管する中央企業，「直轄」とは国務院直轄の企業，「金融」は財政省・中央匯金公司の所管する金融関連企業，「混合」は，国有と民間資本がともに半数以下の形態を指す。2014 年現

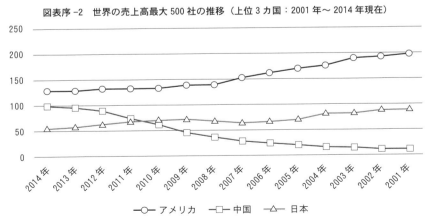

図表序-2　世界の売上高最大 500 社の推移（上位 3 カ国：2001 年〜2014 年現在）

（出所）　*Fortune*, 2015, 7, July. 及び各年版 により筆者作成。

在，中国の売上高世界最大企業98社のうち82社，実に8割以上が国有企業形態にある[2]。しかも，中国政府の所有比率は高く，中国共産党の党官僚はじめ中央政府，地方政府の行政官僚の意向が反映しやすいガバナンス構造にある。このことが，民間の企業や株式会社中心の日米欧の先進国企業にはない，中国大企業の第1の特質である。

そして，これら中国の国有大企業が活動する事業領域は，石油・天然ガス，石炭，エネルギーなどの第1次産業から，鉄鋼，非鉄金属，金属，自動車，重工業，航空機，通信機器，パソコン，エレクトロニクス，アパレル，機械，冶金，などの第2次産業，さらに，第3次産業の電力，建設，通信（キャリア），貿易，銀行，保険，投資，総合，郵便，不動産，小売，輸送，防衛など幅広い産業部門にわたっている。しかしながら，年間売上高が1000億米ドルから4400億米ドルを持つ上位10位までの超巨大企業を見ると，石油・天然ガスなどの資源産業，電力，建設，通信などのインフラストラクチャ（産業基盤）部門と銀行・保険・投資部門のサービス産業に属していることである。この事業構成が，中国の超巨大国有企業の第2の特質である。

石油・天然ガスの超巨大国有企業である世界2位の中国石油化学と4位の中国石油の2社は，8750億米ドルの売上高を占める。これらの売上高規模は，3位のロイヤル・ダッチ・シェル（蘭）の4310億ドルと5位のエクソン・モビル（米）の3820億ドルの合計額，8130億ドルを上回る。いまや，世界の石油・ガス産業の支配的な影響力は，中国の超巨大国有多国籍企業のもとにある。中国石油化学と中国石油は，現在，世界で最も注目される2社である。

2. 中国製造業の国際競争力

これに対して，中国の製造業の競争力は，どのようなものか。中国の自動車産業の売上高を見ると，上海汽車（10位）が，最上位にあった。さらに，売上高順位を20位まで拡げてみると，中国第一汽車（19位），東風汽車（20位）の2社が，さらに21位以下では，北京汽車（35位），広州汽車（73位），浙江吉利（97位）の3社が位置していた。中国の自動車製造企業は，上海汽

車はじめ中国の民族系自動車企業 6 社が，中国自動車産業の売上高を集中する構造にあった。しかし，中国の自動車産業は，中国の民族系企業と日米欧韓の外資系自動車企業が，乗用車の開発・製造・マーケティング・保守サービスをめぐり，鎬を削っている。中国の民族系自動車製造企業の市場シェアは 41％であるのに対して，日米欧の先進国自動車企業の市場シェアは 59％であった。しかも，先進国自動車企業は，高級車市場が中心であり，中国自動車市場では外資系自動車製造企業が，売上高を質と量ともに集中していた。

中国の鉄鋼業は，どのようなものか。宝山鉄鋼（36 位）を筆頭に，河北鉄鋼（43 位），江蘇沙鋼（53 位），渤海鉄鋼集団（59 位），首都鉄鋼（85 位），鞍山鉄鋼（93 位），武漢鉄鋼（98 位）の 7 社が，中国鉄鋼業の売上高を集中していた。しかし，2015 年，世界の粗鋼生産でみると，アルセロール・ミタル（ルクセンブルグ），新日鐵住金（日本）が，1 位と 2 位を占め，中国の河鋼集団と宝鋼集団が，3 位と 4 位，ポスコ（韓国）が 5 位を占めた。さらに，沙鋼集団，鞍鋼集団，武漢集団が，6 位，7 位，8 位と続く。中国の鉄鋼業は，現在，過剰生産能力を抱えており，その過剰生産能力は，中国国内の鉄鋼不況を招いたばかりでなく，世界の鉄鋼価格や過剰設備問題に影響を及ぼしている。

中国製造業の ICT（情報通信）産業では，こうした売上高集中は，より顕著である。通信（キャリア）インフラの情報通信サービス産業で活動する，中国移動通信（9 位），中国電信（28 位），中国聯通（38 位）の 3 社に加えて，ICT ハードウェアの製造業では，通信機器の華為技術（40 位），パソコンの聯想集団（40 位），エレクトロニクスの中国電子情報産業（75 位）の 3 社が，中国の ICT 産業で売上高を集中していた。

2016 年 5 月，中国のスマートフォン市場では華為技術（ファーウェイ）が，17.5％を占め 1 位となり，Oppo Mobile Cmmunication（オポ）11％，小米科技（Xiami），Vivo の中国企業 4 社合計で 53％を占めた。アップルは，前年と比べ 10.8％で 5 位へと順位を下げた[3]。2014 年の世界のパソコン市場では，中国企業のレノボ 19.1％が 1 位となり，アメリカ企業の HP（ヒューレット・パッカード）18.4％，デル・コンピュータ 13.5％が，2 位，3 位，台湾企業の Acer（エイサー）7.8％が 4 位であり，上位 3 社が世界市場の 50％以上を占め

ていた[4]。このように中国のICT企業は，パソコン，スマートフォンなどごく一部の限られた分野ではあるが，国際競争力を増している。

　以上のように分析すると，中国の製造業は，自動車，鉄鋼，ICT産業においても，その売上高規模は，6～7社の国有大企業と民間企業よる寡占体制のもとに売上高を集中していた。しかし同時に，中国企業は，日米欧韓の多国籍企業との企業間競争を通じて，中国市場や世界市場で売上高を集中してきた。現段階では，中国企業の売上高集中度や市場支配力は，ごく一部の限られた産業分野において，日米欧の先進国多国籍企業の競争力を陵駕しつつある。これが，中国企業の第3の特質であった。

3. 本書の分析対象と分析方法

　これまで見てきたように，21世紀に台頭する中国大企業を売上高規模から分析してきたが，対抗する先進国の日米欧大企業は，どのようであったか。すでに，図表序-1で確認したように，2001年の世界の売上高上位500社のうち，アメリカ企業197社と日本企業88社とが合計285社を占め，約60％を占めていたが，2014年には，アメリカ企業128社，日本企業の54社の合計182社に激減し，世界の500社のうち36％を占めるにすぎない。中国企業98社は，世界の500社のうち単独で約20％を占めるまでにいたった。

　これら売上高規模から見た世界の大企業数の推移は，それぞれ各国大企業の経営戦略の展開に大きく依存して変化する。それぞれ各国大企業の経営戦略の展開が，それぞれ各国の大企業数と規模に影響するからである。同時に，また，21世紀のグローバリゼーションのもとでは，それぞれ各国大企業の経営戦略の展開は，各国の貿易と投資，為替と関税に深い関連をもつ。それゆえ，各国の経営戦略の分析は，個別大企業の経営戦略のみならず，各国の産業ごとに明らかにしなければならない。

　21世紀のアメリカ多国籍企業の経営戦略のグローバルな展開のもとでは，先進国や新興国・発展途上国の各産業を切り口に企業間の競争関係や提携関係，国際分業関係を分析しなければならない。そこで本書では，これらの諸関

係を分析するのに適しているICT（情報通信）産業を中心に，日米欧の先進国と新興国の中国や韓国，台湾，インドの企業間競争や提携関係，国際分業関係を明らかにする。

　また，20世紀の多国籍企業の競争力，国際競争力の指標は，企業の売上高規模と売上高利益率で評価されてきた。しかし，21世紀になるとアメリカでは「株価至上主義」，「株主価値主義」（Kennedy 2000）による企業価値の評価が行われるようになった。アメリカ企業の競争力，国際競争力は，企業価値の評価にとって代わられ，極めて投機的性格を帯びるようになった。株式の時価総額による企業価値の評価は，企業の「現在の価値」＝売上高利益率を表すのではなく，「将来の価値」を現すかぎりで企業価値は「投機的」となり，「カジノ」に近い企業評価となる。日本においても「時価総額経営」「時価総額革命」がもてはやされている。

　そして，最後に，これら各国大企業の経営戦略の展開が，社会にどのような影響をもたらしたのか，を明らかにする。

4. 本書の構成

　本書は，第1に，21世紀に入ってアメリカと日本の先進国の大企業数が，相対的に低下させた，その背景と経営戦略を明らかにする（第1部）。第2に，21世紀に入って世界市場で中国企業が台頭する背景と経営戦略はどのようなものか，を産業部門と企業形態（国有企業，民営企業）に即して明らかにする。また，インドと中国の大企業の台頭に対する先進国大企業の経営戦略はどのようなものか，を明らかにする（第2部）。そして第3に，韓国，台湾など中進国大企業の台頭と停滞の背景と理由はどのようなものか，を明らかにする。そして，最後に，こうした世界の大企業間のグローバル戦略が，世界の経済と社会にどのような影響をもたらしたのか，を明らかにすることを課題としている（第3部）。この課題を果たすことにより，21世紀企業の経営戦略の内実が明らかになろう。

第1部　先進国大企業の経営戦略

第1章「21世紀の世界とアメリカ多国籍企業」（夏目啓二）では，21世紀に世界の大企業体制が大きく変化するなか，アメリカの大企業がグローバルな競争関係のなかで，どのように変化しているのかを ICT 産業を中心に考察している。また，アメリカの大企業が，21世紀のグローバル戦略のなかで大きく変化したことが，グローバルな社会にどのような影響をもたらしたのかを明らかにしている。しかし，2015年になるとアメリカはじめ先進国の多国籍企業の行動様式に大きな変化が現れている。第1章は，この変化の意義を明らかにしている。

第2章「「電子立国・日本」の衰退と日本企業システムの変容」（宮崎信二）では，かつて「電子立国・日本」と謳われた日本の電子産業が21世紀の短期間になぜもろくも衰退・崩壊したのか？　世界の ICT 産業のグローバルな経営環境の激変に，日本企業のビジネスモデルは対応出来なかったのではないか，を解明している。本章では，「エレクトロニクス（電機）」生産全体の70％を占める電子産業衰退のプロセスを，日本企業の戦略展開と韓国企業・台湾企業との企業関係を中心にみている。

第3章「日本半導体製造装置産業の持続的競争優位性に関する考察」（上田智久）では，日本の半導体産業が衰退する中，日本の半導体製造装置企業は今もなお，グローバルな規模で競争力を発揮していると言われている。まさに日本の製造装置企業は，日本の半導体業界にとって「最後の砦」である。そこで本章では，まず日本の半導体製造装置産業がいかにして進化してきたのかを考察し，その後，日本の製造装置産業は今後も持続的競争優位を維持することができるのかをアメリカ企業や韓国企業と関連させ探究している。

第4章「日本企業の「グローバル採用」と人事制度改革」（羽渕貴司）では，全世界に200カ所以上の海外拠点を抱え，全社員約37万人中，海外社員が約3分の2を占める日本を代表する大手電機メーカー A 社の「グローバル採用」の特徴と課題を明らかにする[5]。2000年代以降，多くの日本企業が，国境を越えた・国籍問わずのグローバルな人材採用（以下，「グローバル採用」）に乗り出したからである。この背景には，中国をはじめとした新興国市場が消費者市場として急成長し，①現地市場を開拓する営業職，②現地市場向け製

品の開発技術者，③ 現地子会社のホワイトカラーや経営者への需要が高まってきたことがある。

第 2 部　新興国大企業の台頭と経営戦略

中国はいまや世界第 2 位の GDP および世界最大の貿易量を誇る経済大国である。しかし，1 人当たり GDP は約 8000 ドルといまだ上位中所得国のレベルにある。その中国が，近年対外直接投資を急激に拡大し，中国企業は急速に多国籍企業化している。

第 5 章「中国の多国籍企業化の現状と発展途上国多国籍企業論への意味」（中川涼司）では，中国企業はいつごろから，どの国・地域に対して，どのような業種の企業が，なぜ，どのように，多国籍企業化をすすめているのか。それは発展途上国多国籍企業論にどのような意味を持つのか，を明らかにしている。

第 6 章「インド地方都市における ICT サービス産業立地と成長機会」（鍬塚賢太郎）では，インドにおける ICT サービス産業の成長の過程を，当該産業の大都市への集積と地方都市への分散立地という流れのなかで捉えている。あわせて，それがインド中央政府・州政府による産業振興への取り組みと絡み合いながら進展していることについて，インド北部の地方都市チャンディーガルを事例に説明している。企業の立地戦略は，地方政府による産業振興策と深く絡み合いながら展開している側面もあるからである。

第 7 章「モバイル時代におけるレノボ社のクロスボーダー M&A」（陸　云江）は，グローバル寡占化した中国企業のうち，早い時期から国内市場のグローバル化が進展し始めた民間の ICT 企業に注目する。民間の ICT 企業とは，通信機器メーカーのファーウェイ社とパソコン・メーカーのレノボの 2 社である。この 2 社は外資への開放が比較的早かった中国のパソコンと通信機器（交換機）市場において競争優位を確立しただけでなく，さらに海外売上高をも拡大させ，今や本格的に海外進出し，多国籍企業化している。近年，それぞれ通信機器とパソコンの世界最大手メーカーまでに成長している。本章は，中国の ICT 多国籍企業の代表的な事例としてのレノボ社の国際競争力の到達点及び限界を明らかにしている。

第3部　新興国と先進国とのグローバル企業間競争

第8章「韓国モバイル産業における部品の調達戦略」(宋　娘沃)では，2010年以降，世界スマートフォン市場における2強体制を構築してきた三星電子とアップルに焦点をあて，その部品の調達戦略における競争優位を明らかにしている。具体的には，部品の調達戦略がどのように行われているか，また，どのようにモバイル企業が部品開発を行っているのかを明らかにしている。本章は，韓国の携帯端末企業が部品の調達戦略を通じて競争優位をどのように確保しているのかを，アップルとの比較分析をすることによって明らかにしている。

第9章「ICT時代におけるサムスン電子のスマートフォン戦略」(李　美善)では，スマートフォン市場においてサムスン電子はアップルとともに世界2強となり，世界シェア1位を占めている。しかしながら，急速に成長を遂げる新興国企業の激しい追い上げによって，サムスンは，そのポジションを揺らぎ始めており，その原因と背景を明らかにする。ここでは，サムスンの携帯電話事業における経営戦略を概観し，激化するスマートフォン市場におけるサムスンの課題を明らかにしている。

第10章「鴻海とシャープの経営の相違および買収後の展望」(中原裕美子)では，シャープのものづくり，シャープの経営不振の要因，鴻海の経営手法やその危うさなどを分析し，この買収の今後の展望を概観している。シャープは，1912年の創業以来100年以上にわたって，世界初の電卓など革新的な製品を世に送り出してきた企業である。しかし，同社は，近年，深刻な経営不振に陥り，2016年3月期の連結営業損益は1,700億円という，巨額の赤字となった。そのシャープを，台湾企業，鴻海が買収した。EMS (Electronics Manufacturing Service，受託専門企業) という業態の鴻海は，アップルのiPhoneや任天堂のゲーム機などの生産を受託することで，1996～2009年の間に45％の年平均成長率を達成し，売上高を約120倍伸ばすという，めざましい成長を遂げた企業であった。

結章「タックスヘイブンと変貌する世界の大企業体制」(林　尚毅)では，まず，新興国の多国籍企業と先進国の多国籍企業がグローバル競争のなかで途上国を巻き込みながら行動していることを明らかにする。そして，同時に，こ

のグローバル競争が，グローバルな経済・社会に及ぼす影響，すなわち多国籍企業の行動とその受入国と本国，さらにはタックスヘイブン（税回避地）化する狭隘な島嶼国に及ぼす影響について考察している。

（夏目啓二）

注
1 アメリカの有力な経済紙『フォーチュン』が，毎年7月号で，売上高を指標に見た世界最大500社のランキングを発表している。この売上高ランキングで世界最大500社を見ることにより，世界の大企業体制のなかで国籍別の位置をみることができるし，その歴史的な変遷をみることができる。本章は，この世界最大の売上高上位500社の1989年から2014年までのランキングの変化を見たものである。
2 *Fortune*, July, 2015 を基に，金堅敏（2013），3頁を参照して作成。また，*Fortune* の July, 2014 の表も確認。なお，表の作成にあたっては，龍谷大学非常勤講師，陸云江氏の協力を得た。金堅敏（2013）「中国の国有企業改革と競争力」富士通総研（FRI）経済研究所研究レポート No.399.
3 David Ramli (2016), "Apple Drops to Fifth in China's Mobile Market as Locals Rise", *Bloomberg*, July 06.
4 佐藤仁（2016）「日本と世界のPC市場―東芝・富士通・VAIOでPC事業統合はあるのか」『Global Perspective』1月21日。
5 本章は，羽渕（2016）の調査報告書をベースに作成した。A社，B社，C社の調査日時は章末に記載。調査報告書の作成経緯等は，羽渕（2016）を参照されたい。

参考文献
［英語］
Engardio, Pete, Aaron Bernstein, and Manjeet Kripalani (2003), "The New Global Job Shift", *Business Week Online*, March.
Fortune（2015），July および 2000 年版より各年版。
Friedman, Thomas L. (2006), *The world is flat : a brief history of the twenty-first century*, Farrar Straus & Giroux (T)（伏見威蕃訳（2006）『フラット化する世界』日本経済新聞社。）
Jones, Geoffrey (2005), *Multinationals and global capitalism : from the nineteenth to the twenty-first century*, Oxford University Press, p.53（安室憲一・梅野巨利訳（2007）『国際経営講義』有斐閣。）
Kennedy, Allan A. (2000), *The end of shareholder value : corporations at the crossroads*, Cambridge, Mass. : Perseus Pub.（酒井泰介訳（2002）『株主資本主義の誤算：短期の利益追求が会社を衰退させる』ダイヤモンド社。）
OECD (2008), *Information Technology Outlook 2008*, OECD Publishing.
OECD (2010), *Information Technology Outlook 2010*, OECD Publishing.
OECD (2012), *Internet Economy 2012*, OECD Publishing.
David Ramli (2016), "Apple Drops to Fifth in China's Mobile Market as Locals Rise", *Bloomberg*, July 06.
UNCTAD (2011), *World Investment Report 2011*, United Nations Publications.
UNCTAD (2015), *World Investment Report 2015*, United Nations Publications.
UNCTAD (2016), *World Investment Report 2016*, United Nations Publications.

Zysman, J. and M. Kenney (2014), "Sustainable Growth and Work in the Era of Cloud and Big Data: Will Escaping the Commodity Trap Be our Undoing? or Where Will Work Come from in the Era of the Cloud and Big Data?", *BRIE Working Paper 2014-6*.

［日本語］
奥村皓一・久保新一・髙橋公夫・安田八十五編（2011）『海外進出企業の経営現地化と地域経済の再編』創風社。
金堅敏（2013）「中国の国有企業改革と競争力」富士通総研（FRI）経済研究所研究レポート No.399.
佐藤仁（2016）「日本と世界の PC 市場—東芝・富士通・VAIO で PC 事業統合はあるのか」『Global Perspective』1 月 21 日。
関下稔（2010）『国際政治経済要論』晃洋書房。
夏目啓二（2004）『アメリカの企業社会—Corporate America—』八千代出版。
夏目啓二（2014）『21 世紀の ICT 多国籍企業』同文舘出版。

第 1 部

先進国大企業の経営戦略

第1章

21世紀の世界とアメリカ多国籍企業

はじめに

　冷戦構造が崩壊した1990年代から現在までの約20数年間，世界の多国籍企業は，構造的に大きく変貌を遂げた。その構造的な変化は，世界の多国籍企業の進出先（受け入れ先）の変化である。この間，世界の多国籍企業はその姿を大きく変貌させた。

　1980年代までの世界の多国籍企業は，アメリカを中心とした日米欧の先進国大企業であった。そして，これら先進国多国籍企業の進出先は，アメリカ，ヨーロッパ，日本などの先進国が中心であった。多国籍企業の進出先は，1990年代までは先進国が中心であった（Jones, Geoffrey 2005, p.53）。

　しかしながら，図表1-1が示すように，21世紀に入ると世界とアメリカの多国籍企業の進出先が，先進国というよりは，発展途上国・移行諸国にシフトしはじめ，リーマン・ショック（世界経済危機）以降の2011年に逆転した。しかも，これらの進出先の地域は，発展途上国のなかでも南アジア，東アジア，東南アジアなどの発展途上国・地域であり，ラテン・アメリカ，カリブ海地域などの発展途上諸国と地域であった。

　しかし，2015年になると，21世紀の10数年間続いてきたこの世界的な対外直接投資フローの動向に大きな変化が起きた。世界とアメリカの対外直接投資フローの多くが，再び，先進国地域に回帰し始めた。世界とアメリカの対外直接投資フローの先進国への回帰が起きた背景には，なにがあったのか。この背景と原因を明らかにすることが，本章の課題である。

図表 1-1　世界の対内直接投資フロー（経済グループ別：1980 ～ 2010 年）

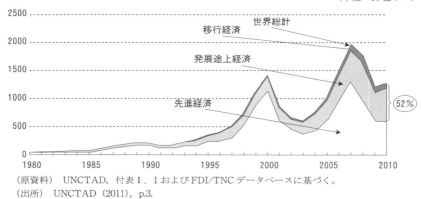

（原資料）　UNCTAD，付表Ｉ．１および FDI/TNC データベースに基づく。
（出所）　UNCTAD（2011），p.3.

第 1 節　変貌する世界とアメリカの多国籍企業

1．変わる世界とアメリカ多国籍企業の進出先

　世界の多国籍企業の進出先を，上位 20 カ国でみると，世界最大の進出先はアメリカで 2280 億ドル（1 位）であった。中国（2 位），香港（3 位）が続き，この中国と香港の合計額 1750 億ドルは，アメリカの 76％に相当した。アメリカと中国が，21 世紀の多国籍企業の最大の進出先であった。これに続いて，ブラジル（5 位），シンガポール（9 位），インド（14 位）など南アジア，東アジア，東南アジア地域の受け入れ合計額は，2010 年に 3000 億ドルに達し，ラテン・アメリカ地域の 1590 億ドルと合わせて，両地域は，多国籍企業の最大の進出地域であった（UNCTAD 2011, p.4.）。

　このように世界とアメリカの多国籍企業の進出先が，先進諸国から新興経済諸国・移行経済諸国地域へ構造的に大きく変化した背景には，これらの経済諸国と地域の経済発展があった。多国籍企業は，これまでは，これらの地域を安価な人的資源や天然資源の供給地域として位置付けて投資を行い，進出してきた。しかしながら，これら新興経済諸国地域は，かれらの経済発展と所得の向上とともに商品やサービス市場を成長させてきた。また，これら政府が，産業

政策や外資法を転換し，外資受け入れ条件を緩和した[1]。それとともに，多国籍企業の進出動機もこれまでの人的資源の活用や天然資源の獲得を目的としたものから市場の獲得を目的としたものへと変化したからであった。

では，21世紀の多国籍企業の国籍はどこか。2010年の対外直接投資フローの本国上位20カ国の順位を見ると，アメリカ（1位）の3290億ドルを筆頭に，ドイツ（2位），フランス（3位）スイス（6位）などEU10カ国が，世界の主要な多国籍企業の本国であった。今日もなお，世界の多国籍企業の本国は，先進工業諸国であり，資本主義諸国である。しかし，このなかで注目すべきは，香港（4位）と中国（5位）の対外直接投資フローであった（UNCTAD 2011, p.9.）。 2010年の香港760億ドルと中国680億ドルの対外直接投資フロー合計額1440億ドルは，アメリカ3290億ドルの44％に匹敵し，世界の対外直接投資フロー第2位のドイツ1050億ドルを上回る規模であった。

2. オフショア・アウトソーシングするアメリカ多国籍企業

21世紀のアメリカ多国籍企業の投資活動や企業活動の最も大きな構造的な変化は，多数の従業員を必要とする製造工場・施設や営業所や事務所を企業内部に擁する大規模な統合企業で起きた。これら産業部門のアメリカ多国籍企業が，グローバルに大規模な製造工場・施設や営業所や事務所の再編成を行ったのが，オフショア・アウトソーシング（オフショアリング）であった。オフショア・アウトソーシング（offshore outsourcing）とは，国外への企業業務の外部委託のことであり，アメリカ多国籍企業が，製造や研究開発，間接業務など企業活動や事務活動を国外，特に南アジア，東アジア，東南アジアの現地企業に外部委託してきたのである[2]。

オフショア・アウトソーシングは，エレクトロニクス，自動車部品，医薬品，半導体，衣料，シューズ製品，おもちゃ，IT-BPO（IT—ビジネス・プロセス・アウトソーシング）など幅広い産業にわたった。その売上高規模，雇用数で圧倒的な位置を占めるのが，エレクトロニクス産業であり，その請負製造企業は，アジア発多国籍企業の台湾企業とシンガポール企業であった（UNCTAD 2011, p.135.）。また，IT-BPO（IT—ビジネス・プロセス・アウトソーシング）とは，ICT（情報通信技術）多国籍企業が提供する最大規模の

企業向けのICTサービスであり、インドが、世界最大のICTサービス請負拠点であった。つまり、アジア地域でオフショア・アウトソーシングが広がる最大の産業は、ICT産業であった。

　オフショア・アウトソーシングは、アメリカ多国籍企業にとって、現地企業が所有する製造工場・施設や事務所と現地従業員という経営資源を越境（クロスボーダー）M&Aやグリーンフィールド（新規）投資により内部化するのではなく、委託契約によりそのまま外部の経営資源として活用する戦略である。これは同時に、アメリカ多国籍企業にとって、かれらの製造工場・施設と従業員を国外の現地企業に外部化（委託）する経営戦略であり、それは同時に、アメリカ多国籍企業の競争優位のある事業領域、例えば、研究開発やマーケティング領域、ネットワーク事業領域などに経営資源を特化し、専業企業化する戦略であった。

　それゆえ、このオフショア・アウトソーシングは、大規模な統合企業にとって、経営戦略の根本的な転換といえる。大規模な統合企業は、20世紀の初頭いらい、研究開発、購買、製造、販売、マーケティング、保守・サービスなどの独立した企業機能を自社に内部化し、垂直的に統合しながら企業成長を実現してきたからであった。

　しかし、アメリカ多国籍企業のオフショア・アウトソーシングの展開は、アメリカ本国の製造工場・施設で働く工場労働者（ブルー・カラー労働者）のみならず、事務所や営業所で働く管理者や技術者、事務労働者（ホワイト・カラー労働者）の職種を新興国の工場・施設や事務所に移転することを意味した（Friedman,T.L. 2006、邦訳,389-431頁）。

　このため、アメリカICT多国籍企業のオフショア・アウトソーシングにより、インドは、アメリカの技術者、ホワイト・カラー労働者の雇用と賃金にとって最大の脅威となっていた（Engardio and others 2003）。インドの技術者やホワイト・カラー労働者は、その専門的な能力や英語能力が高いだけでなく、アメリカの技術者やホワイト・カラー労働者の賃金よりも低く、2分の1～10分の1程度であった。こうした状況のなかでアメリカのIT技術者やホワイト・カラー労働者の失業率が増大する傾向にあるだけでなく、賃金も低下する傾向にあった（Farrell, D. 2006）。

こうした傾向は，21世紀にはさらに強まるという予測が示された。フォレスター・リサーチ社によると，2003年から2015年までに少なくとも330万のホワイト・カラー労働者の仕事と1360億ドルの賃金がアメリカから低コストの国へ移動すると予測された（Engardio and others 2003）。アメリカのホワイト・カラー労働者は，アメリカの中間所得層を構成する最大の階層である。アメリカのホワイト・カラー労働者の多数が，所得と雇用で脅かされていたことが，アメリカの政治的な不安定につながる可能性を秘めることとなった。

第2節　グローバルなICT産業とアメリカ多国籍企業

1. グローバルなICT産業とアメリカ企業

そこで，オフショア・アウトソーシングが広がるグローバルなICT産業の構造をみることにしよう。まず，このグローバルなICT産業とはどのような産業なのか。その規模はどれくらいか。その構造的な特質を見ておこう。ICT産業とは，OECD（2008）の定義によると，情報を電子的に処理し，伝達し，表示する活動を可能にする機器，ソフトウェア，サービスを生産する産業である。それゆえ，ICT産業は，電気通信サービス，エレクトロニクス，IT機器・システム，専業半導体，ソフトウェア，インターネット，通信機器，ITサービスの8つの産業部門を包括している（OECD 2008, p.33）。

21世紀のグローバルなICT産業構造を，世界のICT企業，上位250社のプロフィールにより見よう。2011年現在の世界のICT企業の国籍と収入額を見ると（図表1-2），日米多国籍企業が131社と半数以上を占め，欧州多国籍企業を含めると169社で3分2以上を占めた。なかでも，アメリカ多国籍企業が82社を占め，その売上高規模は1兆1637億ドル，250社売上高総計の約3分の1を占める。グローバルなICT産業におけるアメリカ多国籍企業の圧倒的な優位が明らかであった。アメリカ多国籍企業に続いて日本企業が49社，欧州7カ国の企業41社が続く。しかし，アジア企業の台湾19社，韓国6社，香港4社，中国4社，インド4社の躍進も著しい。本章が，アジアという場合，この4カ国・地域を指すのはこのためである。また，21世紀の10年間を振り

図表 1-2 世界の国別 ICT 上位 250 社（2000 年及び 2011 年）

(単位：雇用者数及び 100 万ドル)

	企業数	収入 2000年	収入 2011年	年間平均成長率(%)	雇用者数 2000年	雇用者数 2011年	年間平均成長率(%)	純利益 2000年	純利益 2011年	年間平均成長率(%)
アメリカ	82	691,482	1,637,517	12	2,451,885	4,084,060	6	78,138	175,764	11
日本	49	683,416	855,404	2	1,072,428	2,910,346	16	18,501	7,219	-6
台湾	18	43,121	315,478	57	90,991	1,789,186	170	7,114	7,947	1
韓国	5	83,868	215,276	14	305,444	308,202		5,119	14,334	16
ドイツ	6	115,455	214,292	8	590,073	693,880	2	13,578	15,810	1
フランス	10	126,019	195,291	5	609,158	621,402		7,851	14,398	8
イギリス	8	69,466	152,008	11	75,247	373,806	36	-21,005	16,836	16
香港	4	38,892	148,511	26	68,318	446,523	50	2,715	19,635	57
スペイン	3	29,620	100,961	22	170,645	301,359	7	2,422	8,023	21
オランダ	6	53,191	88,062	6	266,762	255,039		11,131	2,921	-7
ブラジル	7	20,286	68,477	22	28,448	80,488	17	2,830	7,973	17
カナダ	6	28,698	65,832	12	125,496	193,500	5	3,866	6,159	5
アイルランド	1	27,994	53,094	8	60,289	135,949	11	3,629	-1,599	-13
イタリア	2	27,338	52,030	8	120,973	107,340	-1	-866	-6,677	-61
中国	3	9,720	49,942	38	102,647	417,785	28	2,372	1,622	-3
総計	250	2,209,822	4,602,598	10	6,659,195	14,227,275	10	156,763	335,106	10
OECD	201	2,075,519	3,889,607	8	6,353,994	10,813,873	6	139,261	277,004	9

(注) 国別データは、2000年の時点で企業がなかったりレポートがなかったりする国では、やむなく不完全である。その結果これらのデータでは、収入の伸びが誇調されることになる。アルゼンチン、中国、ドイツ、インド、イタリア、日本、台湾、トルコ、イギリス、アメリカ。

(出所) OECD 情報技術データベース：2012年7月の営業報告書、SEC 文書。

返って2000年から2011年までのICT企業の年間平均成長率をみると，アジア企業の成長率が著しく，いずれも2桁の成長率である。これに対して，アメリカ多国籍企業は，グローバルな平均水準を維持したが，日本多国籍企業の成長率は，低下していたのである。

　アジア企業のなかでは，特に，台湾企業の躍進が際だっていた。企業数では，ドイツを抜いて世界3位に位置しており，収入額ではドイツに次いで世界4位であった。しかしながら，1社平均収入額が，アメリカ企業199億6970万ドル，日本企業174億5720万ドル，ドイツ企業357億1530万ドル，韓国企業430億5520万ドル，中国企業166億4730万ドルと少数企業に集中している。韓国企業の売上高規模が際立って大きいのに対して，台湾企業175億2650万ドル，1社あたりの売上高規模は，日本企業のそれを上回るほどに成長している。

　ICT企業上位250社の産業部門別に見た収入額シェアを高い順にみると，電気通信サービス（34%）がもっとも高く，エレクトロニクス（27%），IT機器・システム（19%）が続き，これら3つの産業部門が世界のICT産業部門の80%を占めている。グローバルなICT産業の残りの20%を，通信機器（6%），ITサービス（5%），専業半導体（4%），ソフトウェア（3%），インターネット（2%）の各産業が占める。

　しかも，これを世界の産業部門別の売上高利益率（%）でみると，ソフトウェア（22.68%），インターネット（15.18%），専業半導体（12.36%）など産業部門の収入額シェアの低い産業部門のほうが，部門別平均利益率（7.6%）より高い。逆に，エレクトロニクス（5.72%），IT機器（5.14%）など産業部門の収入額シェアの高い部門の部門別利益率が低い傾向にある。

　このように，ソフトウェア，インターネット，専業半導体などの産業部門の規模は，相対的に小さいものの売上高利益率が高く，ICT製品やサービス企業が差別化による競争優位を確立する寡占的産業である。これに対して，エレクトロニクス，IT機器・システム製造部門では，産業部門の規模は大きいが，売上高利益率は低く，競争の激しい寡占的産業であった。これが，21世紀に入った頃のグローバルなICT産業の産業部門別構造の特質であった。

2. アメリカICT多国籍企業の企業モデル

　21世紀のグローバルなICT産業では，アメリカ多国籍企業が寡占的に支配する産業構造を形成してきた（OECD 2008, p.33）。しかも，このアメリカ多国籍企業は，1980年代から1990年代にかけて台頭した企業モデルであった。21世紀に入った2006年頃のグローバルなICT産業構造をみると，アメリカ多国籍企業の企業モデルは，3つのタイプに分類できる。しかも，これらの企業モデルは，20世紀初頭に台頭した大規模な統合企業という企業モデルとは根本的に異なる企業モデルであった（OECD 2008, pp.59-66.）。

　まず第1の企業モデルは，1980年代にPC／WS（パソコン／ワーク・ステーション）事業分野のソフトウェアの専業企業群，半導体の専業企業群，PC／WS／通信機器の開発・製造・販売の専業企業群が台頭し，寡占化した企業モデルであった。ソフトウェアの専業企業は，マイクロソフト（米），オラクル（米），シマンテック／ベリタス（米）などの寡占的な専業企業群であった。半導体の専業企業は，インテル（米），テキサス・インスツルメント（米），AMD（米），PC／WS／通信機器の開発・製造・販売では，デル・コンピュータ（米），アップル（米）など寡占的な専業企業群であった。

　第2の企業群は，1990年代中頃以降，インターネットの普及とともに電子商取引（eビジネス）や情報配信サービスを供給し始めた新しい企業群が台頭し，急速に寡占化した企業モデルである。アマゾン（米），グーグル（米），ヤフー（米），イーベイ（米）などのeビジネス，インターネット企業群である。アマゾンは，インターネット経由で書籍やエレクトロニクス製品等の販売を開始したeビジネスであり，グーグルは，インターネット上で検索サービス，位置（マップ）検索サービスなど情報配信サービスを供給しはじめたインターネット企業であった。両社は，ともに世界初のeビジネス，インターネット企業という企業モデルであった。

　この企業モデルは，21世紀に入ると，高速通信網とモバイル通信網，スマートフォン，クラウド技術を基礎にフェースブック（米）やSNS（ソーシャル・ネットワーク・サービス）が，様々な情報配信サービスを展開し始めた。高速通信網とモバイル通信網，スマートフォン，クラウド技術の発展により，様々な情報配信サービスがインターネット上のアプリケーション・ソフトウェア

(App：アプリ）から入手可能となった。アプリを使って様々な情報配信サービスを行う企業モデル，例えば，ウーバー（Uber：配車サービス）やエアB&B（宿泊予約サービス）が登場した。ザイスマンと M. ケニーは，こうした企業モデルを基礎にした経済を，プラットフォーム・エコノミー（platform economy）と呼んでいる（Zysman and Kenney 2014）。

3. 脱製造業めざすアメリカ ICT 多国籍企業

第3の企業群は，これらの企業モデルから挑戦を受けた汎用機メーカーであった大規模な統合企業であった。1980 年代に IBM や DEC など汎用機メーカーの大規模な統合企業は，上述の企業モデルに対抗した。しかしながら同時に，グローバルに台頭してきた日本の多国籍企業や韓国，台湾，インドなどアジア企業との国際競争に対抗する必要にも迫られた。このため IBM や HP などの大規模な統合企業は，製造やサービスのオフショア・アウトソーシング戦略を活用して台頭するアジアの製造請負企業やサービス請負企業との国際分業関係を形成しながら競争優位を維持した。

大規模な統合企業であった IBM は，1980 年代に停滞し続ける主力の汎用機事業部門を縮小しつつ，パソコンや IT 機器・システム，エレクトロニクス事業の製造をアジア企業にオフショア・アウトソーシング（外部委託）し，製品開発，設計，マーケティングに経営資源を集中した。さらに，IBM は，1990 年代から 21 世紀にかけて製造事業からも撤退しはじめ，ソフトウェア事業，サービス事業への専業企業化の方向を求めて，その割合を高めてきた（Gerstner, Louis V. 2002）。

そして，2005 年，IBM は，パソコン事業を中国のレノボ社に売却し，撤退した。2011 年には，日本の NEC もレノボ社にパソコン事業を売却し，経営統合した。さらに，2008 年，IBM は，インド子会社の従業員数を8万 4000 人，また，中国子会社の従業員を1万 6000 人に増大し，IBM の全従業員の 72%を国外とした。こうして IBM の 2008 年度の事業収入の構成は，サービス事業収入 57%とソフトウェア事業収入 21%だけで全収入額（1030 億ドル）の 78%を占めた。20 世紀の大規模な統合企業であった IBM もまた，21 世紀に法人向けサービス事業の専業企業化を目指した（夏目 2014，225 頁）。

第3節　先進国へ回帰する世界とアメリカの多国籍企業

1. 先進国へ回帰する世界とアメリカの多国籍企業

　しかしながら，2015年になると，21世紀の10数年間続いてきたこの世界的な動向に大きな変化が起きた。世界の多国籍企業の進出先の多くが，再び，先進国地域に回帰し始めた。2015年，世界の多国籍企業の進出先，対内直接投資総額1兆7620億ドルのうち，先進国地域に向かったのが，9620億ドルの55％で，新興国・移行経済諸国に向かったのが，7650億ドルの43％で，再度，先進国へ回帰し始めたのである。この間の事情を，UNCTAD（2016）に依拠しながら分析しよう。

　同年の世界の多国籍企業の進出先を地域別にみると，ヨーロッパ地域5040億ドル29％，北アメリカ地域4290億ドル24％，先進国地域合計9330億ドルで53％であった。もちろん，発展途上地域への多国籍企業の進出は，持続したが，その割合が減少した。発展途上国のアジア地域は，5410億ドル30％となった。進出先を国別にみると，アメリカ（1位）3800億ドル，香港（2位）1750億ドル，中国（3位）1360億ドルに続いて，アイルランド（4位）1010億ドル，オランダ（5位）730億ドル，スイス（6位）690億ドルのヨーロッパ地域の国が占めた。

　他方で，進出した多国籍企業の国籍をみると，アメリカ，日本，ヨーロッパの多国籍企業が，上位を占めた。アメリカ（1位）3000億ドル，日本（2位）1290億ドル，中国（3位）1280億ドル，オランダ（4位）1130億ドル，アイルランド（5位）1020億ドル，ドイツ（6位）940億ドル，スイス（7位）700億ドル，とヨーロッパ多国籍企業が続いた（UNCTAD 2016, pp.2-7）。進出した多国籍企業の多くは，アメリカ，日本，ヨーロッパ諸国の先進多国籍企業が占めていた。

　こうした世界の多国籍企業の地域別の変化が，どんな産業で起きたのだろうか。その変化を見るために，2014年の世界の産業部門別の対内直接投資残高をみることにしよう。図表1-3によると，同年の世界の産業部門別の対内直接

図表 1-3　世界のセクター別対内直接投資残高（2014 年）

（単位：兆ドル，パーセント）

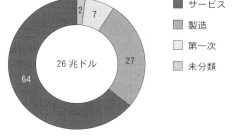

（出所）　UNCTAD（2016），p.13. FDI/MNE データベース。

投資残高 26 兆ドルのうち，サービス部門が最大で 64％の 16 兆 6400 億ドル，ついで製造部門が 27％の 7 兆 20 億ドル，資源採取部門が 7％の 1 兆 8200 億ドルであった。世界の産業部門別の対内直接投資残高のうち資源採取部門の割合が，最も低く，最大部門はサービス産業であった。

ところで，2015 年，製造業で越境（クロスボーダー）M&A が急上昇した（図表 1-4）が，先進国と発展途上国とでは，産業パターンが異なっていた。グローバル・レベルでは，越境 M&A の増大では，製薬（610 億ドル増大）がとくに重要であった。非金属鉱物製品（260 億ドル増大），家具（210 億ドル増大），化学及び化学製品（160 億ドル増大）が，続いた。しかし，先進国と途上国との間では，製造業の越境 M&A の部門間の配分に違いがあった。先進国では，越境 M&A の増大は，主に製薬部門，化学及び化学製品部門，非金属鉱物製品部門，機械及び機器部門，またゴム及びプラスチック製品，基礎的な金属及び金属製品，また自動車及びその他の輸送機器の産業部門で起きた。

一方，発展途上諸国では，製造業のクロスボーダー M&A の増大は，家具，食品と飲料，非金属鉱物製品などの限定された部門で大規模な買収が行われた。同時に大規模な事業売却が，製薬や機械及び機器でも記録された。製薬部門の主要な事業売却は，第一三共（日本）で起きたが，そこでは，例えば，Ranbaxy 研究所（インド）の持ち分をサン製薬産業に 30 億ドルで売却することもあった（UNCTAD 2016, pp.13-15）。

図表 1-4　セクター別クロス・ボーダー M&A 金額（2012 − 2015 年）
（単位：10 億ドル）

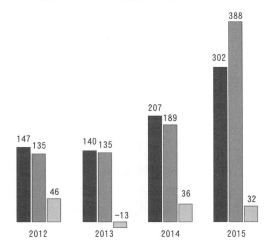

（出所）　UNCTAD（2016），p. 14.　クロス・ボーダー M&A データベース。

2．先進国への回帰の背景──世界の資源採取産業の国際価格崩壊

　ところで，多国籍企業の先進国への回帰が起きた背景には，世界の資源採取産業における対内直接投資フローの急激な減少があった。この世界の資源採取産業の対内直接投資フローの急激な減少を分析すると，一次産品の国際価格の崩壊に行き着く。1990 年代末から 21 世紀の初頭に登場した新興経済諸国の経済発展とともに一次産品の国際価格が，高騰しはじめた。いわゆる「一次産品スーパーサイクル」[3] は，石油と金属価格を歴史的に高いレベルに着実に押し上げたが，世界経済危機によって 2008 年に中断された。そのスーパーサイクルは，後に勢いを再び取り戻したが，それは，2015 年現在，下方局面に入った。

　図表 1-5 が示すように，鉱物，鉱床，金属の価格指数は，着実に 2012 年末以来，下落してきたし，原油価格は 2014 年中頃以来，急激に下落していった。これは，21 世紀の初頭に台頭した新興諸国の需要に応えるため，世界の資源採取産業で蓄積されてきた設備投資，設備能力が過剰となった結果であっ

図表1-5 グローバルな商品価格指数（2000年1月 - 2016年3月）

（注）ブレント（軽油），ドバイ（平均），テキサス（重油）の単純平均。
（出所）UNCTAD（2016），p.15.

た。とりわけ，中国の石油や鉱物や鉄鋼などの過剰設備能力は，深刻であった。一次産品価格の急落は，特に，石油産業やガス産業の企業収益に影響を及ぼした。

例えば，BP社（英）は，2015年に65億ドルの損失を報告したが，それは，少なくともこの30年間で最大であった。さらに，低価格は，採取産業の資本支出を抑制してきたが，今度は，採取産業の国際投資総額を減少させた。例えば，シェブロンやエクソン・モビル（米）のような大手原油会社は，2015年のかれらの労働力や事業運営費や資本支出を削減した。一次産品価格が次の数年間にわたり，相対的に低いままであると予測されるが，採取産業の多国籍企業の資本支出は，同様に抑制されたままである。シェブロンは，2017年と2018年にはさらなる支出削減を発表した（UNCTAD 2016, p.15.）。

第4節　オフショア金融センターに向かう投資フロー

1. オフショア金融センターは不正の温床？

他方で，オフショア金融センターへの投資フローは，かなりの額にのぼった。オフショア金融センターへの投資フローの急激な増減は，オフショア金融

センターと特別目的会社（SPEs：special purpose entities）への投資フローを含み，2015年に増大した。UNCTADはその対外直接投資データから除外していた。以下，UNCTAD（2016）によりながら分析しよう。

　オフショア金融センターは，低い税率や有利な越境（クロスボーダー）金融取引，広範囲な双方向投資，二重課税協定ネットワーク，国際金融市場へのアクセスを提供しているが，それは，大企業・中小企業にとって魅力的なものにしている。しかしながら，他方で，これらの金融センターを通じた投資の流れは，国際市場における資本調達を含め，しばしば，企業内金融操作と関連している。同時に，ブランドや特許などの無形資産を含め，持株会社の活動もまた，関連している。このため，オフショア金融センターへの投資の流れは，世界各国で財政・租税上の問題を引き起こしている。

　特別目的会社（SPEs：special purpose entities）経由の投資が，2015年に大量に登場した。SPEsへの投資フローは，多額のオフショア投資フローを示し，2015年にはかなりの増減を記録した。SPEsを経由した金融フローは，その年の多くの期間に大量に登場した。SPEs経由の四半期の流れの大きさは，絶対額からみると，2014年と比較するとかなり上昇し，2012年から2013年に記録したレベルに到達した。著しい増減は，最初の3つの四半期の大規模な純投資から第4四半期の巨大な純売却までのフローのブレは，2015年の年間実績を平準化した（図表1-6）。

　2015年のSPEs関連の投資フローの主要な受取国は，ルクセンブルグであった。ルクセンブルクにあるSPEsへのフローは，アメリカにあるファンドの金融投資と関連があった。これは，その年の第1四半期は特に明瞭で，この時，SPEs対内フローは，1290億ドルに上昇した。同じ四半期のSPEs対外フローは，1550億ドルに達したが，今度は，アメリカからのデータに反映された。アメリカでは，ルクセンブルグからの対内直接投資は，1530億ドル（総対内フローの77パーセント）に上昇した。3つの四半期の大きな変動の後，同時期に2014年レベルを3倍化するより以上に，SPEs対内フローは，その年の最後の3カ月にネガティヴに変わり，およそ1150億ドルの純売却を記録し，その国のSPEsは，会社間ローンを支払い，2070億ドルの調整をした（UNCTAD 2016, p.19）。

図表1-6 SPE向け及びSPEよりの投資フロー（2006年第1四半期～2015年第4四半期）
（単位：10億ドル）

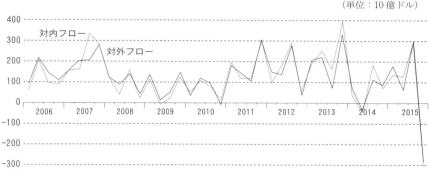

（注）　SPEは，SPEデータを公表する全ての国を含む。
（出所）　UNCTAD（2016），p. 19.

　2014年の急激な減少を記録した後に，オランダのSPE関連対内フローは，2015年の上昇の兆候を最初に示し，第1四半期の20億ドルから第3四半期の1480億ドル（2007年の第3四半期以来，最も高い四半期レベル）へと上昇した。ルクセンブルグではこれらのフローが，第4四半期に急激に後退したように，およそ2000億ドルの株主資本の純売却や利益の再投資が行われた。総投資フローに対する地理的な分解の分析が示唆しているのは，このトレンドは，ルクセンブルグとイギリスからの投資家によって推進された，ということであった。これらのフローのパススルーの性質を反映して，SPEsによる対外投資フローもまた，第4四半期に激減したが，ルクセンブルグとイギリスを標的にする投資全体の減少により主導された。ルクセンブルグとオランダのSPEフロー間の緊密な相互関係は，両国のこれらの会社の濃密で複雑なネットワークの存在に光をあてたが，資金調達の必要や租税計画の考慮に対応して，かれらの間で急速に資本が流れたのである。

2．オフショア金融センターはタックスヘイブン（租税回避地）

　カリブ海のオフショア金融センターへのフローは，2013年の記録的な水準からは落ち続けていた。この時は，1つの大規模な越境（クロスボーダー）M&Aが引き金となって著しく上昇した。その年と比較すると，これら経済諸

国への対内フローは，45％下落したが，しかしながら，2015年になると，推定720億ドルとなり，2008年から2012年の平均額と並んだ（図表1-7）。

先進国の多国籍企業とくに，アメリカは，伝統的にこれらの支配地域フローを支配してきたが，最近の数年間に発展途上諸国や移行経済諸国からの投資フローが増大し，重要な役割を果たしてきた。2010年から2014の間，香港（中国），ロシア連邦，中国，ブラジルが，2つのカリブ海金融センター，英国領バージン諸島やケイマン諸島への投資フローの65％を占めた（図表1-8）（UNCTAD 2016, p.20）。

ところで，世界規模で政策決定者がもつ重要な関心は，かれらの経済での持続的な発展に関する意義からみて，多国籍企業による生産的投資と所得の発生との間に実質的な分離がある，ということである。UNCTADの調査研究，『世

図表1-7　カリブ海オフショア金融センター（2005年－2015年）

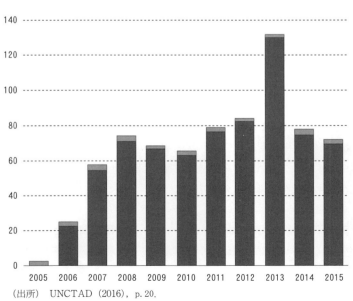

（出所）　UNCTAD（2016），p.20.

図表1-8 英領バージン諸島およびケイマン諸島への投資フロー由来の諸国と地域
(単位：10億ドルとパーセント)

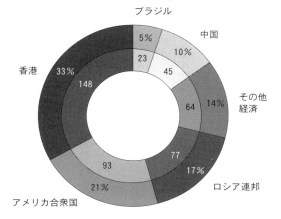

(出所) UNCTAD (2016), p.20.

界投資報告2015版』が解明したように，多国籍企業の税務慣行による財政上の損失は，かなりの規模である。それゆえ，低税率，オフショア金融，支配領域で記載された多国籍企業の直接投資総所得の高い割合は，依然として問題を含んでいる。

　多国籍企業の子会社が居住者になっている経済のGDPに対する対外投資国の海外子会社に帰属する所得の割合は，経済の基礎的条件（ファンダメンタルズ）とは関連のない利潤を現している。例えば，25カ国の先進国の多国籍企業を見ると，2014年の中国（360億ドル）よりもバミューダ（440億ドル）が，より多くの利益を記載した（図表1-9）。驚くことではないが，バミューダ経済の規模に関連したかれらの利益の割合は，GDPの驚異的な779.4パーセントであって，多くの国が，1パーセント以下であるGDPと比較すると驚異的である。GDPに対して海外直接投資の所得の異常に高い割合は，また，他の国でも観察される。例えば，オランダ，ルクセンブルグ，アイルランド，シンガポールのGDPに比較して海外子会社（かれらの本国より報告されたように）の海外直接投資の所得は，実質的なマージンによると，世界の加重平均を超える。

図表 1-9　海外子会社に記入された所得（2014 年）

（単位：10 億ドル）

相手国経済	対外直接投資所得（25 経済）		
	金額	総額に占める割合	対 GDP 比
オランダ	155	12.3	17.6
アメリカ	114	9.1	0.7
イギリス	98	7.8	3.3
ルクセンブルク	74	5.9	114.4
スイス	62	5.0	8.9
アイルランド	61	4.9	24.3
シンガポール	57	4.6	18.6
バミューダ	44	3.5	779.4
カナダ	41	3.3	2.3
中国	36	2.9	0.3
ドイツ	32	2.6	0.8
ブラジル	32	2.5	1.3
ケイマン諸島	30	2.4	874.9
ベルギー	26	2.1	4.9
オーストラリア	24	1.9	1.7
香港	23	1.9	8.0
スペイン	21	1.7	1.5
日本	18	1.4	0.4
ロシア連邦	18	1.4	1.0
フランス	17	1.4	0.6
スウェーデン	15	1.2	2.7
メキシコ	15	1.2	1.2
ノルウェー	13	1.0	2.6
カタール	12	1.0	5.9
オーストリア	12	1.0	2.8
摘要 208 経済	1,258	100.0	1.6

（出所）　UNCTAD（2016），p. 22．OECD および国連統計局のデータに基づく。

　GDP に対する海外直接投資（FDI）所得の高い割合は，多国籍企業の海外利潤の主要な集積体として持ち株会社の登場を反映している。バミューダの事例では，バミューダにある海外子会社の特大の利潤は，概ねアメリカの投資家

に帰属する所得を反映している。アメリカの統計によると，バミューダにある対外直接投資ポジションの大多数は，持ち株会社である。その持ち株会社は，租税目的のためにこれらの投資から，他国への投資を経由し，また所得を生み出すのに役立っている。ただし，それは，アメリカの所得税コードという，管理された海外法人（CFP）規則に沿っている。これは，タックスヘイブン（租税回避地）の典型事例と思われる。

3. アメリカ多国籍企業の持株会社形態とタックスヘイブン（租税回避地）

図表1-10が示すように，長期的に見るとアメリカでは，世界経済危機以来，海外直接投資（FDI）総所得の源泉に重要なシフトがあった。世界経済危機以前は，ほとんどのFDI所得は，持ち株会社以外の会社から生み出され，持ち株会社は，2003年から2008年までの間，四半期ごとの総所得の平均4％を占めていたにすぎなかった。しかし，世界経済危機後には，持ち株会社に帰属するFDI所得の割合は，着実に上昇し，2015年には四半期平均で52パーセントとなった。持ち株会社の増大する重要性は，多くの要因によるが，受入国の活動を調整するための地域的なセンターにいっそう依存する。しかし，低い税率や好ましい財政上の措置のある支配区域に持株会社が位置することは，租税上の動機が重要な役割をはたしていることを示唆している（UNCTAD 2016, p.21）。

図表1-10　アメリカ合衆国：対外投資に対する直接投資所得の推移（2003年第1四半期～2015年第4四半期）

（出所）UNCTAD (2016), p.21. アメリカ合衆国経済分析局のデータに基づく。

利益の主要な集積体としての持ち株会社へのシフトは，またFDI所得が最終的に記載される地理的な集中を増大させてきた。2014年，持ち株会社形態にあるアメリカの対外直接投資残高の5パーセント以上を占めた経済地域（バミューダ，オランダ，イギリス，イギリス領諸島，カリブ海地域）は，2005年から2008年の間，FDI対外所得の平均40パーセントを生み出した。2015年には，この割合は，平均59パーセントまで上昇したが，10年以内のスパンでほぼ20パーセントの増大であった。

4. タックスヘイブンに対する対応策

オフショア金融フローを食い止める努力は，国家レベルと国際レベルの双方で進行してきた。上述したオランダとルクセンブルグの政策改革とヨーロッパ委員会の反租税回避パッケージに加えて，アメリカは，海外勘定租税順守法（FATCA）を次第に実行し始めた。同法は，アメリカの非金融多国籍企業の子会社を海外金融機関（FFIs）として大まかに分類し，その子会社は，金融や持ち株のグループに関連しており，こうして新しい順守義務のきっかけとなる。2013年に，G20や経済協力開発機構（OECD）により開始されたThe Base Erosion Profit Shifting（BEPS）のような租税問題についてのより厳しい国際協力への動きもあった。

大企業や中小企業が租税を回避するためにオフショア金融センターや法域を利用し続けてきたことを暴露することは，これらの法域の政策改革にさらなる勢いを提供してきた。より大きな努力は実際に必要であるが，オフショア金融センターやこれらの法域に記入された利潤の水準の経路を定める投資フローのしつこさは，グローバル・レベルでの租税や投資政策のより大きな首尾一貫性を作り出すための緊急な必要性を強調する。これらの2つの決定的な政策領域の間の調整不足は，積極的なスピルオーバーを次から次へと制限するだろうし，租税遵守でえられる潜在的な利得や生産的投資を制限するだろう（UNCTAD 2016, p.22）。

おわりに

　これまで見てきたように，21世紀に入ると，世界とアメリカの多国籍企業の進出先が，先進国というよりは，発展途上国・移行諸国にシフトしはじめた。しかも，これらの進出先の地域は，発展途上国のなかでも南アジア，東アジア，東南アジアなどの発展途上国・地域であり，ラテン・アメリカ，カリブ海地域などの発展途上諸国と地域であった。

　21世紀は，世界とアメリカの多国籍企業の国際分業関係の展開の時代であった。なかでも，アメリカICT多国籍企業は，オフショア・アウトソーシングを大規模に南アジア，東アジア，東南アジア地域で展開してきた。このオフショア・アウトソーシングこそ，アメリカICT多国籍企業が，グローバルに大規模に展開する製造工場・施設や事務所及び従業員を再編成する形態であった。

　しかし，アメリカICT多国籍企業のオフショア・アウトソーシングの展開は，アメリカ本国の製造工場・施設で働く工場労働者（ブルー・カラー労働者）のみならず，事務所や営業所で働く管理者や技術者，事務労働者（ホワイト・カラー労働者）の職を新興国の工場・施設や事務所に移転することを意味した。それゆえ，アメリカICT多国籍企業のオフショア・アウトソーシングは，アメリカ本国のICT産業のホワイト・カラー労働者，ブルー・カラー労働者の職の喪失と不安定性を高め，かれらの賃金低下をもたらした。そのことが，また，アメリカ本国における所得格差の拡大につながった。

　しかしながら，2015年になると海外直接投資フローに変化があらわれた。世界の資源採取産業における対内直接投資フローの急激な減少が起きた。これは，21世紀に台頭した新興諸国経済の需要に応えるため，世界の資源採取産業で蓄積されてきた設備投資，設備能力が過剰となった結果であった。とりわけ，中国の石油や鉱物や鉄鋼などの過剰設備能力は，深刻であった。このため，世界の資源産業への投資資金は，行き場を失った。そして，この行き場を失って過剰化した投資資金は，オフショア金融センターへの投資フローとなっ

た。オフショア金融センターは，租税回避地となるなど金融不正の温床であった。

こうした投資フローに対して，UNCTADは，『世界投資報告2015』で一貫した国際税制や投資政策のためのガイドラインを提案した。それは，租税回避に対抗するための投資政策と発案との間の相乗効果を実現するよう支援できるものであった。その実効性が問われている。

（夏目啓二）

注
1 2008年，中国における外資法の改正により，外資優遇政策は撤廃され，原則として国内企業と同じ扱いに転換した。その反面で，それまでの出資比率に応じて国内販売を認めていた制限をなくし，外資に対しても国内市場での販売を認めるようになった。奥村皓一・久保新一・高橋公夫・安田八十五編著（2011），p.4.
2 UNCTAD（2011）は，オフショア・アウトソーシング（Offshore Outsourcing）をNEM（Non Equity Mode）の一部として位置づけ1章を割いて深く分析した。NEMは，請負製造（contract manufacturing），サービス・アウトソーシング（service outsourcing），請負農業（contract farming），フランチャイジング（franchising），ライセンシング（licensing），経営請負（management contract）を含んでいる。UNCTAD（2011），pp.123-176. また，関下稔（2010），夏目啓二（2004，2014）をも参照。
3 「1次産品スーパーサイクル」とは，2003年頃から起こっていた国際商品市況の変動のことで，この変動は，いつもとは違うとの見方が広がり，スーパーサイクルと呼ばれた。2015年末，この商品市況の上昇期は終わって，下落相場がしばらく続いている。三菱UFJリサーチ＆コンサルティング（2015）「スーパーサイクルが終わった国際商品市況」『けいざい早わかり』第10号，11月12日。

参考文献
［英語］
Carroll, Paul (1993), *Big Blues — The Unmaking of I B M*, Crown Publishers, Inc.（近藤純夫訳（1995）『ビッグ・ブルース』アスキー出版。）
Chandler, Jr. Alfred D. (1977), *The Visible Hand : The Managerial Revolution in American Business*, Harvard University Press.（鳥羽欽一郎・小林袈裟治訳（1979）『経営者の時代』（上）（下），東洋経済新報社。）
Engardio, Pete, and Aaron Bernstein, Manjeet Kripalani (2003), "The New Global Job Shift," *Business Week Online*, March.
Farrell, Diana (2006), *Offshoring: Understanding the Emerging Global Labor Market*（Mckinsey Global Institute），Harvard Business School Press.
Ferguson, Charles H. and Charles R. Morris (1993), *Computer Wars — How the West can Win in a Post-IBM World*, Times Books.（藪暁彦訳（1993）『コンピュータ・ウォーズ 21世紀の覇者』同文書院インターナショナル。）
Friedman, Thomas L. (2006), *The world is flat : a brief history of the twenty-first century*, Farrar

Straus & Giroux (T)．(伏見威蕃訳（2006）『フラット化する世界』日本経済新聞社。)
Jones, Geoffrey (2005), *Multinationals and global capitalism : from the nineteenth to the twenty-first century*, Oxford University Press. p.53.（安室憲一・梅野巨利訳（2007）『国際経営講義』有斐閣。)
Gerstner, Louis V. (2002), *Who says elephants can't dance? : inside IBM's historic turnaround*.（山岡洋一・高遠裕子訳（2002）『巨象も踊る』日本経済新聞社。)
OECD (2008), *Information Technology Outlook 2008*, OECD Publishing.
OECD (2010), *Information Technology Outlook 2010*, OECD Publishing.
OECD (2012), *Internet Economy 2012*, OECD Publishing.
UNCTAD (2011), *World Investment Report 2011*, United Nations Publications.
UNCTAD (2015), *World Investment Report 2015*, United Nations Publications.
UNCTAD (2016), *World Investment Report 2016*, United Nations Publications.
Zysman, J. and M. Kenney (2014), "Sustainable Growth and Work in the Era of Cloud and Big Data: Will Escaping the Commodity Trap Be our Undoing? or Where Will Work Come from in the Era of the Cloud and Big Data?", *BRIE Working Paper 2014-6*.

［日本語］
奥村皓一・久保新一・高橋公夫・安田八十五編（2011）『海外進出企業の経営現地化と地域経済の再編』創風社。
関下稔（2010）『国際政治経済要論』晃洋書房。
夏目啓二（2004）『アメリカの企業社会―Corporate America―』八千代出版。
夏目啓二（2014）『21世紀のICT多国籍企業』同文舘出版。

第 2 章

「電子立国・日本」の衰退と日本企業システムの変容

はじめに

　21世紀に入り日本の「エレクトロニクス」[1]産業の衰退が鮮明となっている。日本の「エレクトロニクス」産業は，自動車と並び多くの雇用を抱え日本の基幹産業として輸出を担い，戦後日本の高度経済成長を牽引した。1980年代にはテレビ，VTRや半導体などで強い国際競争力を持ち世界市場を席巻し，また世界の「エレクトロニクス」産業の上位を日本企業が占めた。しかし，21世紀に入り日本の電子産業の国内生産は，2000年をピークに半減し，10兆円近かった貿易黒字も2013年には赤字に転落した。日本を代表する「総合電機」は，巨額の損失を出し，三洋電機が消滅し，シャープが台湾企業の傘下に入り，名門企業東芝は解体の危機に瀕している。本章では，日本の「エレクトロニクス」産業全体の70％を生産する電子産業衰退のプロセスを，日本企業の戦略展開と韓国・台湾企業との企業関係を中心にみる。かつて「電子立国・日本」と謳われた日本の電子産業が，21世紀の短期間のうちになぜもろくも衰退・崩壊したのか？ 世界のICT産業におけるグローバルな経営環境の激変に，日本企業は対応することが出来なかったのではないか。

第1節　21世紀の「電子立国・日本」の現状

1. 日本の電子産業の現状

　21世紀の日本の「エレクトロニクス」産業の衰退を，日本の通商産業省は，

次のように述べる。

「1979年米社会学者エズラ.F.ボーゲル氏が『ジャパン・アズ・ナンバーワン』を記した当時，我が国エレクトロニクス産業は，高品質，低価格を武器に，テレビやVTRなどの家電製品，DRAMなどの半導体・電子部品で世界市場を席巻し，文字通り『電子立国・日本』として隆々と日本経済の成長を牽引していた。

ところが，90年代以降，坂道を転げるように我が国エレクトロニクス産業はシェアを失っていった。これとは対照的に，97年のアジア通貨危機を受け，一度は解体寸前となったサムスン電子は今や日本企業を凌駕する巨人となり，最近では，パソコンなどの組み立て型最終製品のみならず，これまで日本が圧倒的強さを誇っていた電子部品・材料の分野においても韓国・中国・台湾勢の猛追が著しい」[2]と。

まず「電子立国・日本」の衰退の現状を見ておこう（図表2-1）。

日本電子産業の国内生産額は，2000年の26兆円をピークに2015年12.5兆円弱と半分以下となった。また，輸出も2000年14兆円から2007年15兆円弱

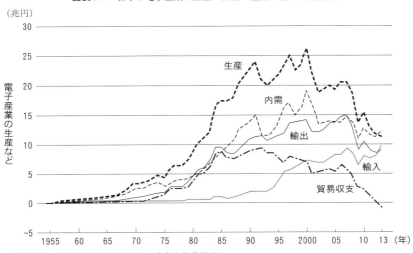

図表2-1　日本の電子産業の生産・内需・輸出・輸入・貿易収支

（原資料）　経済産業省機械統計，財務省貿易統計。
（出所）　西村吉雄（2014），15頁から転用。

をピークに減少し，2000年の10兆貿易黒字は，2013年以降は輸入超過となり貿易赤字に転落した[3]。後にみる電子情報技術協会（JEITA）によれば，日本の電子工業生産12.5兆円は，世界の生産額235兆円の5％に過ぎないのである。

日本の電機産業の衰退は，他の産業と比べるとより鮮明となる。

経済産業省『工業統計調査』によれば，自動車を中心とする輸送用機械では，1990年事業所数2.2万が2014年1.6万で27％減，従業者数98.7万人が99.2万人とほぼ変わらず，出荷額は47兆円弱から60兆円と27％増加に対して，同じ時期，電気機械では，事業所4.4万から2.2万へ，従業員数193.8万から108.8万人へとほぼ半減し，出荷額54.6兆円から39兆円へ約33％減少した。2013年には電気機械は，事業所数，従業員数では輸送用機械を上回るが，2000年まで上回った出荷額は激減し，輸送用機械を大きく下回っている。また，製造業全体の平均より電機産業は，事業所数，従業員数，出荷額の減少が際立っている（図表2-2）。

図表2-2 電機・輸送用機械・鉄鋼の産業状況

	1990年		2000年		2014年		増減％（1990年－2014年）
	実数	(％)	実数	(％)	実数	(％)	
電気機械							
・事業所	44,497	6.1	35,732	6.1	22,281	5.6	-50.0
・従業員数（千人）	1,938	16.4	1,591	16.4	1,088	13.9	-44.0
・出荷額（10億円）	54,666	16.7	59,581	19.6	39,556	12.9	-32.8
輸送用機械							
・事業所	22,444	3.1	19,696	3.4	16,210	4.1	-27.3
・従業員数（千人）	987	8.1	863	8.9	992	12.7	0.5
・出荷額（10億円）	46,949	14.4	44,447	14.6	60,123	19.6	27.6
鉄鋼							
・事業所	8,123	1.1	6,905	1.2	7,210	1.8	-11.1
・従業員数（千人）	341	2.9	249	2.6	221	2.8	-35.2
・出荷額（10億円）	18,313	5.6	14,111	4.6	19,475	6.3	5.5
製造業計							
・事業所	728,853	100	589,713	100	397,735	100	-45.5
・従業員数（千人）	11,788	100	9,700	100	7,790	100	-34.0
・出荷額（10億円）	327,093	100	303,582	100	307,083	100	-7.1

（注）1）2000年までと2003年以降は，産業分類が変更されており，数値は接続されない。
　　　2）2003年以降の電気機械は，電子部品・デバイス・電子回路製造，電気機械器具製造，情報通信機械器具製造の合計。
（出所）経済産業省『工業統計調査』より作成。

2. 世界電子産業の生産・市場における日本の地位の後退

日本の電子産業は，2000年以後に世界の「エレクトロニクス」産業での生産・市場におけるプレゼンスを，大きく後退させた。

三井物産戦略研究所によれば，世界の「エレクトロニクス製品」[4]の国別生産額において，日本は，1993年2120億ドルで米国に次ぐ世界2位の生産国であったが，2000年2500億ドルをピークに2010年1895億ドルに減少し世界3位となった。世界生産が同時期に7782億ドルから1兆6532億ドルへ倍増したので，世界生産での日本の割合は1993年27％から2010年11％に低下した（図表2-3）。1993年2179億ドル（世界生産の28％）で世界最大の生産国米国は，1990年代のITブームで2000年4000億ドルに倍増したが，ITバブル崩壊後は2010年2598億ドル（同16％）に減少し2位に転落した。また3位ドイツは1990年生産額485ドルから2010年660億ドルで5位に後退した。

これに対しアジアの新興国が世界の生産拠点としての地位を高めた。中国は1993年178億ドル（世界生産の2％）から98年ドイツを，2004年日本を，2006年米国を抜き世界トップとなり2010年4842億ドル（同29％）へ，韓国も1990年231億ドルから90年代後半ドイツを抜き2010年1076億ドル（同7％）と日本を追い上げ，台湾も1900年142億ドルから2010年500億ドル（同3％）と急成長し世界第6位となった。

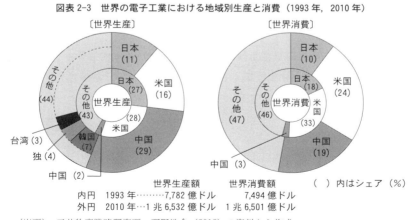

図表2-3　世界の電子工業における地域別生産と消費（1993年，2010年）

（出所）三井物産戦略研究所，西野浩介（2012）の資料から作成。

世界の「エレクトロニクス製品」の生産拠点は，1990年代初頭の日米で過半数以上を占めた先進国から2010年には中国30％（米国と日本の合計28％）に韓国・台湾を加えた東アジア（世界生産の40％）にシフトした。もちろん世界最大の中国の生産拠点には，中国企業だけでなく欧米，日本，韓国・台湾企業等の海外生産拠点が含まれている。1990年代初頭，世界のエレクトロニクス生産を米国とともに担った「電子立国・日本」は，21世紀には中国に取って代られたのである。

「エレクトロニクス製品」の市場面においても，2000年以降には日本の地位の後退と中国の急速な台頭が示される。

日本は，1993年1366億ドル（世界市場シェア18％）と米国2473億ドル（同33％）に次ぐ世界2位で，3位ドイツの2.4倍の市場規模であった。1990年代後半の「デジタル家電」ブームで，2000年には2000億ドルを突破した。しかし，その後日本の市場は縮小し2010年1719億で世界3位である。しかし，世界市場が約2倍増加したので，世界市場での日本の割合は10％に低下した。これに対して，中国は1993年194億ドル（同3％）から99年ドイツを，2004年日本を抜き，2010年には3107億ドル（同19％）と米国3960億ドル（同24％）に迫る世界2位の市場となった。

こうして20世紀末から21世紀初頭にかけて日本は「エレクトロニクス製品」における世界生産／市場での地位を大きく後退させ，代わって中国が生産面で米国を上回り，消費面で肩を並べるまでとなった。

3. 世界の生産・市場での日系企業の後退と製品分野別のポジション

日本の電子産業は，自動車産業とともに国内のみならず海外生産を積極的に展開し，「電子立国・日本」の実態は海外生産を含む日系企業レベルで見る必要がある。しかし，電子産業の世界生産における日系企業レベルでもその地位は後退している。

電子情報技術協会（JEITA）によれば[5]，2010年の電子産業（電子機器と電子部品・デバイス）の国内生産は約15.5兆円，日本系企業の国内生産（15.5兆円）と海外生産（22兆円）を加えると日系企業生産額は約37.5兆円となり，電子産業の世界生産でのシェアは25％と日本国内生産のみより15ポイン

トも高くなる（図表2-4）。

しかし，日系企業で見ても，世界生産での地位は後退している。日系企業生産は2006年42.2兆円（国内生産20.3兆円・海外生産21.9兆円）から2015年36.8兆円（国内生産12.6兆円・海外生産24.2兆円）と約6兆円減少した。日系企業の海外生産は2.3兆円増加したが，国内生産は8兆円減少した。この間，電子産業の世界生産は40％増加しており，世界生産での日本の国内生産は12％から5％へと7ポイント低下したのに対して，日系企業では26％から16％へと10ポイントも低下し，日系企業での落ち込みが大きい。

次に，世界生産での日系企業の割合を，過去10年間（2006年→15年）の製品分野別に見てみよう。電子産業は，分野別には電子機器（AV機器，通信機器，コンピュータ・情報端末等）と電子部品・デバイス（電子部品・ディス

図表2-4　世界の電子工業の分野別における日系企業のシェア

	2006年（実績）				2010年（実績）				2015年（見込み）			
	世界生産	日系企業（シェア，％）		A（％）	世界生産	日系企業（シェア，％）		A（％）	世界生産 増減	日系企業（シェア，％）		A（％）
		日系企業生産	国内生産			日系企業生産	国内生産			日系企業生産	国内生産	
電子工業計	164.7	42.2 (26)	20.3 (12)	48	151.3	37.8 (25)	15.4 (10)	41	234.6　142	36.8 (16)	12.6 (5)	34
電子機器	105.2	24.4 (23)	10.1 (10)	42	96.6	22.9 (24)	7.0 (7)	30	152.2　145	20.1 (13)	4.4 (3)	22
AV機器	21.4	9.8 (46)	2.7 (13)	28	18.8	8.7 (46)	2.4 (13)	27	20.6　96	6.3 (31)	0.7 (3)	11
通信機器	29.5	4.8 (16)	3.0 (10)	62	28.3	3.4 (12)	1.7 (6)	49	64.4　218	3.7 (6)	1.2 (2)	33
コンピュータ・情報端末	41.6	6.7 (15)	2.3 (6)	34	39.6	8.3 (21)	1.6 (4)	19	52.4　126	7.7 (15)	1.1 (2)	15
その他電子機器	12.7	2.9 (23)	2.0 (16)	70	10.0	2.6 (26)	1.4 (14)	53	14.8　116	2.5 (17)	1.3 (9)	50
電子部品・デバイス	59.4	17.8 (30)	10.2 (17)	57	54.7	14.8 (27)	8.4 (15)	57	82.4　138	16.7 (20)	8.2 (10)	49
電子部品	20.7	8.9 (43)	3.3 (16)	38	17.8	7.1 (40)	2.7 (15)	38	23.9　115	9.1 (38)	2.6 (11)	29
ディスプレイデバイス	9.9	2.6 (27)	2.0 (20)	77	10.7	2.1 (20)	1.8 (19)	84	17.8　182	2.3 (13)	2.1 (12)	92
半導体	28.8	6.2 (21)	4.3 (15)	77	26.1	5.5 (21)	4.0 (13)	70	40.6　141	5.1 (13)	3.4 (8)	66

（注）　電子工業計は，電子機器と電子部品・デバイスの合計である。日系企業（シェア，％）は世界生産での日系企業生産および日系企業国内生産の占める割合の事。Aは，日系企業の国内生産比率の事。2015年（見込み）の増加率は，2006年を100とした増加指数である。
（出所）　電子情報技術協会（JEITA）（2006-2015）から作成。

プレイデバイス・半導体）に分類される。

電子機器分野では、生産額が大きく成長している「通信機器」や次いで生産額の大きい「コンピュータ・情報端末」では、日系企業は世界生産でのシェアを低下させている。2006年から15年の間では、スマートフォンを含む「通信機器」では、日系企業は16％から6％、国内生産は10％から2％へと世界生産でのシェアを大きく落とした。パソコン・タブレット等の「コンピュータ・情報端末」では、日系企業のシェアは15％と変わらないが、国内生産6％から2％へと低下し、これら電子機器では日本は世界生産でのプレゼンスがほとんどないと言える。これに対して、生産規模が小さく停滞もしくは縮小している薄型テレビ・映像記録再生機器・撮影機器、カーAVC機器等の「AV機器」では、世界生産での日系企業は低下したものの46％から31％の高いシェアを維持しているが、国内生産は10％から3％と大きく低下し、日系企業の海外生産がシェア確保に貢献していることが示される。

電子部品・デバイス分野では、同期間に、電子部品では世界生産で日系企業は40％前後の高いシェアを維持しているが、ディスプレイデバイスは27％から13％へ、半導体は21％から13％へとシェアを低下させた。特に国内生産は前者では20％から10％へ、後者も15％から8％へと激しく落ち込み、これらの電子分野での衰退を表す。

以上、21世紀に入り日系企業は、携帯電話などの通信機器、コンピュータ・情報端末、半導体、ディスプレイデバイス等の電子製品分野において世界生産でのプレゼンスを急速に低下し、特に国内生産は存在感がほぼなくなっている。では「電子立国・日本」は、いつ頃からどの様に衰退し始めたのであろう。そもそも「電子立国・日本」とは、いつ頃登場し、どの様なものであったのであろうか？

第2節　「電子立国・日本」の成立と日本型企業システム

1.「輸出大国」・「経済大国」の担い手としての電子産業

日本の電子産業は、自動車産業とともにカラーテレビ、VTRなどのAV機

器や半導体を欧米の先進諸国に「輸出拡大」し世界市場を圧巻することで，日本の経済発展を牽引して「経済大国」日本を支えた。

戦後，米国から電子技術を積極的に導入した日本は，1970年代以降に政府・産業界が一体となってICや超LSIなどの半導体等の開発・生産と産業育成に取り組んだ。そしてマイコン技術をテレビ・電子レンジ・エアコンなどの民生用電気（家電）製品に採用し，電卓，VTR，ワープロ，ラップトップ型パソコンなど新製品開発を進める一方，テレビ，半導体，VTR，コンピュータ等を欧米市場に輸出拡大した。また，1970年代の2度の石油危機による原油価格高騰に対応し産業ロボット（80年ロボット元年），CNC（コンピュータ制御数値）工作機械等により製造業での「マイクロエレクトロニクス（ME）技術革新」・ME化を推進し，「減量経営」（コスト削減）を徹底した。こうしたME化に基づく「コスト削減」により日本の電子産業は，「高品質・低価格」を武器に国際競争力を強化した。1980年代には日本企業は，米国を中心に先進国市場に「集中豪雨的輸出」[6]を拡大し，カラーテレビ，エアコン，電子レンジ，VTR，CDプレーヤー，ファクシミリなどの家電・電子機器製品における生産・輸出で世界の1位，2位のシェアを占めたのであった。

しかし，この対米を中心とした「輸出依存型経済」は，米国・欧州などの先進国における企業・政府の反発や通商問題を引き起こし，自動車とともにVTR，半導体における輸出規制，さらには「プラザ合意（1985年）」による急激な「円高」を招くことになる。特に，1980年代には日本企業は米国の汎用コンピュータや電話交換機向けDRAM市場で輸出を拡大し，米国を抜き世界市場の50%以上のシェアを獲得した。NEC，東芝，日立製作所，三菱電機，富士通，パナソニック（当時，松下電器産業，以下同じ）の日本企業のシェアは，世界のDRAM市場（1986年）の80%を超え，世界の半導体の売上高上位3位をNEC，東芝，日立製作所が占めた。ここに，1986年日米半導体協定が結ばれることとなる。

2. 1980年代後半の「円高」下における日本企業の戦略転換

1985年の「プラザ合意」後における急激な「円高」および政府の「国際政策協調」と「内需拡大」策の下で，日本企業は対米への「輸出依存」による成

長戦略を大きく転換させ，事業構造の再構築（いわゆる「リストラクチャリング（リストラ）」）を開始した。鉄鋼・造船・化学など素材産業を中心に日本企業は，①本業部門のスリム（過剰設備の廃棄，人員削減，ME合理化）を徹底する一方で，②製品の高付加価値化とともに多角化・新規事業を展開し，さらに③輸出拡大から海外生産への転換を進めた。

電子産業でも，①「本業部門のスリム」とともに②量産による低価格から製品の高付加価値化（多機能・高機能化，大型化，高価格化）による「差別化」が追求された。また製造業でのME化とともに政府の「新自由主義」政策に基づく通信事業の規制緩和により，金融業でのオンライン化，流通業でのPOS（販売時点情報管理），鉄道での運転管理システムが推進された。さらに電電公社民営化（1985年NTT発足）とともに第二次通信事業者への「VAN (Value Added Network：付加価値通信網)」や「高度情報システム（INS）」等の「情報化社会」・「ニューメディア」ブームが起き，コンピュータ・半導体などへの需要が拡大した。80年代後半には電子産業は，高付加価値化製品へのシフト，「情報化社会」に対応した新規事業・多角化戦略の展開により「家電，AV機器，情報通信機器，半導体・電子部品」に事業分野を拡大し，研究開発・設備投資を活発化させるとともに営業・技術部門での大量雇用も行われた。

③海外生産では，カラーテレビ，VTR等のAV機器は，先進国市場確保を目的に高級品を欧米において現地生産を進める一方，白物家電などコモディティ製品は低コスト生産を目指し東南アジア諸国において現地市場向けよりむしろ逆輸入・第3国への輸出のための海外生産を本格化した。しかし，日本企業は「円高」により海外生産を本格化しはじめたにも関わらず，電子産業では，DRAM，ファクシミリ，ビデオカメラなどの輸出拡大が続いた。

こうして1990年代初頭には，電子産業は，持続的な輸出増に加え国内での高付加価値化製品へのシフト，「情報化社会」に向けたコンピュータ・情報通信等の「内需」拡大により，出荷額を1980年22兆円から85年40兆円，1990年54兆円へと拡大し，従業員も135万人から184万人，194万人に増加させ，自動車産業を抜き日本の最大産業となった[7]。

3.「電子立国・日本」と日本型企業システム

　「総合電機」と称せられる日本の「エレクトロニクス」企業の特徴は，一般に「総合性」と「垂直統合」にあると言われる[8]。それは，創業とコア事業の違いから「家電・映像器系」，「重電系」，「通信系」に分けられる。

　「家電系」（パナソニック，シャープ，三洋電機）は白物家電からカラーテレビ，VTR 等の AV 機器をコアに，「重電系」（日立製作所，東芝，三菱電機）は電力・交通等の重電機器，FA，ビルシステム等の産業用機器をコアに，「通信系」（富士通，NEC）は情報通信機器，半導体・電子部品をコアに，「音響・AV 系」（ソニー）は音響・AV 機器をコアにするものの，多くの日本の「エレクトロニクス」企業は家電，AV 機器，通信機器，電子部品・デバイス等までの幅広い事業領域を企業内あるいはグループ内に内包している。

　さらに日本企業は，各製品についての調達・研究開発・生産・販売活動を企業内あるいはグループ内に「垂直統合」したのであった。しかも，日本の垂直統合型企業である「総合電機」は，親企業として長期継続的取引を重視した中小協力企業群と階層構造を形成した。日本の垂直統合型ビジネスモデルでは，製品開発（総合研究所）・部品調達（協力会社）から生産（工場）までの一貫体制による部門間・工程間・企業間における「ものづくり現場」の「すり合わせ」による「作り込み」を得意とすると言われ[9]，これにより効率的（低コスト）生産で「低価格」で「高品質」な製品を欧米市場に輸出拡大したのである。しかも，技術者の高い開発力と生産現場での「すり合わせ」のノウハウは，年功型賃金・長期雇用・企業別組合などの「日本的雇用慣行（日本的経営）」により企業内に「ブラックボックス化」される。さらに，メインバンク制の銀行融資による資金調達や株式相互持ち合いなどの企業間関係，通商産業省の「超 LSI 技術研究組合」に象徴される官民一体の関係や行政指導に支えられ，いわゆる「日本型企業システム」を構築したのである。

　こうして 1990 年代初頭には，日本の「総合電機」企業は，「フォーチュン Global500（鉱工業）（1990 年）」のエレクトロニクス部門では 1 位 GE に次いで 2 位日立製作所，4 位パナソニック，7 位東芝，9 位 NEC と上位 10 位内に 4 社が占め，11 位以下に三菱電機，ソニー，三洋電機，シャープと続き，またコンピュータ部門では 1 位 IBM の次に 2 位富士通が占めたのである。NHK

図表 2-5　世界のエレクトロニクス産業における日本企業の推移

順位	1990 年	1994 年	2000 年	2010 年	2015 年
1	GE（10）	日立製作所（13）	日立製作所（23）	GE（16）	サムスン電子（13）
2	日立製作所（12）	松下電器産業（17）	SIMENS（23）	サムスン電子（22）	鴻海精密工業（60）
3	【サムスン（14）】	GE（19）	松下電器産業（17）	日立製作所（40）	SIMENS（71）
4	松下電器産業（17）	SIMENS（30）	ソニー（30）	SIMENS（47）	日立製作所（79）
5	SIMENS（24）	東芝（36）	東芝（44）	パナソニック（50）	ソニー（113）
6	PHILIPS ELECT（28）	ソニー（43）	NEC（55）	鴻海精密工業（60）	パナソニック（128）
7	東芝（36）	NEC（48）	サムスン電子（92）	ソニー（73）	東芝（169）
8	ALCATELALS（38）	DAEWOO（52）	三菱電機（98）	東芝（89）	LG電子（180）
9	NEC（40）	PHILIPS ELECT（58）	PHILIPS ELECT（107）	LG電子（171）	Amer Inter.（190）
10	DAEWOO（45）	三菱電機（62）	エリクソン（153）	三菱電機（203）	Honeywell Inter.（256）
10位以下	⑪三菱電機（49） ⑫ソニー（51） ⑬三洋電機（123） ⑲シャープ（134）	⑭三洋電機（183） ⑱シャープ（185） ⑰サムスン電子（221）	⑫ノキア（154） ⑭三菱電機（238） ⑮LG電子（244） ⑯シャープ（272）	⑪シャープ（252）	⑪三菱電機（276）
コンピュータ等	【IBM（6）】 【富士通（63）】	【IBM（6）】 【富士通（63）】 【AppleComputer（422）】	【IBM（19）】 【富士通（52）】 【HP（56）】 《GE（8）》	【HP（28）】 【米IBM（52）】 【富士通（158）】 【NEC（240）】	【IBM（5）】 【Apple（9）】 【HP（48）】 【Lenovo（202）】 【富士通（248）】 【NEC（458）】 《GE（26）》

（注）　【　】はコンピュータ部門の企業。《GE》は，2000年は金融に，2015年は産業機械に分類。
　　　（　）内は，フォーチュン500社内の順位。1990年の韓国サムスンは，グループ全体と思われる。
（出所）　*Fortune Global 500*（1991-2016 の各年版）より作成。但し1990年は鉱工業（Industry）における順位。

スペシャル「電子立国・日本の自叙伝」[10] が放映されることとなる。

第3節　「電子立国・日本」の衰退と日本型企業システムの変容

1. 1990年代の「リストラ」・「選択・集中」戦略とDRAMでの日韓逆転

　1990年代には旧社会主義圏の崩壊や中国の市場経済拡大を背景に，米国は情報通信（IT）技術革新やアナログ技術からデジタル技術への転換を基盤に生産・金融のグローバルを進展させ長期の持続成長を実現した。アジアでは，サムスン電子が急速にキャッチアップするとともに米国IT企業の外部委託（アウトソーシング）により半導体やパソコン製造を担う台湾のファウンドリ

である台湾積体回路製造（TSMC）やEMSの鴻海精密工業等が発展し始めた。

日本は「電子立国・日本の自叙伝」放映の翌年には，バブル経済崩壊による平成不況（93年）さらには大手銀行・証券会社の経営破綻による金融危機（97・98年）など長期の経済停滞（「失われた10年」）に突入した。

こうした経営環境の変化の下で，日本の電子産業は，①不採算事業の統廃合（リストラ）の徹底とともに，②「製品の多様化」から「製品の絞り込み・高付加価値化」へ，「多角化」から得意分野への「選択と集中」に転換し，③「海外生産」を本格化させた。

①の「リストラ」では，90年代後半には不採算部門の統廃合とともに人員削減が生産現場から管理者・技術者にまで拡大した。また，「雇用のポートフォリオ」戦略による「雇用の多様化」で「日本的雇用慣行」が変容し始め，また労働者派遣法の規制緩和政策により非正規雇用者が急増した。電機産業の従業者数は，1990年ピークの196万人から95年177万人，2000年159万人へと約40万人（約20％）も減少した。

②の「多角化」から「選択と集中」への戦略転換では，90年後半には日本でもインターネットの普及とともにパソコン，携帯電話や「情報家電（デジタル家電）」ブームが起り，日本企業はパソコン，携帯電話等の情報通信，デジタル家電分野に経営資源を注力した。

パソコンでは，1980年代後半，東芝が世界初のノート型パソコンを開発し，一時世界市場で高いシェアを占めたが，日本語ワープロやNECの「98」など高価格で独自の日本のパソコン市場が形成された。しかし，1990年代にはIBM-PCとその互換機であるDOSV機やマイクロソフトの「ウィンドウズ」OSの登場，さらには台湾のファウンドリやEMSに委託生産したDellやHP製品あるいは台湾エイサー，エイスースの低価格パソコンが参入し始め，2001年国内のノートブックパソコン生産は500万台程度にとどまった。

携帯電話では，1990年のアナログ時代には，世界市場で1位米国モトローラ（23％）に次いで2位松下通信工業（15％），3位ノキア（11％）以下の4位から7位を三菱電機，NEC，東芝，沖電気が占め，日本企業5社で世界携帯電話端末の50％近いシェアを占めた。94年の規制緩和以後に携帯電話加入者が増加し90年代末には固定電話加入者を抜いた。しかし，デジタル化とと

もに始まった第2世代では日本の通信会社は，世界の80％を占める「GSM」方式でなく「PDC」方式を採用した。このため「総合電機」各社や京セラ，カシオなどの携帯電話機メーカーは，通信会社主導の共同開発で，日本国内市場向けに世界初のインターネット閲覧機能付（1999年のNTTのiモード），着メロ音楽ダウンロード，デジカメ付き，テレビ映像付き（ワンセグ），おさいふケイタイなど多機能・高価格の携帯電話を開発・普及させた。

③の海外生産は，「超円高」（1995年）により加速し，80年代の主力の輸出製品であった白物家電やカラーテレビ・VTRなどでは，東南アジアで低賃金による低コストの量産品を海外生産し，日本国内で高い技術力を要する高付加価値品に特化するという棲み分けが進められ，「Made "in" Japan」から「東アジア生産ネットワーク」による「Made "by" Japan)」戦略が目指された。この結果海外生産比率は，90年から94年では冷蔵庫30％から53％，カラーテレビ60％から78％，VTR20％から53％へと急激に上昇し，代わって国内生産・輸出台数は激減し，国内空洞化が進んだ。輸入は海外生産拠点からの逆輸入を中心に増加し，カラーテレビは96年に，VTRは2000年に輸入台数が国内生産台数を上回るのである[11]。

1990年代には「電子立国・日本」の衰退の兆しとも言えるDRAM市場における日韓逆転が起きた。1992年，半導体メモリのDRAM市場でサムスン電子が日本トップのNECを抜き世界1位となり，さらに1997年には国別で韓国が日本を抜き世界一のDRAM生産国となった。これに対して，世界のDRAM市場で退潮となり収益性を悪化させた日本企業は，98年以降相次いでDRAM事業から撤退し，1999年にNECと日立製作所のDRAM部門が統合したエルピーダメモリ（2003年三菱電機も営業譲渡）だけとなった（図表2-6）。1980年代に世界市場の80％を占めた日本企業10社は，2000年にはエルピーダメモリ（世界市場の約17％）を残すのみとなる。

1990年代のDRAM市場での日韓逆転，日本敗退の要因は，日米半導体協定と急激な円高の下で，主に次の3の点があげられる。

第1は，1980年代後半から90年代にかけて最大需要先である米国での汎用コンピュータからパーソナルコンピュータへの移行によるDRAM市場の変化。さらに，米国IT企業のアウトソーシングによる台湾などのアジアのパソ

図表 2-6　日本半導体企業の再編成

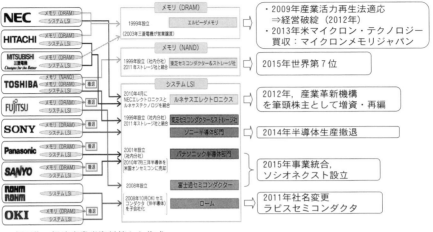

（出所）　経済産業省資料等から作成。

コン生産拠点における DRAM 市場の創出。これに注力したのがパソコン用への製品特化と量産化で低品質・低価格 DRAM を供給したサムスン電子であった。日本企業は汎用コンピュータの DRAM をパソコン用に転売したが，過剰品質・高価格でサムスン電子に敗退・撤退したと言われる[12]。

　第 2 は，1983 年 DRAM に参入した後発のサムスン電子が日本企業にキャッチアップしさらに先行者への転換が図られたことである。

　吉岡英美氏[13] によれば，サムソン電子は競争の焦点を日本企業が武器とした高品質から低コストにシフトする一方，技術的にも日本にキャッチアップした。すなわち，先進国製品の構造調査から機能設計へと進む「リバースエンジニアリング」や日本の製造装置企業からの半導体技術を取り込んだ「製造装置」の購入，さらに日本人エンジニアや在米韓国人技術者の招聘などで企業内の技術者育成を図り，企業内の DRAM 開発能力を短期間に高めた。1990 年代半ば以降には，サムスン電子は先発の日本企業への「追跡者・学習者」（模倣）から新たな製品開発で業界標準をリード・決定する立場である「先行者（リーダー）・革新者」への転換に成功したとされる。

　第 3 に，韓国企業の積極的投資と日本企業の投資の失敗。半導体は巨額投資

を必要とし，4年毎の周期的な好・不況の景気変動（シリコンサイクル）があり投資戦略が重要とされる。1992～93年と96年～98年の半導体不況期，日本企業が投資を抑制したのに対し，サムスン電子は積極投資を行ない，需要拡大期に一気にシェアを拡大したのである。

しかし，1990年代のDRAM市場での日韓逆転には，政府の「構造改革」と一体となった日本企業の「リストラ」が色濃く反映されている。1996年までの日米半導体協定の「価格管理と生産調整」下で，日本企業は「高付加価値化」戦略を追求した。また投資面では企業や融資を担った大手銀行はバブル崩壊による不良債権を抱え，さらに97・98年金融危機や「金融改革（ビッグバン）」による金融再編成も加わり，メインバンク制は機能不全をきたし巨額融資を困難にした。さらに日本企業の「リストラ」や「日本的雇用慣行」の変容により技術者の韓国・台湾への流失も始まった。また，「海外展開」は，親企業・協力企業群との分業構造を変容させ，「すり合わせ」による日本型生産システムを掘り崩し始めたのである。

しかし，海外生産の拡大にもかかわらず，1990年代末の「デジタル家電」ブームに支えられ日本の国内電子産業生産額は2000年にピークを迎え，また「フォーチュンGlobal500」では，エレクトロニクス部門の1位日立製作所を筆頭にパナソニック，ソニー，東芝，NEC，三菱電機およびコンピュータ部門の富士通が上位10位内にランクされた（図表2-5参照）。

2．2000年代における半導体，液晶パネル・薄型テレビでの敗退

2000年代には世界経済では，米国のITバブル崩壊（2000年）後における金融・不動産投資によるバブル景気とその結果としてのリーマン・ショック（2008年）により欧米先進国から新興国に経済成長がシフトし始めた。一方，日本では小泉内閣（2001～06年）による「構造改革」下での急速な不良債権処理と輸出伸長による景気回復，さらにはリーマン・ショック後の「円高」による景気後退，2011年の東日本大震災といった不安定な時代をむかえる。

2000年代の世界の「エレクトロニクス」産業では，デジタル化による製品のモジュール化とファブレス化の進行にともない韓国・台湾・中国企業が台頭する経営環境の変化の中，日本企業は（1）ITバブル崩壊後の2000年代前半

期と (2) リーマン・ショック後の2000年代後半から10年代前半期において2度の巨額の赤字を生み半導体，液晶パネル・薄型テレビで敗退し世界市場のシェアを低下させ，この結果「電子立国・日本」は衰退・崩壊した。

(1) 2000年代前半期の「選択と集中」と半導体事業での全面敗退

ITバブル崩壊により，日立製作所（4838億円），パナソニック（4278億円）を筆頭に2～3000億円の巨額な赤字を計上した東芝，富士通，NEC等の重電系・通信系の「総合電機」各社は，「選択と集中」戦略の「事業構造の改革」として，① 不採算部門であるDRAM事業の撤退・分社化とともにパナソニック1.8万人，東芝1.7万人，日立製作所1.1万人など技術者・管理者を含む大量の人員削減（リストラ）と非正規雇用拡大を徹底した。また② 経営資源を「新・三種の神器」（薄型テレビ・DVDレコーダ・デジタルカメラ）と期待された「デジタル家電」に「集中」し，2003年には「V字回復」を果たした。しかし，③ 国内生産は高付加価値製品，東南アジは低コストの低級品生産という海外展開を進めた日本企業は，後発者としてアジア市場の「ボリュームゾーン」をターゲットに製品展開・現地化を進めたサムスン電子や中国ハイアールに，また中国市場でもローカル企業に冷蔵庫・洗濯機・エアコンなど白物家電やテレビ等のAV機器で価格競争に敗退し，シェアを奪われた。

日本企業は，「選択と集中」戦略で「V字回復」を果たしたものの，新たに注力した半導体や液晶パネル，薄型テレビでも敗退することとなる。

半導体メモリのDRAM事業で，2000年に誕生したエルピーダメモリはITバブル崩壊後には4%まで世界シェアを低下させた。同社は，2008年には韓国サムスン電子やSKハイニクスに次ぎ世界第3位シェア14%まで回復したもの，2009年に産業活力再生法が申請・適応された。さらにDRAM価格の急落のなか，韓国企業のみならず台湾ファウンドリにも猛迫され，過剰技術・過剰品質の「高コスト体質」[14]で収益を悪化させて経営破綻（2012年）し，翌2013年米マイクロン・テクノロジーに買収（マイクロンメモリジャパン設立）された。ここに，DRAM事業を担う日系企業は消滅し，現在，半導体メモリ事業は，NAND型フラッシュメモリに集中化した東芝1社を残すのみとなった（図表2-6）。

他方，半導体ロジックでは，DRAM事業撤退後に日本企業が集中したパソ

コン，デジタル家電，携帯電話向けのシステム LIS 事業は，パソコン用 CPU の覇者インテル，携帯電話・スマートフォン用で圧倒的なクアルコムと量産規模を誇る台湾積体回路製造（TSMC）などのファウンドリに挟まれ，統合・撤退が行われた。2015 年現在，日本には，ルネサスエレクトロニクス（2010 年日立製作所，三菱電機，NEC3 社の半導体部門の統合で設立。経営危機後の 2011 年政府系投資ファンド産業革新機構（保有株 70％）を筆頭にトヨタ自動車・日産自動車など 9 社が 2000 億円融資で再建。車載用マイコン 40％世界 1 位）とソシオネクスト（パナソニック半導体部門と富士通セミコンダクターの統合）等 3 社のみを残すだけとなった。1980 年代，世界市場の 50％以上を占め世界半導体トップ 10 位に 6 社がランクされた日本企業は，2015 年に世界第 7 位の東芝を残すのみとなった。世界生産での日系企業のシェアは 13％（国内生産は 8％）に低下し，世界市場での地位を著しく低下させたのである。

　(2)　2000 年代後半期での液晶パネル・薄型テレビの敗退

　2008 年リーマン・ショック・「超円高」後の 2011・2012 年には，パナソニック（2 期 7000 億円超）をはじめシャープ，ソニーが連続 4 〜 5000 億円の巨額赤字を出した家電系「総合電機」各社は，2000 年代に経営資源を集中したパネル（プラズマ・液晶）・薄型テレビのコア事業から相次いで撤退した。この世界市場でのパネル・薄型テレビ事業からの撤退は，日本の垂直統合型企業モデルの敗退であり，「電子立国・日本」の衰退を決定付けるものとなった。

　日本で開発されたデジタル薄型テレビは，3 大都市での地上波デジタル放送開始（2003 年）による国内の「地デジ特需」（テレビの買い替え需要）のみならず，21 世紀の新たな輸出商品として 2000 年代初頭には世界市場でも高いシェアを獲得した。2000 年代当初，日本企業は，主に 40 型画面以上の大型向け用で優位性をもつ「プラズマ・ディスプレイパネル（PDF）」と 32 型インチ以下の中小型画面向用で優位性のある「液晶ディスプレイパネル（LCD）」に分かれて開発・生産を行った。パネルを自社生産する日本企業では，特にパナソニックがプラズマテレビの開発と大型投資を，液晶技術に蓄積を持つシャープが液晶テレビに注力した。

　前者のプラズマでは，パナソニックが「中村改革」の「破壊と創造」で大量の人員削減のリストラを徹底する一方，経営資源をプラズマテレビに注力し

2004年から09年にかけて合計4000億円を投じ尼崎3工場を建設した。2000年代当初のプラズマテレビの世界市場では上位をパナソニック24％，パイオニア17％，日立製作所13％が占めた。

　後者の液晶テレビでは，世界初の液晶電卓を開発し，ノート型パソコンでも技術の蓄積を持つシャープが，1998年に世界初20型液晶テレビを発売すると同時に「オンリーワン経営」[15]により液晶に「選択と集中」し，2004年亀山工場（第6世代）を建設した。この亀山工場は，液晶パネルから液晶テレビまでを協力会社も含め「『すり合わせ』を用いた垂直統合型のビジネスモデル」[16]であり，この一貫垂直統合（ブラクボックス化）・協力企業体制に基づき高品質な「ハイエンド商品（亀山モデル）」を世界に輸出する，言わば1980年代の日本型企業システムでもあった。2004年には，シャープなど日本企業が液晶テレビの世界市場シェアの6割を占めた。

　2005年には，世界の薄型テレビでパナソニック（13％）が初めて世界トップとなり，2位蘭フィリップス（12％），3位シャープ（11％），4位サムスン電子（11％），5位ソニー（9％）と日本企業3社が世界シェアにおいて3分1を占めたのである（図表2-7）。

　しかし，2000年代後半には薄型テレビでも日韓逆転が生まれる。06年にはサムスン電子がパナソニックを抜き世界トップとなり，10年には1位サムスン電子（22％）と2位LG電子（13％）の韓国企業2社が世界の薄型テレビの35％を占め，3位ソニー（12％），4位パナソニック（8.4％），5位シャープ

図表2-7　薄型テレビと液晶パネルの日韓逆転

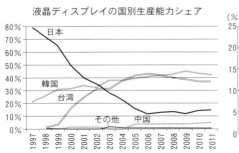
液晶ディスプレイの国別生産能力シェア

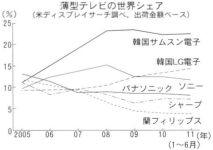
薄型テレビの世界シェア
（米ディスプレイサーチ調べ。出荷金額ベース）

（出所）　中田行彦（2016），69頁および坂本雅子（2012），85頁からの転用。

（7.8％）の日本企業3社の約30％を上回った。

　世界の薄型テレビにおける日韓逆転の背景には，2000年後半，特にリーマン・ショック後の薄型テレビ市場が日本企業の得意とする高付加価値製品（「ハイエンド商品」）の売れる欧米から新興国の「ボリュームゾーン商品」へとシフトした市場構造の変化，さらに2005年頃に薄型テレビで競争力を決定する液晶パネルにおいて先行する日本企業に韓国企業や台湾企業が急速にキャッチアップしたことがあげられる。

　欧米で基礎研究が始まった液晶パネルは，日本がリードして1970年代・80年代には電卓やパソコン用に開発され，1990年の第1世代にはパソコン，携帯電話，さらに90年代後半にはテレビへと用途を拡大し，日本が1990年代末には世界の液晶パネル生産額の70〜80％，2000年でも54％と高いシェアを維持した。液晶パネルの生産では，ガラス基板（世代）の大型化が製品とコスト競争力を左右するが，新しい液晶生産装置には巨額の開発投資と設備投資を必要とし，しかも「クリスタルサイクル」と呼ばれる技術革新の世代の交代期における需給バランスが崩れる景気変動のサイクルが存在する[17]。

　1995年に第2世代から参入した韓国サムスン電子やLG電子は，「リバースエンジニアリング」に加え日本企業から「製造装置・部材関連」の輸入や技術者のヘッドハンティングで技術力を高め，「マーケティング」で米国パソコン向けに低価格戦略で日本企業に追随し，2003年頃には日本企業にキャッチアップしたとされる[18]。サムスン電子は，2002年には薄型テレビ向けの第5世代パネルに巨額の設備投資を行い，2003年には韓国が液晶パネル生産額で日本を追い抜いた。韓国企業は，それ以降も半導体と同様に第7世代（2005年），第8世代（2007年）で積極的な設備投資を続け，2010年代には世界の液晶パネル生産額の50％以上を占めるに至ったのである。

　他方，1994年に第1世代からパソコン向けで参入した台湾企業には，2000年前後から台頭した韓国企業に対抗するために日本企業が「技術供与」や「生産設備・装置の輸出」を積極的に行う一方，日本企業では「日本的雇用慣行」の変容とリストラが本格化し，日本人技術者の人材流失も生じた[19]。台湾企業は日本企業との技術提携や資本提携さらに日本人技術者に追随して，大型パネルの第6世代（05年頃）には日本企業に急速にキャッチアップしたのであ

る[20]。さらに，2000年代後半には日本企業からの液晶パネルやテレビの生産委託も増加し，世界の液晶パネル生産のシェア20%を占めるまでとなった。

2010年には薄型テレビ用TFT液晶パネルは，韓国系2社49%，台湾系5社41%，日系企業7社6%，中国系2社4%となった。こうして韓国・台湾企業の量産化による液晶パネルの供給過剰と「クリスタルサイクル」からテレビ用液晶パネルの価格は急低下した（50-59型は2006年25万円から2011年6万円，40-49型は9.5万円から3.1万円）[21]。

薄型テレビの中核をなす液晶パネルの価格低下，さらにデジタル薄型テレビでのモジュール化によりファブレス企業が，台湾EMSなどを利用し低価格製品を販売し，日本の薄型テレビの敗退へとつながった。特に，2008年リーマン・ショック以降，欧米先進国から新興国の「ボリュームゾーン」へと世界の市場がシフトし，さらに「超円高」も加わり高価格・過剰品質の日本製品は新興国企業との価格競争に敗れシェアを低下させた。加えて，2011年3月の「家電エコポイント」終了による内需激減で，日本企業は薄型テレビ事業で巨額の赤字を生み，これらコア事業から撤退・分社を余儀なくされた。

三菱電機や日立製作所など重電系は，既に2010年頃にはプラズマテレビ事業から撤退し，液晶テレビの自社生産から海外委託生産に切り替えていた。日本のトップシェアであったソニーは，連続赤字の末に，2014年7月にはテレビ事業を分社化した。

パネルの自社生産にこだわったパナソニックは，2期連続の巨額欠損から尼崎工場の生産を停止し，ついに2014年にはプラズマテレビから撤退することとなった。一方，液晶パネルを自社製テレビの内製部品事業と位置付けるシャープは，韓国企業に対抗するために，2006年第8世代の亀山第2工場に続いて，2007年には3800億円もの巨額投資で世界最初・最大（第10世代）の「バーチャル・ワン・カンパニー」（部品会社や運送会社，電力会社など，サプライチェーンを構成する19社）を集めた「21世紀型コンビナート」[22]（「究極の垂直統合型」）堺工場を2009年に稼働させた。しかし，液晶パネルの外販が少ないシャープは，世界的な液晶パネルの過剰生産と価格低下，国内需要の激減から巨額損失を出し，2016年8月には世界最大の台湾EMSの鴻海精密工業の傘下に入ったのである。

中小型液晶ディスプレイ事業では，2012年政府系ファンドの産業革新機構を筆頭株主（出資金700億円）に東芝，日立製作所，ソニー3社が各100億円出資・事業統合し，ジャパンディスプレイが発足した。同社は，政府（経済産業省）主導でスマートフォン，タブレット向けのグローバルプレイヤーを目指し設立され世界の中小型液晶パネル市場で首位（10％台）を占めるが，最大の顧客であるアップルが有機ELパネルへの切り替えを発表し，苦境にある。

こうして日本の「総合電機」は，2000年初頭世界の過半数を占めていたパネル事業・薄型テレビ事業から撤退・分社化，生産委託することとなった。パナソニックやシャープは，ともにパネルの開発・調達・生産から最終組立まで自社内と協力会社との「すり合わせ」を用いた競争力を強みとした一貫垂直統合型の日本型ビジネスモデルの典型であったが，もろくも崩れ去ったのである。2015年には薄型テレビの世界生産での日系企業シェアは，23％であるが，日本企業のコア事業からの撤退で国内生産は2％に過ぎないのである。

3. 世界に飲み込まれたパソコン・タブレット，携帯電話・スマートフォン

経済産業省は，「日本企業の世界シェアは，半導体に次いで液晶パネルおよびテレビで低下し，さらに日本で開発されたDVD，デジカメ，カーナビゲーション，太陽電池，リチウムイオン電池などの市場規模が小さくしかも伸び率も低下している製品分野は，日本企業は世界シェアの低下がみられるものの比較的高いシェアを維持している。しかし，世界市場規模の大きく，しかも最近伸び率が高いスマートフォン等の通信機器やタブレットやPCなどの情報端末市場では，十分なシェアを得られておらず，世界市場で存在感がほぼなくなっている」[23]と総括する。

今や，日本企業の「スマートフォン等の通信機器」や「タブレットやPCなどの情報端末」は，「世界市場で存在感がほぼなくなっている」だけでなく，海外企業に飲み込まれ，消滅し始めている。

情報端末事業では，1990年半ば以降の「ウィンドウズ」OSを搭載した海外からの低下価格DOS/V機の流入で退潮しはじめた日本のパソコン事業は，2000年以降ますます衰退し，代わって外国企業が席巻することとなる。ノートブック型パソコンでみると，世界生産は2000年2000万台から10年2億台

と10倍増加したが，日本の国内生産は同じ時期500万台から450万台へと減少し，世界生産での日本国内生産のシェアは20％から2％に激減した。しかも，世界市場（2015年の2.7億台）での企業別出荷台数では，1位中国レノボ5700万台（21％），2位米国HP5300万台（19％）に対して日本のトップの東芝7位832万台（3％），富士通8位350万台（1％）と日本企業の2社で世界シェアの5％にも達しない。また，2010年アップルのiPad販売以降急成長するタブレットは，短期間のうちにデスクトップ型パソコンやノート型パソコンを抜くが，2015年の出荷台数（2億台）の企業別シェアは，1位米アップル24％，2位サムスン電子16％で40％を占め，日本企業は富士通・京セラ等で1％にも達せず「世界市場で存在感がほぼなくなっている」のである。

世界市場から取り残された日本企業は，パソコン事業から相次いで撤退した。日立製作所（07年），シャープ（09年）はすでに撤退したが，2011年には1位NECがパソコン事業を分離し中国レノボと合弁し（レノボ傘下のレノボNECホールディングス），事実上撤退した。業積低迷のソニーはパソコン事業を分社化（14年VAIO社）し，不正会計処理問題が発覚した東芝もパソコン事業を子会社化（15年）した。さらに2016年10月には富士通のパソコン事業もレノボ傘下に入ることが発表された。これにより2015年の国内パソコン市場（約990万台）でみると，中国レノボグループ（43％）および米国HP・デル・アップルの3社（30％）で海外企業が75％近くを占め，残る日系企業は東芝12％を筆頭にパナソニック，VAIOを含めても20％にも達しない。さらに，国内タブレット市場（約900万台）でも，日本のシャープから引き継いだ京セラ45万台（5％）以外は，アップル360万台（40％）をはじめ中国ファーウェイ・台湾エイスース等の海外企業が60％以上を占める。2015年世界パソコン生産額での日系企業は13％（国内生産2％）で，外国企業に席巻され存続すら危うい。

日本の携帯電話端末事業でも，日本企業は世界市場で存在感がなくなっただけでなく，今や米国アップルに飲み込まれ始めた。

日本の携帯電話は，2000年代にはデジタル化の第2世代を「PDC」方式によりNTT主導の下で大手電機9社や京セラ，カシオなどがiモード等の多機能携帯電話端末を開発し国内市場に普及させた。他方，「GSM」方式を採用し

た世界の携帯電話端末市場はフィンランドノキア，米国モトローラ，スウェーデンのエリクソンの欧米3強に韓国サムスン電子，LG電子を加わえた5強体制が形成された。2007年には世界の生産台数11億台は5強で8.8億台（80％）を占める一方，日本の生産台数5000万台（世界生産の5％）は日本企業11社で国内市場を100％占め，世界と隔離された「ガラパゴス化」[24]状態にあった。

しかし，2008年のアップルiPhone販売開始とグーグル「Android」発表後，世界の携帯電話端末市場と「ガラパゴス化」した日本の携帯電話端末市場は大きく変貌した。

2015年の世界のスマートフォン出荷台数14億台（全携帯電話端末約18億）の企業別シェアは，1位サムスン電子22％，2位アップル16％の2強と，中国勢（3位ファーウェイ，4位レノボ，5位小米）計30％弱の5社で世界の7割近くを占める。日本のスマートフォン出荷台数は，2010年3000万台から15年2750万へと減少した。特に，2013年NTTドコモのiPhone販売後には，日本企業10社は携帯電話端末事業での撤退・統廃合（日立製作所，NEC，三菱電機，東芝，パナソニック，カシオ）を進め，2015年には日本企業4社（ソニー，シャープ，富士通モバイルコミュニケーションズ，京セラ）を残すのみとなった。しかも日本企業4社の出荷台数1000万台（37％）はアップルの出荷台数1440万台（52％）にも及ばない。世界の携帯電話端末生産での日系企業の割合は4％，国内生産は0.5％であり，世界で存在はほぼなくなったと言える。1990年代のアナログ時代には，世界携帯電話端末市場の50％を占めた日本の携帯電話メーカーは，通信会社と共同開発し高い技術力で日本独自の高機能・高サービスを追求したが，世界市場のニーズを捉えないまま「ガラパゴス化」し，海外企業の開発力・コスト競争力で敗退し席巻されたのである。

おわりに

日本の「総合電機」は，2010年代までに家電，半導体，液晶・薄型テレビ等の電気・電子機器・電子部品における世界のシェアを激減させ，パソコンや

スマートフォン等の情報・通信機器では米国・中国・台湾等の海外企業に制圧され「電子立国・日本」は，ほぼ崩壊した。

家電系の三洋電機，パナソニック，シャープは「選択と集中」した半導体，パネル，薄型テレビなどコア事業で敗退し，三洋電機はパナソニックに買収された後にハイアールに譲渡された白物家電事業を除き消滅した。シャープは台湾の鴻海精密工業の傘下に入り，残るパナソニックは家電に加え住宅設備，車載やB2B事業に注力するとともに白物家電でのマレーシア・ベトナム等の新興国市場確保を目指す。

通信系のNECと富士通は，半導体事業の撤退後にパソコン事業を中国レノボグループ傘下に事実上移譲し，ITソリューションサービス事業にシフトした。

重電系の三菱電機，日立製作所，東芝（白物家電事業は中国美的集団に売却）は，半導体や薄型テレビ，携帯電話から撤退・分社化し，重電機器，産業メカトロニクス，鉄道事業，発電システム等のインフラ事業にシフトし，官民一体で原子力・高速鉄道等の輸出を中国政府・企業と激しく争っている。さらに日立製作所は，IoT（Internet of Things）時代のパートナーとして「社会イノベーション事業」に注力し，また，三菱電機も「グローバル環境先進企業」を目指している。しかし，東芝は，2016年12月に原子力子会社米国ウェスチングハウス（WH）が買収した建設子会社（S&W）で数千億円の減損が生じると発表し，解体・存続の危機にたたされている。

「フォーチュンGlobal500」（2015年）のエレクトロニクス部門では，1位サムスン電子，2位鴻海精密工業の後塵を4位日立製作所，5位ソニー，6位パナソニック，7位東芝の日本企業が続く（図表2-5参照）。

日本の電子産業衰退の背景には，21世紀のIT企業におけるグローバルな経営環境の変化と日本型企業システムの変容がある。21世紀の初頭では世界市場の成長が欧米の先進国から東南アジア・中国・インド等の新興国の「ボリュームゾーン」へとシフトする一方，世界の電子製品ではデジタル化に伴い「インターフェイスの公開」や「設計図公開」（オープン化），モジュール化が進展し，電子産業での「設計・生産」の国際水平分業が進展した。

西村吉雄氏によれば[25]，1985年以降，米国主導によりIBM-PCとその互換機が普及したパソコンではOS（設計）と製造の分業が，ソフトウェア・

サービス主体の米国と低賃金のハードウェア生産地である新興国の台湾の工業発展や韓国サムスン電子のパソコン向け DRAM 事業の発展という国際水平分業として展開された。

　さらに，1990 年代以降のデジタル化とインターネットの発展に伴い半導体・パネル，薄型テレビ，スマートフォン等でもモジュール化・コモディティ化が進み，米国企業のファブレス化とともに台湾の EMS や韓国，中国企業が低価格の電子機器を大量生産することとなった。

　世界のエレクトロニクス産業における韓国・台湾に加えて中国企業の台頭という潮流の下で，1990 年代から 2000 年代前半にかけ政府の「構造改革（金融・雇用・ガバナンス改革）」と一体となって展開された「リストラ」，「選択と集中」，「海外生産」は，垂直統合型企業・協力企業の日本型企業システムを「構造改革＝変容」し，結果的に日本企業の競争力を弱体化させた。「ガバナンス改革」により企業統治を米国流「株主至上主義」に変容した日本企業は，短期的利益志向に基づく「選択と集中」戦略により不採算部門撤退と新規事業分野へのシフトを加速した。しかし，日本企業の「技術至上主義」に基づく「高付加価値製品」は，新興国の「ボリュームゾーン」をターゲットとする低価格で適度な品質の韓国製品や中国製品との競合関係では，「過剰品質・高価格」となり敗退する結果となった。

　しかも，1998 年の金融危機や「金融改革」の金融再編は，日本のメインバンク制を崩壊させ，さらに 2000 年初頭の「小泉改革」による強行な企業・銀行の不良債権処理は，銀行融資による企業の積極的な開発投資・設備投資を困難にしたのであった。また，「雇用改革」下での「リストラ」の人員削減と「日本的雇用慣行」の変容は，日本企業の強みとされた生産の「ものづくり現場」を「疲弊」だけでなく，海外競合企業への技術者（技術流出）となり競争力を低下させた。さらに「海外生産」の展開は，垂直統合型企業・協力企業の日本型生産システムを空洞化させ，競争力の源泉といわれた「すり合わせ」の基盤の弱体化に繋がったと言える。

　21 世紀のエレクトロニクス産業のデジタル化，モジュール化の流れによる韓国・台湾さらに中国企業の急速な台頭の下で，「総合電機」の日本型企業システムの変容は，競争力を弱め，日本経済を支えた電子産業の衰退をもたらし，これ

に伴って 1990 年ピーク時から 90 万人以上の雇用を失わせてしまったのである。

（宮崎信二）

注
1 「エレクトロニクス（電機）」産業は，一般に広範な概念であるが，ここでは「電子工業」および「電気」からなるものとする。「電子工業（産業）」は，電子情報技術協会（Japan Electronics and Information Tecnology Industries Association：JEITA）の電子工業を「電子機器」である「AV 機器」（テレビやビデオなど），「通信機器」（携帯や通信設備など），「コンピュータおよび情報端末」（サーバー・ストレージ，パソコン，情報端末〔モニター・プリンター，スキャナ，タブレット〕）＋「その他電子機器」と「電子部品・デバイス」（電子部品，半導体，ディスプレイデバイス）からなると捉える。また，「電気」は「産業用電気」（発電用・送電用・配電用電気器具およびモーターなどの重電機）と「民生用電器」（家庭用電器：エアコン，冷蔵庫，洗濯機などの白物家電）として捉える。
2 通商産業省商務情報政策局編（2010），55 頁。
3 西村吉雄（2014），13-14 頁。
4 西野浩介（2012），1 頁。三井物産戦略研究所戦略開発室の西野氏が，「Year book of World Electronics Data」のデータに基づき分析したもので，ここでの EDP（Electronic Data Processing：コンピュータ関連機器）は，Office Equipment, Control & Instrumentation, Medical & Industrial, Radio Communications, Telecommunications, Consumer, Components を含む。
5 電子情報技術協会（JEITA）『電子情報産業の世界生産の見通し』（2006－2015）は，「電子工業製品」（電子機器＋電子部品・デバイス）の 2010 年の生産額約 15 兆円とするが，これは「Year book of World Electronics Data」の日本の生産額 17 兆円とは，分類が異なるが，ほぼ合致する。
6 井村喜代子（2005），49-57 頁。
7 藤田実（2015），47-48 頁。
8 榎本俊一（2014），29-30 頁。
9 小川紘一（2009），10-13 頁，および新宅純二郎・天野倫文編著（2009），9-12 頁。
10 相田洋（1991・92），1991 年 1 月から 9 月にかけ，NHK スペシャルとして戦後の米国での IC の開発，日本での電卓戦争など，1980 年までの半導体の開発を 6 回のシリーズとして放送したもの。
11 通商産業省『通商白書（1996）』，188 頁，井村喜代子（2005），247-249 頁。
12 湯之上隆（2012），58-62 頁。
13 吉岡英美（2010），サムスン電子の「追跡者・学習者」から「先行者（リーダー）・革新者」への企業発展のプロセスについて優れた実証的分析がなされている。
14 中田行彦（2015），118-124 頁。
15 町田勝彦（2008），58-66 頁。
16 中田行彦（2015），118-124 頁。
17 中田行彦（2015），114-118 頁。液晶のガラス基板には「標準サイズ」がなく，ガラス基板の拡大が最も重要な競争戦略の基軸となると言われる。この点については，赤羽淳（2014）を参照。
18 赤羽淳（2014），68-70 頁。第 4 章で，韓国企業の日本企業へのキャッチアップが分析されている。
19 赤羽淳（2014），第 5 章が詳細に分析している。また，日本企業のリストラと日本人技術者の流出および韓国，台湾，中国への技術流出については，藤原綾乃（2016）の実証的に優れた研究成果があり，参照されたい。

20 赤羽淳（2014），68-70頁。
21 西野浩介（2012），11頁。
22 中田行彦（2015），147頁。
23 経済産業省（2014），8-9頁。
24 宮崎智彦（2008），1頁，14-17頁。
25 西村吉雄（2014），225-228頁。

参考文献
［日本語］
相田洋（1991・92）『NHK 電子立国　日本の自叙伝（上・中・下・完結）』日本放送出版協会。
赤羽淳（2014）『東アジア液晶パネル産業の発展―韓国・台湾企業の急速キャッチアップと日本企業の対応』勁草書房。
井村喜代子（2000）『現代日本経済論［新版］―戦後復興，「経済大国」，90年代不況』有斐閣。
井村喜代子（2005）『日本経済―混沌のただ中で』勁草書房。
榎本俊一（2014）『総合電機産業と持続的円高―長期的為替策不在による経営と産業の毀損』中央経済社。
小川紘一（2009）『国際標準化と事業戦略』白桃書房。
坂本雅子（2012）「電機・半導体産業で何がおきているか―ものづくりの危機と事業再編の動向」『経済』7月号，新日本出版。
新宅純二郎・天野倫文編著（2009）『ものづくりの国際経営戦略―アジア産業地理学』有斐閣。
西野浩介【三井物産戦略研究所戦略開発室】（2012）「日本のエレクトロニクス産業―危機に直面する産業から読み取れるもの―」『戦略研レポート　2012.8.15』三井物産戦略研究所。
西村吉雄（2014）『電子立国はなぜ凋落したのか』日経BP社。
中田行彦（2016）『シャープ「企業敗戦」の深層―大転換する日本のものづくり』イースト・プレス。
中田行彦（2015）『日本のものづくりはなぜ世界で勝てなくなったのか―シャープ「液晶敗戦」の教訓』実業教育出版。
藤田実（2014）『日本経済の構造的危機を読み解く―持続的可能な産業再生を展望して』新日本出版。
藤田実（2015）「戦後日本の再生産構造」『経済』11月号，新日本出版。
藤原綾乃（2016）『技術流失の構図―エンジニアたちは世界へどう動いたか』白桃書房。
町田勝彦（2008）『オンリーワン経営は創意である』文春新書。
宮崎智彦（2008）『ガラパゴス化する日本の製造業―産業構造を破壊するアジア企業』東洋経済新報社。
湯之上隆（2012）『「電機・半導体」大崩壊の教訓―電子立国ニッポン，再生への道筋』日本文芸社。
吉岡英美（2010）『韓国の工業化と半導体産業：世界市場におけるサムスン電子』有斐閣。
通商産業省商務情報政策局編（2010）『なぜ今，「情報経済革新戦略」か―電子立国再興に向けて―』経済産業調査会。
経済産業省（2014）「エレクトロニクス産業の現状と政策の方向について」『日本の稼ぐ力創設委員会資料』。
電子情報技術協会（JEITA）（2006－2015）『電子情報産業の世界生産の見通し』電子情報技術協会。

第3章

日本半導体製造装置産業の
持続的競争優位性に関する考察

はじめに

　半導体産業は，最終製品の市場動向に大きな影響を受けやすい。そして半導体産業と同様の立場にあるのが半導体製造装置産業である。半導体企業における設備投資額のほとんどが製造装置であり，中には1台で数百億する高額な装置も存在する。このため半導体企業と同様，製造装置企業もまた莫大な投資を行い，日々の研究開発が日進月歩で進められている[1]。したがって半導体市場の低迷は，製造装置企業の大幅な減収を意味する。このような製造装置産業において，グローバルな規模で競争の優位性を持つのが日本である。日本の半導体産業が衰退する中，日本の半導体製造装置産業は今もなお，グローバルな規模で優位性を保持していると言われている。まさに日本の製造装置産業は，日本の半導体業界にとって「最後の砦」である。

　そこで本章では，まず日本の半導体製造装置産業がいかに進化してきたのかを考察し，その後，日本の製造装置産業は今後も持続的な競争優位性を維持することができるのかをアメリカ企業や韓国企業と関連させ探究していく。

第1節　日本半導体産業と日本半導体製造装置産業の発展
　　　　―DRAM ビジネスを踏まえて

　周知のように，1947年に点接触型トランジスタが開発された後，1980年代

初頭にかけて世界の半導体産業を牽引していたのはアメリカであった。さらにアメリカは，半導体を生産するうえで主要な設計技術，製造技術に関する多くの技術を特許化していった。このような状況下で，日本半導体産業がアメリカと同等にまで成長するには，アメリカに特許料を支払い，技術導入するほかなかったのである。こうしてアメリカ企業から高度な技術を導入することにより，日本の半導体企業は徐々にキャッチ・アップし始めることになる。しかしながら日本の半導体産業は，1950年代〜1970年代にかけて，アメリカの後を常に一歩遅れる形で成長するに留まり，脅威を与える存在には至らなかった。

それが1980年代に入ると，日米の構図が大きく変容し，生産年平均成長率に変化が生じ始めることとなる。日本の成長率が，アメリカを大きく上回るようになった。1980年〜1984年にかけて日本の年生産平均率は32.3％であり，対してアメリカは25.8％となっている。さらに1985年〜1989年には日本が21％であったのに対し，アメリカは8.2％と大きく上回るようになった。日本の半導体産業は，1980年を境に大きな変貌を遂げたのである[2]。そこで以下では，日本の半導体産業が急速に発展できた要因を考察していく。

1980年代から1990年代に至るまで，日本の半導体産業はメモリに特化し成長してきた。そしてメモリの中でもDRAMが大きな位置を占め，DRAMビジネスは日本半導体産業の発展にとって極めて重要なデバイスであったと言える。日本はこのDRAMビジネスで，1982年頃，アメリカを逆転するまでに成長したのである。1974年頃におけるアメリカの1KDRAMのシェア率は100％であり，1970年代半ばの4KDRAMでは80％，1981年の16KDRAMでは60％，1980年代前半の64KDRAMでは40％，1985年半ばの256KDRAMでは20％へと急落している。これに対して日本は，1974年頃の1KDRAMのシェア率は0％であった。それが1970年代半ばの4KDRAMでは20％，1981年の16KDRAMでは40％，1980年代前半の64KDRAMでは60％，1985年半ばの256KDRAMにおいては80％と上昇している[3]。

では次にDRAMシェア率が最も高い1985年の世界半導体売上高をもとに，日本の半導体企業がどのレベルに位置していたのかを考察する。日本が世界の中で競争力の高さを最も示した1985年，上位10社のうち6社（NEC，東芝，日立，富士通，三菱電機，松下電子）が日本企業で占められている。さらに，

1985年における日本企業の上位3社のシェア率を見ると，NEC8.2％，日立6.9％，東芝6.1％であった。これをアメリカが日本の半導体産業に再度逆転した1993年のアメリカ企業上位3社のシェア率を見ると，インテル9.3％，モトローラ7.0％，TI4.8％となっている。年度は違うものの，日米両国の上位3社におけるシェア率の差を比較すると，日本は2.1％であるのに対し，アメリカは4.5％と約2倍近くにもなる。さらに，1997年に至っては，さらに9.4％とその差（上位3社：1位インテル，2位モトローラ，3位TI）は拡大している。日本の半導体企業の競争力は，上位拮抗型であるのに対して，アメリカはインテル1社が牽引する形である。

以上のことから日本の半導体産業は，技術力の底上げが相対的に行われたと考えられる。日本が世界の半導体売上シェア並びに個々の企業別でトップとなった1985年以前に焦点をあてると，そこには共通的技術基盤が確立する共同研究（超LSI技術研究組合）が実施され，それが日本の半導体産業の発展だけでなく，延いては日本半導体製造装置産業の技術進歩に大きく貢献したのである。

第2節　日本半導体製造装置産業の発展と超LSI技術研究組合の存在

超LSI技術研究組合（以下，超L研）は，通産省を中心として1976年～1980年にかけて行われたものである。この超L研が設立されたきっかけとして，2点指摘することができる。

まず1点目は，日本経済の今後を支える基幹産業として，半導体産業が重要視されたためである。超LSI（大規模集積回路）が将来のコンピュータ・システムのカギになることは，当時すでに産業界において広く認識されていた[4]。この当時の日本の微細加工技術の水準を，アメリカと対比すると相対的に低かった。LSIの微細化が今後もさらに進展した際，この技術がさまざまなデバイス製造の基礎になることは目に見えていた。その結果，超L研の構想が持ち上がったのである。2点目は，1973年にコンピュータ輸入の自由化が叫ば

れ，1975年に解禁したことも影響している。当時，IT業界において巨大な組織にまで発展を遂げていたIBMが，近い将来メガビット級の超LSIをコンピュータに搭載するとの情報もIT界で大きな話題となっていた。こうした理由から，超L研が立ち上げられたのである[5]。

この組合は，政府の補助金300億円に加え，富士通・日立・三菱・日本電気・東芝の合計5社が出資した総計400億を合わせた総出資金700億円を基に設立されている。そしてその他に，富士通－日立－三菱系列のコンピュータ総合研究所（以下CDL），東芝－日本電気系列の日電東芝情報システム（以下NTIS）の2研究所においても研究開発が実施された[6]。

超L研は，日電中央研究所（川崎市）内にて6つの研究室が設けられ，うち3つが微細加工技術の研究を行った。1980年代に超LSIが本格化するとの予測から，今後必要となる1MDRAMに焦点を当てた微細加工に関する製造装置の開発が行われた。これに対してCDL，NTISは，超L研が基礎技術の確立に焦点を当てていたのとは異なり，実用技術に特化していた。CDLは高集積デバイス，NTISは高精度デバイスをテーマに研究開発が進められたのである。すなわちこの当時，即座に必要になるであろう64KDRAM，256KDRAMに対応した技術開発に目的が絞られていたのであった[7]。

そして通産省が主体となり，参加企業5社に対し，必要となる技術者を指名することで超L研は大きな成果を挙げることができた。それは，共同研究だけで約500件，さらにCDL，NTISを含む組合全体では1000件を越える技術特許を出願している点からも伺い知ることができる[8]。超LSI技術研究組合は，参加企業5社に大きな恩恵をもたらしたのである。しかしながら，参加企業5社のみ有益であったわけではない。超L研は，参加企業5社以外にも半導体製造装置企業（50社）が同じく研究開発に深く関与し，その結果，装置企業にも大きな恩恵をもたらした。

佐久間（1998）が指摘しているように，半導体産業は半導体企業と製造装置企業が互いに独立しているため，半導体の製造プロセスに関する知識と，それを製造する装置に関する知識が別々に保有されている。そのため，半導体企業が新たに開発したプロセス技術を用いてデバイスを製造するには，この技術情報を製造装置企業と事前に情報共有しなければならない[9]。言うならば製品技

術革新を生み出すためには，製造するための装置にも革新が要求されるのである。したがって，半導体企業が保有する技術を製造装置企業へとフィード・バックする体制が必然的に求められる。

しかし超L研が設立される以前は，技術をフィード・バックする体制が形成されていなかった。これは日本だけでなく，アメリカにおいても同様のことが指摘できる。結果的に日本は，製造技術に焦点をあて，アメリカとの差別化に成功したのであった。実際に超L研の成果を製造装置企業の視点から捉えると，『いつもならお互いの手の内がもれないよう，あいまいなことしかいわなかった半導体メーカーが，ひとつにまとまってくれたので，装置の開発ポイントを明確に言って発注してくれて，やりやすかった』[10]と後に高く評価している。

そして日本の装置企業は，超L研が終了した後に半導体企業がもつプロセス技術を製造装置に体化した「プロセス・レシピ付」製造装置の開発に成功している。これは超L研において，半導体企業がもつプロセス技術を装置企業側が蓄積し続けた結果，生み出されたものと見ることができよう。

もともとDRAMは，製造装置を単に購入するだけでは製造できないデバイスであったといわれている。そのため，「製造装置を使用するノウハウ＝装置に体化されていないノウハウ」が各社の労働者（熟練）や，装置の利用方法の差を生み出し，歩留まり率に影響を与えた。それが最終的にはデバイスの価格や性能に影響をもたらし，こうした差が各社独自の強みとなっていたのである。したがって，熟練技術者の頭の中にあるプロセス技術に関する知識や経験がDRAM製造にとって極めて重要であった。

伊丹（1995）は，プロセス技術者指導の下，製造装置を実際に使用する中で評価し，さらに「改善」を加えるといった作業を繰り返し行なうことによって，自在に製造装置を使いこなせるノウハウが企業内部に蓄積されていくことを指摘している。このような製造装置に関する熟練のノウハウが，「プロセス・レシピ付」製造装置へと移転され，この影響もあり，日本の半導体産業・製造装置産業は短期間でアメリカを逆転するまでに急速な発展を遂げることができたのである[11]。超L研が設立される以前と比べ，半導体企業と製造装置企業の相互関係が構築されたことによって，後に半導体製造の中枢機器であるス

テッパーのシェア率で日米の逆転が 1985 年に起きている[12]。超 L 研で図られた相互関係は，日本の半導体産業と製造装置産業の競争力を急速に高めたと言えよう。

第 3 節　世界における日本半導体製造装置企業の位置

既に指摘したように，日本半導体産業は衰退しているにも関わらず，日本半導体製造装置産業は依然として高い競争力を保持していると一般的に言われている。では日本の製造装置産業が，世界製造装置産業の中でどのような位置にあるのかを具体的に考察していく。

図表 3-1 は，総収入（Revenue）を基に 2011 年度～ 2013 年度における世界上位 10 社のランキングを示したものである。2011 年度～ 2013 年度にかけて，世界市場の平均総収入を計算すると 391 億 5410 万ドルとなる。次に世界上位 10 社の平均総収入を見ると，260 億 6830 万ドルであり，約 67％占めている。そして世界上位 10 社の中に，日本の製造装置企業は 5 社も存在している。一見すると，一般的に言われているように日本の製造装置企業は高い競争力を持

図表 3-1　世界から見る日本半導体製造装置企業

(100 万 $)

企業名	2011 年度	2012 年度	2013 年度
Applied Materials（米）	5,876.6 (2)	5,513.4 (1)	5,460.1 (1)
ASML（蘭）	6,789.7 (1)	4,887.5 (2)	5,302.8 (2)
Lam Research（米）	2,313.7 (5)	2,805.7 (4)	3,163.4 (3)
Tokyo Electron（日）	5,098.2 (3)	4,219.0 (3)	3,057.1 (4)
KLA-Tencor（米）	2,506.9 (4)	2,463.5 (5)	2,163.4 (5)
Dainippon Screen Manufacturing（日）	1,810.1 (6)	1,483.6 (6)	1,222.7 (6)
Hitachi High-Technologies（日）	986.0(11)	1,137.7 (8)	862.0 (7)
Advantest（日）	1,161.6 (9)	1,423.4 (7)	844.8 (8)
Teradyne（米）	891.2(12)	917.6(11)	822.0 (9)
Nikon（日）	1,378.3 (7)	1,006.8 (9)	636.3(10)
10 社合計	28,812.4	25,858.1	23,534.5
世界市場合計	45,530.1	38,154.2	33,778.0

（資料）　Gartner March2014 より筆者作成。

ち，世界の中でその存在感は大きい。しかしながら5社（日本）の合計平均総収入は，87億7590万ドルと世界上位10社のうち，半数（企業数は50％）を日本が占めているのに対して，額は上位10社の中で約34％と企業数に合致していない。逆にアメリカ4社の合計利益は116億3240万ドルであり，約45％ものシェアを保有している。アメリカは日本より1社少ないものの，実に利益率の約半数を握っていることになる。

では次に世界上位10社（図表3-2参照）における総収入の推移を見ると，－26％（2012年度），－17％（2013年度）と2期連続して大きく落ち込んでいる。これに対して世界市場も－16％（2012年度），－11％（2013年度）と同様の結果になっているが，世界上位10社ほど落ち込んではいない。これは，世界上位10社の存在感が弱まりつつあることを意味する。こうした市場動向の中，連続して増加傾向にあるのはLam Research（米）のみである。昨今の製造装置を取り巻く環境は，極めて厳しい状況にあることが理解できる。

それでは図表3-2をもちいて，日米を比較して見ると，両国ともに衰退傾向にある。アメリカの中で，特に落ち込んでいるのがKLA-Tencorの－12％（2013年度）である。対して日本は，アメリカよりも大きな落ち込みを示している。Advantest（日）は－41％（2013年度）であり，同分野で競合関係にあるNikonも－37％（2013年度）と衰退の一途にある。世界の中で，かつて

図表3-2　世界上位10社の対前年度総収入率

業名	2012年度	2013年度
Applied Materials（米）	－6％	－1％
ASML（蘭）	－28％	8％
Lam Research（米）	21％	13％
Tokyo Electron（日）	－17％	－28％
KLA-Tencor（米）	－2％	－12％
Dainippon Screen Manufacturing（日）	－18％	－18％
Hitachi High-Technologies（日）	15％	－24％
Advantest（日）	23％	－41％
Teradyne（米）	3％	－10％
Nikon（日）	－27％	－37％
10社合計	－26％	－17％
世界市場	－16％	－11％

（資料）　図表3-1と同様。

は業界トップであった Tokyo Electron も昨今は順位を落としている。そこで次節では，日本の持続的競争優位性について言及していくため，世界上位に位置する Tokyo Electron を事例に取りあげ考察していく。

第4節　日本半導体製造装置企業の衰退
—Tokyo Electron を事例に

　Tokyo Electron は，半導体製造装置だけでなく，FPD 製造装置を販売するなど，多角的に事業を展開するグローバル企業であるものの，現在でも半導体製造装置を核に据え，ビジネスを行っている（図表3-1と図表3-3を比較）。そして取り扱う半導体製造装置の種類は次のように多岐にわたる。① サーマルプロセス，② コータ／デベロッパ，③ エッチング，④ サーフェスプレパレーション（洗浄装置），⑤ 枚葉成膜，⑥ テストシステム，⑦ ウェーハボンディング／デボンディング，⑧ SiC エピタキシャル成膜装置，⑨ ガラスクラスターイオンビーム装置，⑩ 先端パッケージングとなっている[13]。①②③④⑤⑧⑨が前工程で必要な製造装置であり，⑥⑦⑩が後工程で使用される製造装置となっている[14]。これを図表3-4と照らし合わせると，図表3-4の

図表3-3　Total Wafer Fab Equipment Market

(100万$)

企業名	2011年度	2012年度	2013年度
Applied Materials（米）	5,749.3 (2)	5,397.9 (1)	5,365.7 (1)
ASML（蘭）	6,789.7 (1)	4,887.5 (2)	5,302.8 (2)
Lam Research（米）	2,313.7 (5)	2,772.7 (4)	3,127.3 (3)
Tokyo Electron（日）	4,877.8 (3)	3,987.2 (3)	2,913.3 (4)
KLA-Tencor（米）	2,418.6 (4)	2,387.1 (5)	2,141.1 (5)
Dainippon Screen Manufacturing（日）	1,808.0 (6)	1,483.0 (6)	1,209.9 (6)
Hitachi High-Technologies（日）	898.2 (9)	1,031.2 (7)	800.5 (7)
Nikon（日）	1,378.3 (7)	1,006.8 (8)	636.3 (8)
Hitachi Kokusai Electric（日）	722.5 (13)	475.2 (10)	500.0 (9)
Murata Machinery（日）	418.0 (17)	339.7 (14)	482.7 (10)
Total Market	36,974.4	30,129.7	27,763.9

（資料）　図表3-1と同様。

図表 3-4 製造装置販売に特化した Tokyo Electron の総収入内訳

(100 万 $)

Tokyo Electron	Total Wafer Fab Equipment	2,913.3
	Wafer-Level Packaging Equipment	143.7
	Total Die-Level Manufacturing Equipment	0
	Total Test Equipment	0
合計		3,057.0

＊小数点第2位までを含め計算すると世界市場の収益と同じく 3,057.1 となる。
(資料) 図表 3-1 と同様。

Total Wafer Fab Equipment に ① ② ③ ④ ⑤ ⑧ ⑨ が入り，Wafer-Level Packaging Equipment に，⑥ ⑦ ⑩ が当てはまることになる。Tokyo Electron にとって重要なビジネスは，装置の中でも前工程であり，この分野に特化した企業であることがわかる[15]。

そして分類の中で最も高いシェア率を誇るのが，フォトレジスト市場である（図表 3-5 参照）。2位の Dainippon Screen Manufacturing と比較しても大きな差があり，約 85％（2013 年度）と圧倒的なシェア率を保持している。昨今，中国や韓国の製造装置企業が台頭しつつあると言われているが，フォトレジスト市場においては，日本に競争の優位性があると言えよう。しかしフォトレジスト市場は，他の製造装置市場（例えば同様に 2013 年度のデポジション市場は 55 億 3380 万ドル，リソグラフィ市場は 64 億 9640 万ドル）と比較した場合，それほど大きな市場とは言えない。そのため，同市場のみで日本の競争優位性を判断することは難しい。

図表 3-5 Photoresist Processing (track) Market

(100 万 $)

企業名	2011 年度	2012 年度	2013 年度
Tokyo Electron（日）	1,697.3 (1)	1,441.1 (1)	1,111.0 (1)
Dainippon Screen Manufacturing（日）	217.4 (2)	106.9 (2)	162.5 (2)
SEMES（韓）	58.5 (3)	58.0 (3)	23.0 (3)
Suss MicroTec（独）	14.9 (4)	12.3 (4)	9.0 (4)
Total Market	1,988.2	1,618.2	1,305.5

(資料) 図表 3-1 と同様。

では次に，製造装置市場の中でも第3位の規模にあるエッチング市場について考察すると，Tokyo Electron は Lam Research（米）に続き第2位となっている（図表3-6を参照）。第3位の市場で2位に位置している事実を一見すると，Tokyo Electron に競争優位性があるように思われる。しかしながら図表3-6を詳細に分析していくと，Tokyo Electron の競争優位性が消失している実態を把握することができる。市場としては，Lam Research（米）が約52%（2013年度）と圧倒的なシェア率を握っている。続いて Tokyo Electron が約18%である。1位と2位のシェア率には，34%と大きな開きがあることになる。そして3位に Applied Materials（米）が約16%と，Tokyo Electron とほぼ同様のシェア率を持っている。

2011年度～2013年度にかけて，多くの企業が2012年度に規模が縮小する中，2013年度には同様に各社回復している。中でも Applied Materials（米）の2013年度の総収入は，2012年度と比較すると61%増であり，大きな伸び率を示していることが分かる。同様に Lam Research（米）も対前年度比で16%上昇している。これに対して Tokyo Electron は，対前年度比で見ると2012年度は-20%であり，2013年度も-37%と大きく縮小している。

以上から Lam Research（米）の総収入は，年度によって多少の増減はあるものの，比較的安定した形で収益を維持し，1位の座についている。市場3位の Applied Materials（米）も2012年度の総収入は減少しているが，2013年

図表3-6　Silicon Wafer Etch Tools in Dry Market (including TSV and Bump)

(100万＄)

企業名	2011年度	2012年度	2013年度
Lam Research（米）	1,875.2 (1)	1,739.4 (1)	2,026.2 (1)
Tokyo Electron（日）	1,432.7 (2)	1,146.3 (2)	722.3 (2)
Applied Materials（米）	505.2 (3)	388.8 (3)	625.0 (3)
Hitachi High-Technologies（日）	390.2 (4)	373.4 (4)	399.7 (4)
SEMES（韓）	26.9 (6)	30.0 (5)	66.0 (5)
Mattson Technology（韓）	52.2 (5)	25.6 (6)	29.7 (6)
Jusung Engineering（韓）	－	0.5 (7)	4.0 (7)
Others	26.2	61.9	34.0
Total Market	4,308.5	3,765.9	3,906.9

（資料）　図表3-1と同様。

度は 2011 年度とほぼ同様の収益を得ていることが分かる。以上のことから，市場 3 位に位置する Applied Materials（米）が大きく台頭したわけではない。Tokyo Electron の収益が大きく後退しているに過ぎないのである。

このエッチ市場をさらに考察すると，ダイレクトエッチ市場とコンダクターエッチ市場の 2 つに分類することができる。そして，これを個別に表したものが以下の図表 3-7 と図表 3-8 である。

図表 3-7 Dielectric Etch Tools Market (including Bump)

(100 万 $)

企業名	2011 年度	2012 年度	2013 年度
Tokyo Electron（日）	1,228.6 (1)	955.9 (1)	574.0 (1)
Lam Research（米）	574.1 (2)	381.1 (2)	476.3 (2)
SEMES（韓）	25.7 (4)	27.0 (5)	61.0 (3)
Applied Materials（米）	98.6 (3)	77.9 (3)	30.9 (4)
Mattson Technology（米）	4.9 (6)	12.7 (6)	29.7 (5)
Hitachi High-Technologies（日）	22.6 (5)	28.8 (4)	−
Others	5.4	26.4	32.0
Total Market	1,959.9	1,509.9	1,203.9

(資料)　図表 3-1 と同様。

図表 3-7 から見てとれることは，エッチ市場自体は Lam Research（米）が約 47%（2011 年度〜 2013 年度平均）と圧倒的なシェア率を誇っているが，詳細に分類した際のダイレクトエッチ市場においては，Tokyo Electron が 3 年連続 1 位となっている。しかしながら Tokyo Electron は，2011 年度，約 63% もの圧倒的なシェア率を保持していたのであるが，2013 年度には約 48% まで減少している。これに対して Lam Research（米）のシェア率は，2011 年度が約 29% であり，さらに 2013 年度には約 40% まで上昇している。また興味深いことに，第 2 位以降は収入面で大きな差があるものの，韓国企業（SEMES）が台頭し始めていることである。日本の装置産業にとって重要な Tokyo Electron が位置する市場に，韓国企業も存在している実態を軽視してはならない。たしかに総収入において，2013 年度の段階では上位の日米企業が韓国企業を圧倒している。ただし，世界半導体製造装置の総収益額を見ると，上位 10 社の割合が徐々に減少し始めていることは既に述べた通りである（図表 3-1

を参照)。このことを考慮すれば，今後も常にこの構図(あらゆる市場で上位に位置する日米企業体制)が長期的に続く保証は何もない。

では図表 3-8 に目を向けると，コンダクターエッチ市場においては，Lam Research(米)が 2011 年度～2013 年度にかけ収益を伸ばし続けていることが分かる。2012 年度を見ると，その他の企業が苦戦している中でも Lam Research(米)のみ微増である。2011 年度のシェア率は約 55％であり，翌年の 2012 年度は約 60％，2013 年度，約 57％と安定したシェア率を維持している。Applied Materials(米)も 2012 年度の収益は減少しているが，2013 年度は回復している。これに対して Tokyo Electron は，3 期連続の減少となっている。

このように図表 3-7 及び図表 3-8 から言えることは，エッチ市場の中でもダイレクトエッチ市場で強みを持つのが Tokyo Electron であり，対してコンダクターエッチ市場は Lam Research(米)が支配する，棲み分けされた状態であった。しかしダイレクトエッチ市場における Tokyo Electron の収益減少は，棲み分けされた構図が崩れ始めていることを意味する。これが昨今の実態であり，したがって Tokyo Electron の持続的競争優位性は失われつつあると言えよう。さらに Tokyo Electron が強みを持つダイレクトエッチ市場に焦点を当てると，規模自体が縮小している。それとは異なりコンダクターエッチ市場は拡大し，ダイレクトエッチ市場(2013 年度)と比較すると 2 倍以上の規

図表 3-8 Conductor Etch Market (including TSV)

(100 万 $)

企業名	2011 年度	2012 年度	2013 年度
Lam Research (米)	1,301.1 (1)	1,358.3 (1)	1,549.9 (1)
Applied Materials (米)	406.6 (2)	310.9 (3)	594.1 (2)
Hitachi High-Technologies (日)	367.6 (3)	344.6 (2)	399.7 (3)
Tokyo Electron (日)	204.0 (4)	190.4 (4)	148.2 (4)
SEMES (韓)	1.2 (6)	3.0 (6)	5.0 (5)
Jusung Engineering (韓)	–	0.5 (7)	4.0 (6)
Mattson Technology (米)	47.3 (5)	12.9 (5)	–
Others	20.8	35.5	2.0
Total Market	2,348.6	2,256.0	2,703.0

(資料) 図表 3-1 と同様。

模になっている。果たしてこの規模の差が生まれた原因は，ダイレクトエッチ市場の必要性が半導体技術の進歩による影響を受け消失しているためであるのか，あるいはLam Research（米）が差別化を図ることに成功した結果と捉えることができるのかは，さらなる考察が必要となる[16]。

第5節　Lam ResearchとTokyo Electronの差異分析
　　　　―デポジション市場と関連させて

　デポジション市場は製造装置市場の中でも第2位の規模を誇るため，装置企業にとっては重要な市場である。またデポジション市場には，多くの企業が参入しているため，上位5社と注目すべき企業（11位〜13位）に焦点を当て考察していく（図表3-9参照）。

図表3-9　Deposition Market

(100万$)

企業名	2011年度	2012年度	2013年度
Applied Materials（米）	3,119.3 (1)	2,834.2 (1)	2,605.6 (1)
Lam Research（米）	—	628.6 (3)	782.1 (2)
Tokyo Electron（日）	954.8 (2)	733.8 (2)	601.5 (3)
ASM International N.V.（蘭）	430.3 (7)	309.4 (5)	427.3 (4)
Hitachi Kokusai Electric（日）	474.0 (6)	336.2 (4)	324.3 (5)
SEMES（韓）	48.7(12)	40.0(12)	36.0(11)
Jusung Engineering（韓）	95.3(10)	38.4(13)	32.0(12)
TES（韓）	20.3(15)	13.9(15)	28.0(13)
Total Market	8,093.9	5,994.0	5,533.8

＊Novellusを買収したことによってLam Research（米）は2012年度からデポジション市場に参入している。
（資料）　図表3-1と同様。

　デポジション市場において，2011年度より3期連続で1位の座を確保しているのは，全装置市場の中でも常に1位，もしくは2位に位置するApplied Materials（米）である。デポジション市場も世界の全装置における市場と同様に縮小している。縮小するデポジション市場ではあるが，その中でも

Applied Materials（米）は高いシェア率を誇っている。2011年度は約39％，2012年度を見ると約47％，2013年度も約47％と半数近くのシェアである。デポジション市場は，圧倒的にApplied Materials（米）が支配している市場と言える。

　ここで注目すべき点は，2012年度からLam Researchがデポジション市場に参入していることである。この点について，Lam Researchがあえてデポジション市場に参入したのは，市場を席巻しているApplied Materials（米）に取って代わることではないと思われる。Lam Researchが強みとする製品は，エッチング装置である。既に考察してきたように（図表3-6，図表3-7，図表3-8を参照），エッチング市場ではLam Researchが圧倒的なシェア率を誇っている。ここから推論できることは，デポジションとエッチングにおける両分野の研究開発をトータルに進めることで，エッチング市場における自社の地位をより強固なものにするため，Novellusを買収したものと考えられる。

　半導体の製造工程は，デポジション装置で成膜（薄膜をウェハ上に膜付け）した後，その上にフォトレジストを塗布し（写真のフィルムを塗るようなもの），露光装置でパターニングを行い（光転写：写真の原理），そのフォトレジストパターンを用いてエッチング装置で成膜した下地薄膜のエッチングが行われる。このようにエッチングとデポジションは，工程上から見て近い関係にある。この関係性を踏まえ図表3-8を再度考察すると，Lam Researchが強みとするコンダクターエッチ市場において，2011年度に買収（Novellus）して以降，とくに2013年度を見ると各社が低迷しているにも関わらず，大きく成長できたその要因として「トータルに研究開発を進めた影響によるもの」と見ることができよう。Lam ResearchによるNovellusの買収は，デポジション市場に焦点を当てApplied Materials（米）に対抗するものではなく，エッチング市場における自社の地位をより強固なものにするための戦略と理解することができる。もちろんのこと，トータルに研究開発を進めることで，エッチ市場だけでなく，デポジション市場も視野に入れた事業の拡大が進められていくものと思われる。

　次にTokyo Electronを考察すると，2011年度のシェア率は約12％，2012年度も前年と同様に約12％，そして2013年度は約11％となっている。この

シェア率自体は Lam Research とほぼ変わらない。ただし問題は，Lam Research と同様に Tokyo Electron もエッチング装置が主要なビジネスであるにもかかわらず，図表 3-7 のようにダイレクトエッチ市場で大きくシェア率を落としていることである。Lam Research と同市場で Tokyo Electron もビジネスを展開するのであれば，研究開発体制の見直しが問われる可能性もある。

また同市場においても，韓国企業が存在している。今回の考察では，中国製造装置企業の存在を確認できなかったものの，韓国企業が着実に力をつけ始めている実態をも把握することができた。これまで半導体産業は，1980 年～1990 年代初期にかけて日米が熾烈な競争を繰り広げていた。しかしその後，日米韓の競争から米韓へと変化しつつある。これと同様に製造装置産業も韓国の台頭を受け，日米韓による競争関係となり，やがては米韓，さらに中国が急速に台頭し始めるといった構図が，近い将来生まれる可能性があると言えよう。

おわりに

本章では，日本半導体製造装置産業が今後も持続的に競争優位性を図ることができるのかを考察してきた。その際，日本だけでなく，世界製造装置市場で影響力を持つ Tokyo Electron を事例に考察を行った。この考察結果としては，2011 年度～ 2013 年度に限って見ると，Tokyo Electron が主とするビジネス領域において，今後も持続的な競争優位性を発揮することは難しいことである。世界に通用する日本の大手製造装置企業が苦戦している状況が浮き彫りになった。Tokyo Electron にとって重要な市場には，常にアメリカ企業が上位に存在するだけでなく，圧倒的な支配力を持っていた。

もちろん世界上位 10 社の中に Tokyo Electron を除いて日本企業が 4 社入っている。しかし，いずれも総収入で見ると Tokyo Electron の半分にも満たない額である。Tokyo Electron の 1 社限定ではあるが，この 1 社のデータから見て取れる現状からすると，持続的競争優位性を維持するには程遠いと理解できる。Tokyo Electron の衰退は，日本半導体製造装置産業の盛衰にも大きな

影響を与えるため，持続的競争優位性が低下しつつあると指摘することができよう。このような状況を打開していくためには，日本の製造装置企業と半導体製造装置企業が一体となり，生き残る道を模索するだけでなく，日本の半導体企業と伴に逆境を切り開く方策を再度検討することが必要になると思われる。

（上田智久）

注
1 例えば東芝の電子デバイス部門における各5年の設備投資額は，1210億円（2011年度），1740億3千万円（2012年度），1260億4千万円（2013年度），1220億2千万円（2014年度），1200億円（2015年度）である。そして設備投資額の多くが，製造装置に割かれているものと思われる。またこの数字は，東芝の中（電力・社会インフラ部門，ヘルスケア部門など，その他を含め6部門）でも圧倒的な額であり，同じく電子デバイス部門の研究開発費と対比しても，ほぼ同様もしくは上回っている。http://www.toshiba.co.jp/about/ir/jp/finance/expend.htm（東芝ホームページを参照。2016年9月20日閲覧。）
2 伊丹（1995），30頁。
3 杉本（2003），124頁。
4 榊原（1995），84頁。
5 当時の日本の技術レベルは，16キロビットクラスであった。よって，メガビット級の超LSIは当時の日本企業において，非常に驚異であった。谷光（1994），155頁。
6 榊原（1995），166頁。
7 谷光（1994），160頁。
8 榊原清則（1995），89頁。
9 佐久間（1998），59頁。
10 榊原（1995），93頁。
11 製造装置の開発動向は，日本のみならずアメリカでも同様のことが指摘できる。米国のアプライド・マテリアルズ社もまた，1980年代に「プロセス・レシピ付」製造装置の開発に成功している。日経BP社編（1997）『日経マイクロデバイス』7月号，3頁。
12 谷光（2002），49頁。
13 http://www.tel.co.jp/product/index.htm　東京エレクトロンホームページを参照。2016年10月15日閲覧。
14 ⑥の一部は前工程でも使用される。
15 図表3-5には②，図表3-6には③④⑨，図表3-9には①⑤が当てはまる。なお⑧は，現在のところ販売実績がない。
16 この点については紙幅の制約もあり，今後の課題とする。

参考文献
［英語］
Gartner March 2014.

［日本語］
伊丹敬之／伊丹研究室（1997）『なぜ「三つの逆転」は起こったか：日本の半導体産業』NTT出版。

上田智久（2005）「DRAM 市場における日本企業の競争力分析―1980 年代の成長と 1990 年代の衰退―」『立命館経営学』第 43 巻第 6 号，147-167 頁．
上田智久・夏目啓二（2012）「半導体製造装置企業 A 社の受注・納入業務と人材育成」『龍谷大学経営学論集』第 52 巻第 2・3 号，64-70 頁．
上田智久（2012）「日本半導体産業における生産システムの新展開―『HALCA プロジェクト』の事例を通じて―」『日本比較経営研究』第 36 巻，109-127 頁．
肥塚浩（2011）「半導体製造装置産業の現状分析」『立命館経営学』第 49 巻第 5 号，97-113 頁．
榊原清則（1995）『日本企業の研究開発マネジメント―組織内同形化とその超克』千倉書房．
佐久間昭光（1998）『イノベーションと市場構造』有斐閣．
鈴木良始・湯之上隆（2008）「半導体製造プロセス開発と工程アーキテクチャ論―装置を購入すれば半導体は製造できるのか―」『同志社商学』第 60 巻第 3・4 号，54-153 頁．
鈴木良始・那須野公人（2009）『日本のものづくりと経営学』ミネルヴァ書房．
藤本隆宏（2004）『日本のもの造り哲学』日本経済新聞社．
藤本隆宏・葛東昇・呉在（2008）「東アジアの産業内貿易と工程アーキテクチャ―自動車用鋼板の事例」『アジア経営研究』第 14 巻，19-36 頁．
藤本隆宏・桑嶋健一編（2009）『日本型プロセス産業―ものづくり経営学による競争力分析―』有斐閣．
徐正解（1995）『企業戦略と産業発展―韓国半導体産業のキャッチアップ・プロセス』白桃書房．
和田木哲哉・横山貴子（2008）『半導体製造装置産業』工業調査会．
日経 BP 社編『日経マイクロデバイス』．

第4章

日本企業の「グローバル採用」と人事制度改革

はじめに

　2000年代以降，多くの日本企業が，国境を越えた・国籍問わずのグローバルな人材採用（以下，「グローバル採用」）に乗り出した。この背景には，中国をはじめとした新興国市場が消費者市場として急成長した結果，① 現地市場を開拓する営業職，② 現地市場向け製品の開発技術者，③ 現地子会社のホワイトカラーや経営者への需要が高まってきたことがある。また，「グローバル採用」は，企業内の国境を越えた人材移動を促すことから，国内で運用してきた人事制度との摩擦も生み出す。「グローバル採用」の本格化によって，人事制度全体の見直しにも着手せざるをえない。

　本章の目的は，全世界に200カ所以上の海外拠点を抱え，全社員約37万人中，海外社員が約3分の2を占める日本を代表する大手電機メーカーA社の「グローバル採用」の特徴と課題を明らかにすることにある[1]。

　A社の「グローバル採用」の特徴は，大きく3つある。第1に，A社は，2003年に「グローバル採用センター」を設立して「グローバル採用」を開始したが，当時，多くの日本企業がその必要性を認識しつつも，本格的に着手した企業は少なかった（図表4-1）。第2に，同社は，自社で「グローバル採用」を実施するだけでなく，2004年から始まった日本初の「国際人材紹介サービス」も活用している。第3に，日本企業に特有の人事制度，職能資格制度を基礎として「グローバル採用」を実施した。

　第1節は，日本企業の「グローバル採用」と人事制度との関連を考察し，第2節と第3節では，A社の「グローバル採用」と人事制度改革を考察する。第

図表 4-1　各社の人材のグローバル化への取組状況

企業名	開始時期	内容
キヤノン	2001 年	2001 年より国籍問わずのグローバル幹部育成研修を実施。日本では役割給制度を導入，各海外現地法人では独自の人事制度を導入している。
イオン	2005 年	2005 年から外国籍従業員を積極的に採用。人事制度や評価制度の新しい運用方法を検討中。
資生堂	2008 年	全社的なグローバル化の意識の高まりを受けて，人事部内に「グローバル人事グループ」を設置し，グローバル人事の基盤整備を進めている。
サントリーホールディングス	2010 年	海外企業の M&A を積極的に実施し，事業のグローバル化を加速化。2010 年をグローバル化の「元年」と位置付け，人材のグローバル化の取り組みを本格的に開始。
JTB	2010 年	2010 年を基盤整備の元年として，2013 年までに経営層やマネジメント層の研修体系，2015 年にグローバルリーダーに共通の人事制度を導入することを目標としている。
良品計画	2011 年	2011 年度から日本本社主導で中国人採用を開始。北京で面接会を実施し，3 人を採用。日本での研修後，現地法人の幹部として雇用する。
新日本製鉄	2012 年	2012 年 4 月の入社採用で 5 名の外国籍留学生を採用。

（出所）　グローバル人事研究会（2012）より作成。

4 節では，「国際人材紹介サービス」の実態を検討し，最後に，A 社の「グローバル採用」の特徴と課題を整理する。

第 1 節　日本企業の「グローバル採用」と人事制度改革

1.「グローバル採用」の定義

　多国籍企業の「グローバル採用」は，その国際人的資源管理のもとで実施される。国際人的資源管理とは，「多国籍企業がその固有の価値，理念，方針，戦略の下に，さまざまな特徴を有する複数の国籍・文化的背景などから成る従業員を雇用しながら，その能力を十分に活かすべく採用される人的資源管理システム」（白木 2006, 1 頁）と定義される。国際人的資源管理の定義に基づけば，「グローバル採用」とは，「多国籍企業がその固有の価値，理念，方針，戦略の下に，さまざまな特徴を有する複数の国籍・文化的背景などから成る従業

員を採用すること」と定義できる。

また，「グローバル採用」は，実務家世界からも関心が寄せられてきた。菱垣（2010b）は，日本企業の「グローバル採用」を「日本企業がグローバル展開を進めていくために，国境と国籍を問わず優秀なコア人材を採用する」（菱垣，2010b，46頁）ことと定義する。上述の定義との違いは，「グローバル採用」の対象者が「従業員」なのか「優秀なコア人材」なのか，という点にある。「従業員」の概念には現場作業者も含まれるが，本章では「グローバル採用」の対象を，多国籍企業の戦略実現に不可欠な営業職・研究開発技術者・経営者等の「優秀なコア人材」とする。

日本企業の「グローバル採用」の用語は，① 海外の大学の新卒採用，② 海外拠点における人材採用，③ 日本国内の外国籍社員の採用等々，様々な文脈で用いられてきた。「グローバル採用」の用語を「多国籍企業の戦略の下で，グローバルに優秀なコア人材を採用すること」と定義することで，企業戦略の内容や「グローバル採用」の成熟度合等により変化するその概念の範囲と対象（国籍・民族・性別・学歴・経験等の諸属性）を統一的に把握することが可能となる。

2.「グローバル採用」の分析視角

国際人的資源管理のもとでは，同じ企業の従業員であれば，異なる国籍の従業員であっても，評価制度や処遇方式は一定の共通化が必要となる。他方，生活水準等が異なる地域間・職場間で，完全に同一のシステムを採用することもできない（白木 2006，1-2頁）。日本企業が「グローバル採用」を実施する際も同様に，従来の国内の人事制度が見直され，本社及び海外拠点のシステムを共通化すると同時に，異なるシステム及び相対立する論理＝軋轢も生まれてくる。

A社も含めて多くの日本企業は，職能資格制度と呼ばれる人事制度の下で人材を処遇・育成してきた。職能資格制度は，従業員の仕事を能力に基づき格付けする制度であり，等級ごとの職能内容及びレベルを定義した職能資格基準のもとで，配置・異動，昇進・昇格，人材育成，賃金等が決められてきた。しかしながら，研究史の点からみると，職能資格制度は主に日本国内の人的資源

管理との関連で研究されてきた（津田 1995, 堀田 2010 など）。それに対して，日本企業の人事制度のグローバル化は，国際人的資源管理の枠組みで論じられてきたが（白木 2006 など），職能資格制度との関連で検討されることは少なかった。

　本章の分析視角は，職能資格制度を基本とした国際人的資源管理の枠組みの中で「グローバル採用」を分析すること，すなわち，「グローバル採用」を職能資格制度との関連で分析することにある。「グローバル採用」は，職能資格制度の制約条件のもとで実施されると同時に，人事制度・慣行の改革も促すのである。

3.「グローバル採用」をめぐる論点

　日本企業がグローバル展開する過程で，その国際人的資源管理において，以下のような共通化要求と軋轢が生じてくる。

　第1に，日本企業の従業員は，主に日本人の男性正社員から構成されてきたが，外国籍社員の増員によって多様な人材マネジメントが必要となってくる。

　第2に，海外拠点ではキャリア重視の中途採用が重視される傾向が強いことから，新卒一括採用及び内部昇進制度は一定の修正が必要となる。

　第3に，日本の大手電機メーカーは，職能資格制度のもとで，「開発―製造」機能を企業内で統合する垂直統合体制をとってきた。垂直統合体制下で，日本人正社員の製造技術者と研究開発技術者は頻繁に調整を行いながら，製品を開発してきた。グローバル化及び「グローバル採用」の下で，「開発―製造」の両機能をいかに調整し，両部門の技術者をいかに処遇するのかが，課題となってくる（羽渕 2015, 232-233 頁）。

　第4に，海外拠点の人材採用及び本社の外国籍社員の増員等により，各国の人事制度（配置・異動，昇進・昇格，人材育成，賃金水準等）は，一定の共通化・標準化が求められる。これまで多くの日本企業は，①日本人が海外拠点の幹部層を占め，②人事制度の構築を各海外拠点に任せてきた。しかしながら，海外拠点の拡大に伴い，日本人だけの経営管理体制では，その成長に限界が生じてきた。そこで，トヨタ自動車では，1999年より「役員クラス」を対象とした「海外で直接採用されたスタッフ」の登用の仕組み構築し，幹部昇進

への道を開き，トップマネジメントの評価制度の共通化を図った（企業活力研究所 2015，48-49 頁，『日本経済新聞』1999 年 12 月 8 日）。「グローバル採用」を実施するうえで，トップマネジメントの評価制度の共通化は，避けて通ることのできない課題である。

　最後に，「グローバル採用」の対象者について言及しておく。本章は「グローバル採用」の対象者を「優秀なコア人材」とするが，これは 2 つのことを意味している。

　第 1 に，「グローバル採用」は「グローバル人材」を採用するという意味ではない。日本では，1999 年に「グローバル人材」の用語が新聞紙上で初めて登場したが，その内容は，トヨタ自動車が全世界の従業員を「グローバル人材」と「ローカル人材」に区分し，世界規模で経営幹部を育成する一元的体制を構築したというものであった（吉田 2015，206 頁，『日本経済新聞』1999 年 12 月 8 日）。トヨタ自動車の「グローバル人材」は「将来の経営幹部」のことを指していたのであるが，本章では，「グローバル採用」の対象者を「将来の経営幹部」も含めた「優秀なコア人材」とする。

　また，「グローバル人材」の用語は，「多義的に使われ，誰にとっても誤解の余地がない普遍的な人物像を想定させる概念とはいえない」（明石 2015，95 頁）。「グローバル採用」は，普遍的人材を採用するのではなく，当該企業の戦略実現に必要な「優秀なコア人材」を採用する。「グローバル採用」の対象者は，企業戦略によって常に変化するのである。

　第 2 に，「グローバル採用」は外国人を採用するという意味でもない。日本企業は，日本人中心で経営を行ってきたため，「グローバル採用」が外国人採用と同一視されがちである。しかしながら，仮に「グローバル採用」を外国人採用とすると，日本企業の「グローバル採用」の開始時期は，外国籍社員の初採用時となってしまう。日本企業の「グローバル採用」の開始時期に，外国人採用や外国人スタッフの登用が強調されてきたことは事実であるが，「グローバル採用」の定義＝「多国籍企業の戦略のもとで，グローバルに優秀なコア人材を採用すること」と実態としての外国人採用は明確に区別しておく必要がある。

　日本企業の「グローバル採用」をめぐる以上の議論を念頭に置きつつ，A

社の「グローバル採用」の事例を検討していく。

第2節　A社の「グローバル採用」

　1980年代より海外事業強化の一環として，毎年約100名弱の欧米の学生をインターンシップで受け入れてきたが，当時は海外の大卒採用には積極的ではなかった[2]。1990年代，中国をはじめ新興国市場で工場労働者を中心に採用してきたが，2000年代以降は，国内市場の低迷と中国市場での積極的な事業展開等を背景として，2003年度に，①海外市場で連結営業利益の60％以上を稼ぐこと（『日本経済新聞』2003年4月11日），②海外事業強化を目的としたキャリア採用及び外国籍社員の採用を積極的に推進する戦略を打ち出し，「グローバル採用センター」を設立した。

1.「グローバル採用」の背景

　同社の「グローバル採用センター」設立の背景には，同社の人員及び事業構造の構造改革があった。

　第1に，2001年7月，過剰雇用の整理を目的とした日本国内のグループ従業員向けの早期退職募集を実施した（村上 2007, 21頁）。過剰雇用の発生要因として，①高度成長期及びバブル経済期の過剰な従業員採用を実施したこと，②定年退職制度や定期昇給等の本社制度が主要グループ企業にも適用されたこと，③1990年代以降に実施された家電製造拠点の海外移転により，国内の事業規模が縮小したにも関わらず，国内の従業員削減に踏み切れなかったことが挙げられる（同上，26-29頁）。2001年度から2003年度の3年間で，グループ企業を含む日本国内の従業員1万8000人が早期退職制度を活用して退職し，2004年に「リストラ終結」宣言が出された（『日経産業新聞』2004年4月30日）。

　第2に，事業拠点の統廃合と海外拠点のアジアシフトが積極的に行われたことがある。1990年代半ば以降，中国の沿海部から内陸部に至る各地域に製造拠点を設立してきたが，2000年代に入ると，アジアシフトをより加速化させ

た。① 中国での白物家電の開発・製造・販売関連の子会社，ソフトウェア開発，商社，携帯電話向け通信設備の開発・製造担当の子会社の相次ぐ設立，② 米国向けエアコンプレッサーを中止し中国へ移転，③ ASEAN 諸国の各拠点で独自展開していた電化製品の開発・設計機能をマレーシアに集約する（2000 年 11 月）など，新興国への移転・集約化を図った（白水 2004，212-216 頁）。この結果，同社の中国を含む「アジア」の売上高は，2000 年度に 1 兆 4200 億円，2010 年度に 2 兆 2500 億円にまで増え，北米・中南米の「米州」の 2 倍強にまで成長した（安積 2013，211 頁）。

　こうした中国及び ASEAN 諸国への開発・製造拠点の設立ラッシュが「グローバル採用センター」設立の直接の契機であった。1990 年代は，中国を製造拠点として位置づけてきたことから，営業職及び開発・設計技術者の採用は実施してこなかったが，2000 年代以降，現地子会社に営業・研究開発等の機能が加わったことで，現地市場を開拓する営業職及び現地市場向け製品開発技術者の採用が急務の課題となってきた[3]。「グローバル採用センター」の最初の仕事は，中国での営業職採用であり[4]，日本人正社員の人員削減と並行して「優秀なコア人材」の採用が実施されたのであった。

　最後に，国内市場の低迷と新興国市場の台頭以外の要因として，ライバル企業の三星電子の存在も大きかった。「グローバル採用センター」の担当者は，新興国市場で三星電子が成功した要因は，三星電子の部長・課長等の役付クラスの英語力の高さに示されるように，三星電子のグローバル化が A 社のグローバル化よりも進んでいるからだ，と考えていた。こうした認識も「グローバル採用センター」設立の要因のひとつである[5]。

2.「グローバル採用」の開始[6]

　「グローバル採用センター」設立後，中国以外のメキシコ，インドネシアなどの新興国市場の成長も顕著となってきたので，これら地域でも「グローバル採用」の実施に踏み切った。また，海外での「グローバル採用」と並行して，① 日本国内の外国籍社員の採用，② 日本本社から海外子会社への支援を開始し，ここから，③ 国内外を含めた全世界レベルでの「グローバル採用」の仕組みづくりが始まった。また，本社から全世界の子会社の採用活動を支援する

ことは困難なため，2005年に北米拠点のニュージャージー州，欧州拠点のロンドン，中国拠点の北京，アジア全体を統括するシンガポールの4拠点に採用，人材，教育訓練を担当する「リクルートセンター」を設立した（図表4-2）。

「グローバル採用センター」の基本方針は，本社は採用全体の観点から大まかな方向性を出すにとどめ，実際の採用活動は，各国・地域・子会社で可能な限り実施することを基本とする。各「リクルートセンター」の採用方針・方式は各様であり，新卒のみを採用する企業もあれば，キャリア採用を重視する地域もある。

「グローバル採用」を実務レベルでみると，まず，① 毎年12月に日本を含む全世界の子会社に事業計画を通知する。その後，② 全世界の海外子会社の採用情報を本社で集約する（事業部制を廃止したN改革以後はドメインごとに集約）。採用情報は，「リクルートセンター」を通さずに直接子会社から集める。③ 過去1年間の採用者数，研究開発，品質管理などの職種別採用データなどの採用内容の確認，④ 退職者数，転籍者数などを合計して現在の従業員を把握する。⑤ 事業の変化を考慮しつつ，年間採用者数及び退職見込み数を3年程度のスパンで回答させる。最後に，⑥ 採用データを集計し，集計結果と全社レベルでの動向，業績目標などを加味したうえで，本社→「リクルートセ

図表4-2 A社の「グローバル採用」の組織図

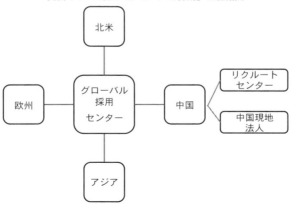

（出所） A社へのヒアリングより筆者作成。

ンター」へ通知し，各子会社への支援を実施する。本社の「グローバル採用センター」担当者が現地での採用内容に問題があると判断した場合は，現地の経営者とともに2週間程度をかけて採用の見直し，改善を行う。

調査時点の「グローバル採用センター」の組織は，「国内採用チーム」（日本国内の外国人採用チーム）と「グローバル採用チーム」（海外の外国人採用チーム）に分かれていた。日本国内の外国人採用が落ち着いてきたことから，それまで国内外の外国人採用を担当していた「グローバル採用センター」は，「国内採用チーム」に国内の外国人採用を任せて，現地採用の拡大が顕著なインド及びこれから採用活動の強化が必要なブラジル，カンボジア等への支援を「グローバル採用チーム」に任せた。

3.「グローバル採用」の実態

A社の採用実績及び採用計画について検討する。第1に，採用実績を時系列でみると，「グローバル採用」開始後の2006年度に「大卒技術系」「大卒事務系」の海外採用者数が国内採用者数を超えた（図表4-3）。

第2に，2007年度からの3カ年中期経営計画で，海外の販売拡大を軸に連結売上高10兆円の目標を掲げ，この目標達成のために外国人採用及び若手社員の海外駐在の促進などの人材確保が直近の課題とされた。

2008年度の採用予定者数は1700人，内訳は国内採用者数800人，海外現地採用者数900人とされた。採用計画をより細かくみると，①国内採用者数800

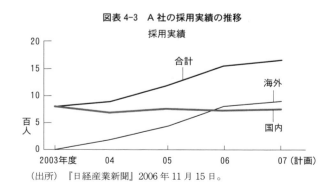

図表4-3　A社の採用実績の推移

（出所）『日経産業新聞』2006年11月15日。

人のうち大卒事務系が100人，大卒技術系は700人であった。2007年度の日本国内の外国籍社員は計百数十人いたが，3カ年中期経営計画で新たに100人を採用することにした。これを受け，2007年度の外国人採用（新卒・中途採用を含む）は，例年の3倍となる30人程度とし，欧米や中国の大卒及び日本国内の留学生を積極的に採用する方針が打ち出された。② 海外現地採用の内訳は，開発・設計技術者が900人（中国：500人，アジア：350人）であった（日経産業新聞，2007年3月7日，5月3日）。海外現地採用では，アジアの開発・設計技術者の採用がとりわけ重視されていた（図表4-4）。

第3に，2011年の調査時点で，本社の外国籍社員を除けば，年間1100人の外国籍社員を採用していた。この頃はすでに，日本国内の外国籍社員の採用については定着化してきたことから，海外現地採用に力を入れ始めていた[7]。

以上の採用活動を時系列に整理すると，① 2006年度に海外の「大卒事務・技術系」の採用者数が国内の採用者数を超え，② 2007年度から日本国内の外国人採用に乗り出し，③ 2011年度頃から新興国の外国人採用を本格化させた。同社の「グローバル採用」は，海外現地採用の強化→日本国内の採用強化→海外現地採用の強化と発展してきた。

この結果，日本国内の外国籍社員は2000年には11カ国35人にすぎなかったが，2008年以降はブラジル・ロシア・ベトナム・インドの新興国の社員が増え，2009年には31カ国220人となった。同年の外国籍社員を機能別・事業別にみると本社17％，基礎研究12％，AVC11％，半導体10％というように本社とハイテク関連分野で顕著であった[8]。

図表4-4　A社の採用実績と計画

		2006年度	2007年度計画	2008年度
国内	大卒技術系	650人	650人	未定だが2007年度と同規模の見通し
	大卒事務系	100人	100人	
海外		800人	900人	
総合計		1,550人	1,650人	

（出所）『日経産業新聞』2006年11月15日。

第3節　A社の人事制度改革

1. 人事制度改革

　A社の海外拠点は，日本企業の典型的な雇用慣行を現地に移転させた後，現地の企業環境に応じて，各海外拠点で個別に人事制度改革及び雇用慣行の改革を実施してきたため，日本国内及び海外子会社，さらに中国国内の各子会社の採用・処遇基準等も各社各様である。

　「グローバル採用」の実施と並行して，こうした人事制度・雇用慣行の見直しが実施された。第1に，海外拠点の人事制度が見直された。とりわけ，中国の子会社では，本社と同様の人事制度を採用してきたが，2003年度以降，中国の大手家電企業が採用してきた「成績下位5％の社員」の退職勧奨制度を導入した。生産性の低い工場作業員や成果の低い管理職等に対して給与の引き上げやポスト変更などを通じて退職を促す一方，成績優秀な従業員に対しては優先的に昇給・昇格させることを決めた（『日本経済新聞』2003年4月11日）。

　第2に，2004年度に，国内の年功主義的要素が強かった人事制度の改革にも着手した。社内資格を，理事・副理事・参事・副参事・主事・主任の6段階から理事・参事・主事の3段階に簡素化し，30代の部長登用など有能な若手社員の選抜を可能にする人事制度に改革した（同上，2004年2月19日）。

　このように，同社の「グローバル採用」は，①正社員削減とアジアシフトの構造改革，②成果主義導入と社内資格の簡素化などの人事制度改革を出発点として開始されたのであった。しかしながら，海外拠点と本社の人事制度改革を個別に実施したことから，人事制度の共通化という点では課題が残った。

2. トップマネジメントの組織化と育成方式の改革

　「グローバル採用」の組織化の一貫として，海外拠点の幹部人材確保を目的とした経営者評価制度の改革も実施された。2002年1月，日本人スタッフを敢えてサポート役として，アメリカ，イギリス，シンガポール，韓国系アメリカ人の人事担当者から構成されるプロジェクトチームを発足させ，トップマネ

ジメントの評価制度改革を実施した。

　2003年3月，同プロジェクトチームが開発した「グローバル幹事人事システム」では，海外子会社の役員，部長など約50の幹部ポストを4等級に格付けし，各等級の役割，報酬，必要とされる資質を明確化した。従来，位置づけが曖昧であった「A国の工場の工場長」と「B国の販売会社の社長」の等級を明確化し，外国人幹部を他地域に移動しやすくすることで，グループ内の人材流動化の活性化に繋げたいと考えた（『日経産業新聞』2004，229頁，『日本経済新聞』2003年4月11日）。

　なお，調査時点では，この幹部ポストは「グローバル幹事人事システム」発足時の約50ポストから約500ポストにまで拡大していた。全世界の子会社数から概算すれば，社長と副社長だけで約400ポストが埋まる計算になる。「グローバル採用センター」は，「幹部開発会議」を毎年実施し，海外子会社の経営者幹部の評価を本社で把握しつつ，経営者幹部の選抜，今後10年後の経営者幹部候補生の選定，幹部育成に必要なプログラム開発及び作成を行っている[9]。

　また，トップマネジメントの育成方式の見直しも検討されていた。同社の採用方式は，新卒一括採用を基本としているが，採用実態からみれば，専門家重視の傾向が強くなっていた。しかしながら，特定分野の専門家及びキャリア採用人材では，事業拡大の際に必要な総合知識の面で問題が生じてくる。技術及び管理に精通した総合知識を有する人材育成のためには，専門家重視の傾向を見直し，従来型の新卒一括採用を再考する必要がある，と担当者は考えていた[10]。

3.「多様性推進本部」の設立

　「グローバル採用」に伴う外国籍社員の増加に対応するため，2006年度から性別・国籍・年齢を問わず多様な人材が活躍可能な企業風土の実現を目指す「多様性推進本部」を新設した。同本部は，社長の直轄組織とされ，本部長は人事・労務担当の常務が兼任した。従来の「女性躍進本部」のスタッフを中心に改組したものであり，育児・介護制度の充実等，従来業務に加えて，海外拠点の現地外国人幹部の登用機会を増やすなど，若手社員や外国籍社員が働きや

すい職場づくりの立案，提言を行った（『日経産業新聞』2006年4月4日）。同本部は，日本国内市場の低迷→新興国市場の台頭→事業再構築→「グローバル採用センター」設立→外国籍社員の増加→「女性躍進本部」の改組，という流れのなかで設立され，同社の「多様性」は，日本人男性正社員→日本人女性正社員→外国籍社員と拡大してきたのである。

4．研究開発人材の採用戦略

同社の「グローバル採用」は，製品の「開発―製造」方式も大きく変えた。従来方式は，日本で開発・設計を行い，現地子会社で製造・販売するか，現地から他地域へ販売していた。調査時点での「開発―製造」戦略は，先行技術の開発などの基礎研究は本社で実施し，海外現地で「開発―製造―販売」を行う方式に転換していくというものであった[11]。

具体的には，①白物家電分野では，2010年に中国で開発した省エネ型洗濯機及びインドで開発した薄型テレビが現地販売だけでなく，現地から海外への輸出販売も行われており，こうした方式を拡大させる。

それに対して，②デジタルカメラや携帯電話等の高機能AV商品の分野では，世界同時販売をより積極的に推進する。高機能製品の世界同時販売を実現するためには，現地で優秀な技術者を採用し，「開発―製造―販売」を完結させると同時に，各国で同様のデザイン且つハイテク技術を要する世界標準規格の製品開発を行う，とされた[12]。

2014年1月には，同社は，新興国市場の最重点地域と位置付けるインドでの開発センターの開設を発表した。部品調達権限を大幅に現地に委譲し，原価低減を図りつつ，日本人正社員とインド人技術者が共同で現地市場向け家電製品の開発等を行うとされた（『日経産業新聞』2013年12月6日）。

5．海外拠点の採用方式

これまで，日本国内だけでなく，アジアにおいても新卒一括採用を基本としていたが，調査時点では，アジアは新卒が約40％，中途採用が約60％，欧米は中途採用が主となっていた。中途採用の増加の背景は大きく2つある。

まず，①グローバル経営が重視されるなかで，海外拠点に営業・開発等の

新たな機能が内部化された。新卒者を企業内で育成していると，事業変化のスピードに追いつくことができなくなったため，中途採用が増えた。

次に，② 海外拠点における離職率の高さにある。営業職や技術職だけでなく，次期幹部候補が内部育成されていない場合，ヘッドハンティングなども必要となってきた。

海外拠点の機能拡大，急成長，離職率の高さが中途採用の増加の主な原因であった。

第4節 「国際人材紹介サービス」の展開 [13]

日本企業のグローバル化に伴い，クロスボーダーで人材と企業をマッチングさせる「国際人材紹介サービス」に対する需要が高まってきた。

1.「国際人材紹介サービス」の概要

B社のグループ会社は，1980年代に香港に海外拠点を設立して以来，調査時点で，中国，インド，シンガポール，インドネシア，北米，欧州，ブラジルなどに拠点を持っていた。B社は，グループ会社の海外拠点の経営資源を活用して，2004年から「国際人材紹介サービス」を開始した。

求職者の同社への登録は，在住地を基本とする。例えば，中国の居住者は国籍に関わらず中国拠点に登録する。同社に登録すれば，日本に居住している中国人留学生も帰国することなく，中国に進出している日系企業への求職活動が可能となる。

主要業務は，顧客企業（主に日本企業）と人材（主に外国人籍）の紹介事業であるが，日本人の海外就職支援も行っている。日本在住の外国人及び日本人の海外就職支援と企業への採用支援を行う，国境を越えた・国籍問わずの人材紹介サービスである。

B社が紹介した人材は，紹介先の企業が直接雇用し，雇用契約の成立後は登録抹消となる。「国際人材紹介サービス」の成功報酬とは，同社と顧客企業との契約で定めた紹介手数料を指す。人材紹介ビジネスの仕組みは，世界共通で

ある。

2. 人材市場の実態

2010年8月時点での累計登録者数は30万人超，内訳は日本人が約10万人，外国人が約20万人であった。国別登録者数では，中国が約10万人と3分の1を占めており（中国に香港・台湾を含めれば50％強），中国在住の日本人留学生及び中国人の帰国人材が多いことがわかる（図表4-5）。

紹介先の業種の大半が製造業である。職種は，管理・営業・技術の全職種であるが，紹介対象者はホワイトカラーのみで，現場作業員は紹介していない。登録者の学歴は大卒が主であるが，高校・専門学校卒であっても，技術系の職務経験が豊富な人材に対しては，海外からの求人が多い。

日本国内の登録者は，東京在住者が多く，年齢層の中心は20〜30代である。IT関連職種は比較的若年層が多いが，現地の工場立ち上げ等に関わる人材は，経験的知識が要求されることから40〜50代の年齢層の比率が高い。性別でみると，男性は技術・営業職，女性は管理系職種が多い。

顧客企業の本社所在地は，東京が約8割，大阪が約2割を占めた。地域別業

図表4-5　B社のエリア別登録者数

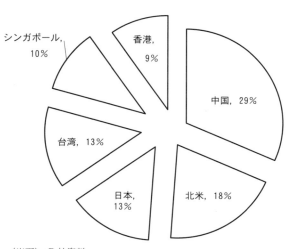

（出所）　B社資料。

種の特徴をみると，A社本社がある大阪では電機・機械・電子などが，東京では米国などに子会社を設立するIT関連への紹介が増えている。

おわりに

　本章は，「グローバル採用」を「多国籍企業の戦略の下で，グローバルに優秀なコア人材を採用すること」と定義したうえで，同社の「グローバル採用」を検討してきた。これまで検討してきたことを，最後にまとめておく。

1.「グローバル採用」の特徴

　第1に，「グローバル採用センター」設立の背景には，A社の新興国市場戦略があった。新興国市場戦略のもとで，「グローバルに優秀なコア人材」の採用が始まったのである。同センターの設立以後，新興国市場を開拓するための営業職，研究開発技術者・経営者等が積極的に採用された。また，同センター設立と同時期に開始された「国際人材紹介サービス」においても，A社本社の大阪では電機・機械・電子等の業種で需要が高く，新興国市場を中心に営業・技術職への紹介が増えた。

　第2に，「グローバル採用」の開始と並行して，職能資格の簡素化，成果主義の導入が図られた。

　第3に，同社の「グローバル採用」の対象者＝「優秀なコア人材」は，その成熟度合によっても変化してきた。「グローバル採用」は，①中国の営業職採用から始まり，②新興国での研究開発体制の現地化を契機として拡大した。現地の技術者を積極的に採用し，白物家電の「開発―製造」機能の現地化を推進するとともに，高付加価値のグローバル商品の開発人材は，本社採用を積極的に行った。③外国籍社員の採用に関しては，海外現地採用の強化→日本国内の採用強化→海外現地採用の強化と発展してくるなかで，④「グローバル採用」の対象者拡大と並行して，日本人正社員が削減された。

　なお，2007年時点の「グローバル採用」の対象者は「大卒事務・技術系」であったが，同社ホームページの「グローバル採用」の募集要項には，「グロー

バル採用」とは「海外現地法人採用のこと」（同社HP：2015年7月15日アクセス）とある。文字通り受け取るならば，現在では「高卒事務・技術系」も「グローバル採用」の対象者である。また，調査時点で，「グローバル採用」の対象者は，日本国内の外国籍社員も含まれていたが，現在では海外現地法人の採用に限定されている。「グローバル採用」の対象者は変化するのである。

第4に，新興国市場戦略のもとで，本社及び海外拠点のトップマネジメントの評価制度を共通化するとともに，海外拠点に成果主義を導入したり，本社の社内資格を簡素化したりするなど，全体として年功主義的要素は弱まっていった。

第5に，採用方式である。①トップマネジメントの評価制度は共通化したが，採用に関しては，専門家重視の傾向を強めるか，あるいは，新卒一括採用を再評価し，管理及び技術に精通した事業拡大の担い手を育成していくのか，方向性は定まっていなかった。②営業・開発の人材については，「グローバル採用センター」を通じて，海外拠点に大まかな採用方針は出すが，具体的な採用方法（新卒採用・中途採用など）や処遇方式は，各海外拠点に任せていた。

職能資格制度を基本としたA社の「グローバル採用」によって，共通化されたシステムと軋轢が企業内で生まれてきた。「グローバル採用」を実施するには，本社及び各海外拠点の人事制度の個別化が障壁となることは，同社も認識している。しかしながら，海外拠点の機能拡大，急成長，高い離職率などを背景として，人事制度の共通化に関して具体的な方向性を定めるまでには至っていなかった。

2. 若干の国際比較

最後に，米国企業との若干の比較を通じて，A社の「グローバル採用」の特徴についてみておく。

第1に，A社の「グローバル採用」は職能資格制度（あるいは職能給）を基礎としていたが，米国企業は職務給を基礎としている点が大きく異なる。

第2に，A社は，中国市場を開拓するために中国人社員を採用するというように，現地市場開拓など必要に応じて人材を採用し，その結果として「女性躍進本部」を「多様性推進本部」に改組し，男性中心の企業体質から女性活

用，外国人活用と「多様性」の範囲を拡大させてきた。それに対して，日本P&Gでは，進出先の市場での成功よりも，グローバル市場での成功を重視する。日本進出当初から人種・国籍・性別・年齢等を問わないP&Gグループ全社で定めた採用基準に基づき採用を行ってきた（有村 2007，203頁）。

A社のように市場拡大に応じて「多様性」の範囲を拡大させる場合と，P&Gのように「多様性」そのものを前提として市場拡大を行う場合とでは，企業戦略における「多様性」の位置づけ及び国際人的資源管理の在り方は大きく変わる。A社は「多様性」の度合を査定対象にしていないが，在日米国企業C社では，「多様性」の達成度を査定対象とし，「多様性」を確保するための人材採用を実施している。例えば，ある部門の部長職で女性比率が低い場合，3年後に女性課長を置くという目標を設定し，適任の女性課長を育成できたかどうかが，部門長の査定対象となる。なお，査定基準は世界共通であり，全従業員に公開されている[14]。

第3に，「グローバル採用」の主体である。A社の場合，「グローバル採用」の主体は人事部であった。一般的に，日本企業は組織志向型，米国企業は市場志向型と言われる。日本企業は組織志向型を反映して人事権が人事部に集中しているが，市場志向型の米国企業ではライン管理者に集中している（ジャコービ，2005，259頁，262頁）。在日米国企業C社の場合，人事権はライン管理者に与えられており，ライン管理者が「グローバル採用」の主体である。C社の人事部の役割は，各部門が円滑に人事管理を遂行できるように助言，支援，訓練を行うことにある[15]。

この点と関連して，「グローバル採用」を通じてA社の人事部の権限がより強化されたことにも注意しておく必要がある。「グローバル採用」の実施後に「多様性推進本部」が設置されたことはみた。日本企業の人事部は，① 人事部出身者が取締役会のメンバーに昇進することで，企業戦略に直接関与する一方で，② 将来企業の指導層となり，取締役会の一員となる管理者層の人材開発を担うことで間接的にも関与している（同上，2005，11頁）。同社の人事部は，① 人事部出身者が取締役会に昇進することはもちろん，② トップマネジメントと人事部を繋ぐ「多様性推進本部」を通じて，あるいは，海外拠点の幹部育成プログラムの開発などを通じて間接的にもコーポレートガバナンスに関

与している。人事部の権限は,「グローバル採用」を通じてグローバル化したのである。

最後に,「グローバル採用」の歴史も異なる。第1節でみたように,「グローバル採用」とは外国人採用という意味ではない。「グローバル採用」の開始時期は,多国籍企業の「グローバル採用」の「戦略―組織―実態」から判断すべきである。新興国市場戦略→「グローバル採用センター」設立→「国際人材紹介サービス」の流れをみれば,日本の大手電機メーカーの「グローバル採用」が本格化したのは2003年以降と思われる。「グローバル採用」を契機としてA社の国際人的資源管理は,新たな段階に入ったのである。これに比べると,米国企業は,国境を越えた・国籍問わずの人材採用という意味での「グローバル採用」の歴史は極めて長いと言えよう。こうした歴史の長さの違いも,多様な人材マネジメント等に影響しているはずである。

(羽渕貴司)

注
1　本章は,羽渕(2016)の調査報告書をベースに作成した。A社,B社,C社の調査日時は章末に記載。調査報告書の作成経緯等は,羽渕(2016)を参照されたい。
2　A社ヒアリングによる。
3　例えば,同社は,2004年10月に共同出資で中国杭州経済技術開発区に工業団地を建設,翌年5月には杭州市内に研究開発センターを開設し,現地白物家電の一貫生産体制を構築した(A社グループの実態,2006, 244-245頁)。
4　A社ヒアリングによる。
5　この段落はA社ヒアリングによる。なお,三星電子の人事制度は,李(2012)を参照されたい。
6　この項は,A社ヒアリングによる。
7　A社ヒアリングによる。
8　A社内部資料による。
9　A社ヒアリングによる。
10　この段落はA社ヒアリングによる。
11　A社ヒアリングによる。
12　A社ヒアリングによる。
13　第4節は,B社ヒアリングによる。
14　C社ヒアリングによる。
15　C社ヒアリングによる。

参考文献
[英語]
Jacoby, S. (2005), *The Embedded Corporation*, New Jersey : Princeton University Press (サン

フォード・M・ジャコービィ，鈴木良治・伊藤健市・堀龍二訳（2005）『日本の人事部・アメリカの人事部』東洋経済新報社。）

[日本語]
明石純一（2015）「国境を超える人材」（五十嵐・明石（2015）所収）。
安積敏政（2013）「エレクトロニクス産業」（吉原・白木・新宅・浅川（2013）所収）。
有村貞則（2007）『ダイバーシティ・マネジメントの研究』文眞堂。
伊丹敬之・田中一弘・加藤俊彦・中野誠編著（2007）『A社の経営改革』有斐閣。
企業活力研究所（財団法人）（2015）『企業におけるグローバル人材の育成確保のあり方に関する調査研究報告書』2015年3月。
経済産業省（2007）『通商白書』経済産業省。
経済産業省（2010）『通商白書』経済産業省。
グローバル人事研究会（2012）『グローバル人事の重要課題とその解決に向けて』社団法人日本能率協会。
駒井洋監修 五十嵐泰正・明石純一編著（2015）『「グローバル人材」をめぐる政策と現実』明石書店。
佐藤文昭（2006）『日本の電機産業再編へのシナリオ』かんき出版。
白木三秀（2006）『国際人的資源管理の比較分析』有斐閣。
白水和憲（2004）『A社，中国大陸新潮流に挑む』水曜社。
津田眞澂（1995）『新・人事労務管理』有斐閣。
日経産業新聞編（2004）『A社のN改革』日経経済新聞社。
羽渕貴司（2015）「技術者の人事管理―垂直統合体制との関連を中心に―」（李・赫・多田・藤井（2015）所収）。
堀田達也（2010）『等級制度の教科書』労務行政。
菱垣雄介（2010a）「第1回　アジアグローバル採用の現場から」『人事実務』2010年5月15日，No.1080，44-47頁。
菱垣雄介（2010b）「第4回　アジアグローバル採用の現場から」『人事実務』2010年11月15日，No.1091，46-52頁。
村上善紀（2007）「雇用構造改革」（伊丹・田中・加藤・中野（2007）所収）。
吉田文（2015）「グローバル人材の育成をめぐる企業と大学のギャップ」（五十嵐・明石（2015）所収）。
吉原英樹・白木三秀・新宅純次郎・浅川和宏（2013）『ケースに学ぶ　国際経営』有斐閣ブックス。
李炳夏（2012）『サムスンの戦略人事』日本経済新聞社。
李捷生・郝燕書・多田稔・藤井正男編（2015）『中国の現場からみる日本企業の人事・労務管理』白桃書房。
『A社グループの実態』（2006）アイアールシー出版。

【調査日時】

	日時	調査対象者	実施場所
A社	2011年10月7日	「グローバル採用センター」責任者	本社
B社	2011年7月14日	「グローバル事業部」事業部長	兵庫震災記念21世紀研究機構
C社	2011年9月21日	秘匿	本社

第 2 部

新興国大企業の台頭と経営戦略

第5章

中国の多国籍企業化の現状と
発展途上国多国籍企業論への意味

はじめに

　中国はいまや世界第2位のGDPおよび世界最大の貿易量を誇る経済大国である。しかし，1人当たりGDPは約8000ドルといまだ上位中所得国のレベルにある。その中国が，近年対外直接投資を急激に拡大し，中国企業は急速に多国籍企業化している。中国企業はいつごろから，どの国・地域に対して，どのような業種の企業が，なぜ，どのように，多国籍企業化をすすめているのか。それは発展途上国多国籍企業論にどのような意味を持つのか。

第1節　対外直接投資と多国籍企業

　第2次世界大戦後アメリカを覇権国とする資本主義陣営において国際経済レジームとしてIMF，世界銀行，GATTによるブレトンウッズ体制が成立した。ブレトンウッズ体制の下で進んだのは貿易だけではなかった。概ね10－20年程度のラグをもって，対外直接投資（Foreign Direct Investment：FDI）も急増し始めた。貿易の場合は，国内において生産を行い，商品を輸出する。しかし，対外直接投資の場合は資本を輸出し，国外で生産を行い，現地や第三国に販売ないし自国に逆輸入するものである。
　大規模な対外直接投資の先陣を切ったのはアメリカである。1950年代にアメリカ企業はヨーロッパ市場で現地企業に対抗するため大量のヨーロッパ進出

図表5-1 米・独・日・韓・中・台 対外直接投資（1970-2015年 単年度フロー，当年価格）
（単位：億ドル）

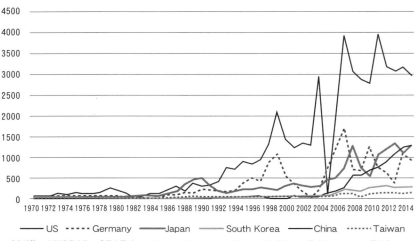

（出所）UNCTAD STAT. http://unctadstat.unctad.org/wds/ReportFolders/reportFolders.aspx?IF_ActivePath=P,5 より作成

を行った。このような下で，D. E. リリエンソールが1960年にカーネギー工科大学工業経営大学院創立100周年記念のシンポジウムでこのように対外直接投資によって国外に子会社関連会社を設立していく企業を多国籍企業（Multinational Corporation, なお今日ではTransnational Corporation）と呼び，その後急速にこの言葉が普及した。その後，他の先進資本主義国にも同様にこの動きが広まった。しかも，先進資本主義国の経済の同質化と企業間競争によって，先進資本主義国間で相互に進出しあう相互浸透現象も常態化した。

　日本は，海外市場向けには輸出を主体とし，資源開発や一部の労働集約製品を除いては，在外生産は小さかった。海外拠点は生産拠点というよりも，輸出を促進するための販売拠点であった。1970年代に入り，高度経済成長が達成され，所得も上がるにつれ，競争力を失った労働集約製品を中心に対外直接投資が拡大し始めた。1972年が海外直接投資元年とも言われた。それが急拡大し始めるのは，1980年代である。まずは，貿易摩擦によって，摩擦回避的な投資が増えた。大きな転機となるのは1985年のプラザ合意後の急激な円高である。2000年代に入ると，国際的な対外直接投資ブームと，円高等の影響で，

再度対外直接投資は拡大し，日本企業は，輸出から対外直接投資に急激にシフトしつつある。日本の国際収支はそれを反映し，いまや経済収支黒字を支えているのは貿易黒字ではなく投資収益などによる第1次所得収支黒字である。

近年の多国籍企業化の特徴は，かつてはもっぱら対外直接投資の受け入れ国であった新興国・発展途上国を母国とする多国籍企業の急増である。1990年の世界の対外直接投資（単年度アウトフロー）は2438億8200万ドルであったが，そのうち，先進国経済からは2307億6700万ドル（94.6％）であったのに対して，途上国経済からはわずかに131億1500万ドル（5.4％）に過ぎなかった。それが2000年代以降に拡大し，2015年には世界が1兆4742億4200万ドルに対して，途上国経済からは3779億3800万ドル（25.6％），さらに多くは途上国である移行経済をあわせると，4090億5000万ドル（27.7％）にまで拡大した（なお，シンガポールなどすでに高所得国となっている国も一部含まれている）。

うち，特に目覚しい拡大をしたのが中国である。過去の累積の結果であるストックを見ると，アメリカ（5兆9827億8700万ドル，2015年）は言うに及ばず，ドイツ（1兆8124億6900万ドル），日本（1兆2265億5400万ドル）にも及ばない（1兆102億200万ドル）が，単年度フロー（2015年）で見ると，アメリカ2999億6900万ドルには及ばないものの，ドイツ943億1300万ドルを超え，日本1286億5400万ドルとほぼ同水準の1275億6000万ドルとなっている（なお，『2015年度中国対外直接投資統計公報』は1456.7億ドルとし，世界第2位としている）。世界に占める比率もフローで2002年の0.5％から8.7％にまで上昇し，受入額1356億1000万ドル）との関係でも，ほぼ匹敵するまでになった。

第2節　中国多国籍企業の特徴

中国多国籍企業の特徴を，いつごろから（When），どの国・地域に対して（Where），どのような業種の企業が（WhoとWhat），どのように（How），多国籍企業化をすすめているのか，という諸側面から明らかにしよう。なぜ

(Why) については理論に関わることなので，次節で考察する。

1. 中国企業多国籍企業化の時期と段階（When）

　中国の対外直接投資が拡大するのは，2000年代以降である。これは中国経済の急速な発展に伴うものであるが，中国政府の政策の反映でもある。中国政府と中国国際貿易促進委員会（CCPIT）は，中国企業の国際的戦略を支持する政策，いわゆる「走出去」政策を打ち出した。「走出去」という言葉は，1997年12月に江沢民総書記（当時）が全国外資工作会議代表と会見した時に，外資導入の「引進来」と不可分の概念として用いられた。1998年2月の中共15期2中全会の江沢民報告において，「積極的に輸出を拡大すると同時に，実力・優位性のある一部国有企業の『走出去』を支持する」とされた。2001年からの「第10次五カ年計画」では，対外投資の奨励などを盛り込んだ「走出去」戦略の推進が明記された。また，2002年11月の第16回共産党大会では，「走出去」戦略の実施を「比較優位のあるさまざまな所有制の企業が海外に投資し，……実力のある多国籍企業と有名ブランドを作り上げることを奨励する」とされ，所有制に関わらない多国籍企業化の推進が強調された。

2. 投資対象国地域の分布（Where）

　中国の対外直接投資の国地域別分布を見てみよう。『中国対外直接投資統計公報』によれば，中国の対外直接投資の単年度フロー毎年約50％は香港向けである。2015年末のストックで見ても，59.8％は香港向けである。同じく特別行政区のマカオも0.5％を占める。同様に5.7％，4.7％を占めるケイマン諸島，英領バージン諸島はタックスヘイブン（租税回避地）である。これらは実質的には他国に投資されており，その実態は不明である。これらで70.7％を占めてしまうことを考えると，説明力は弱くなるが，残りの29.3％でトレンドを見るしかない。

　第1の特徴は対先進国投資の実質的な比重の大きさである。対先進国投資は統計上の比重は小さい（ストックベースで1536.52億ドル，全世界向けの14.0％）ものとされている。うちでも対ヨーロッパ（7.6％）が中心である。アメリカ向けは同3.7％，日本は0.3％に過ぎない。しかし，香港とタックスヘイ

ブンを除いた 29.3% との比較で言えば，約半分が先進国向けと見ることもできる。

第 2 の特徴は ASEAN 向けの急増である。かつてはアジア向けが多いといってもそれはほとんど香港のことであった。しかし，ASEAN10 カ国向けストックは，2006 年末で 17 億 6338 万ドル（対全世界向け比率 2.4%）から 2015 年末には 627 億 1597 万ドル（同 5.7%）になった。しかも上位 20 位に後発 ASEAN 国であるラオスとミャンマーが入った。中国国内の労働コスト上昇，中国企業の ASEAN 市場狙い，さらには政治的な影響力行使の国策などが背景にある。

図表 5-2　中国対外直接投資　国地域別ストック（2015 末）

順位	国・地域	金額（億米ドル）	構成比（%）
1	香港	6,568.55	59.8%
2	ケイマン諸島（英）	624.04	5.7%
3	英領バージン諸島	516.72	4.7%
4	アメリカ	408.02	3.7%
5	シンガポール	319.85	2.9%
6	オーストラリア	283.74	2.6%
7	オランダ	200.67	1.8%
8	イギリス	166.32	1.5%
9	ロシア連邦	140.20	1.3%
10	カナダ	85.16	0.8%
11	インドネシア	81.25	0.7%
12	ルクセンブルク	77.40	0.7%
13	ドイツ	58.82	0.5%
14	マカオ	57.39	0.5%
15	フランス	57.24	0.5%
16	カザフスタン	50.95	0.5%
17	ラオス	48.42	0.4%
18	南アフリカ	47.23	0.4%
19	UAE	46.03	0.4%
20	ミャンマー	32.59	0.4%
	上位 20 カ国地域合計	9,880.59	89.8%

（出所）　中国商務部等『2015 年度中国対外直接投資統計公報』中国統計出版社，2016 年，19 頁。

第3の特徴は（2008年を異常値とすると）アフリカ向けの安定的な増加である。アフリカ向けストックは2006年末で25億5682万ドル（対世界3.4％）が2015年末には346億6944万ドル（同3.2％）と増大した。

やっかいなのは香港向け投資をどう見るのかである。香港は2007年に中国に返還されたが，その後も特別行政区として国際機関等も単独で加盟し，中国の経済統計でも「外国」扱いである。しかし，国家として中国の一部であるだけでなく，香港は中国と諸外国を結ぶ「窓」としての特別なポジションを持つ。中国企業は香港を経由して他国に投資したり，また一部は中国に還流する。『2014年度中国対外直接投資統計公報』に紹介されている2014年度の事例では，中国五鉱集団公司等によるスイス資源大手グレンコアからのペルー・ラスバンバス銅山の買収，聯想集団によるアメリカのモトローラの携帯端末事業の買収，国家電網公司によるイタリア預託貸付公庫傘下の送電大手CDPシティの買収が，香港経由で行われ，香港への対外直接投資にカウントされているこれらの資金操作の実態は部外者には容易には分からない。しかし，香港を含めたデータでもってアジア重視が中国の対外直接投資の特徴であるとしたり，あるいは，近隣国への投資から徐々に遠方の国への投資を拡大するウプサラ仮説が妥当するとすることはできない。

3. どのような業種のどのような企業が多国籍企業化しているのか（Whoと What）

『中国対外直接投資統計公報』により，2015年末中国対外直接投資ストックの業種別の内訳を見よう。第1～3次産業に分類すれば，第1次産業0.8％，第2次産業24.0％，第3次産業75.2％となる。ただし，注意しなければならないのは，第3次産業に分類されるリース・ビジネスサービス業である。これは，投資会社や持株会社への出資であり，実質的には，他の産業である。そのうちどのくらいが製造業であるかは不明だが，少なくない比率であることを示唆する研究者もいる。第3次産業でもインフラ系が目立つ。また，第2次産業では採掘業の比率（13.0％）が高く，製造業（7.2％）を大きく上回る。

図表 5-3　中国対外直接投資ストック（2015 年末）　業種別内訳

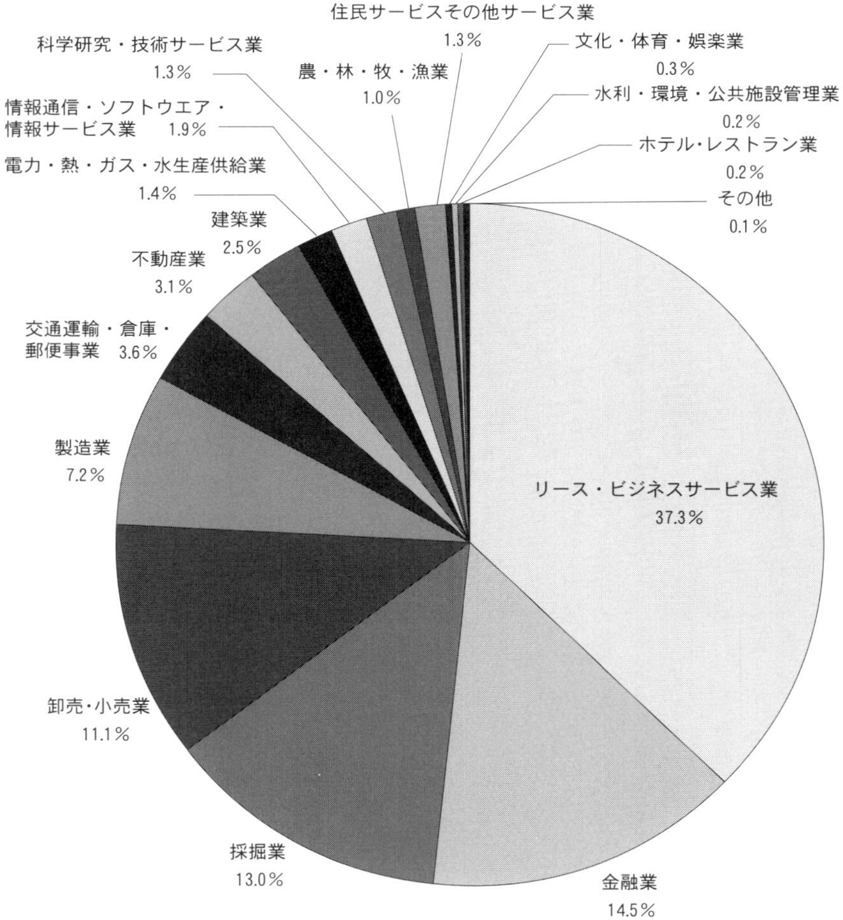

- リース・ビジネスサービス業　37.3%
- 金融業　14.5%
- 採掘業　13.0%
- 卸売・小売業　11.1%
- 製造業　7.2%
- 交通運輸・倉庫・郵便事業　3.6%
- 不動産業　3.1%
- 建築業　2.5%
- 情報通信・ソフトウエア・情報サービス業　1.9%
- 電力・熱・ガス・水生産供給業　1.4%
- 科学研究・技術サービス業　1.3%
- 住民サービスその他サービス業　1.3%
- 農・林・牧・漁業　1.0%
- 文化・体育・娯楽業　0.3%
- 水利・環境・公共施設管理業　0.2%
- ホテル・レストラン業　0.2%
- その他　0.1%

（出所）　中国商務部等『2015 年度中国対外直接投資統計公報』中国統計出版社，2016 年，21 頁。

112　第 2 部　新興国大企業の台頭と経営戦略

図表 5-4　世界および途上国・移行国の非金融業トップ100多国籍企業にランクインした中国企業

世界ランキング 在外資産	世界ランキング TNI	途上国・移行国ランキング 在外資産	途上国・移行国ランキング TNI	企業名		業種	資産（百万ドル）国外	資産（百万ドル）総資産	売上（百万ドル）国外	売上（百万ドル）総売上	従業員（人）国外	従業員（人）総数	TNI (Per cent)
39	100	3	86	中国海洋石油総公司	China National Offshore Oil Corp	鉱業、採石業、石油業	71,090	182,282	26,084	99,557	10,550	115,000	24.8
70	86	7	54	中国遠洋運輸（集団）総公司	China Ocean Shipping (Group) Company	運輸業、倉庫業	44,805	57,875	18,075	27,483	4,679	75,675	49.8
		14	41	聯想控股有限公司	Legend Holdings Corporation	コンピュータ機器	26,957	47,062	29,556	47,152	34,584	60,379	59.1
		22	100	中国石油天然気集団公司	China National Petroleum Corporation	鉱業、採石業、石油業	22,857	641,334	11,791	444,387	28,476	1,500,200	2.7
		23	96	中国建築工程総公司	China State Construction Engineering Corporation Ltd	建設業	22,440	149,670	8,392	130,230	35,694	238,079	12.1
		24	94	中国石油化工集団公司	Sinopec - China Petrochemical Corporation	石油精製および関連業	21,943	362,873	127,039	470,428	51,000	927,000	12.9
		27	91	中国五鉱集団公司	China Minmetals Corp	金属および金属製品	19,225	59,010	12,420	52,383	11,123	177,000	20.9
		29	69	中国中化集団公司	Sinochem Group	鉱業、採石業、石油業	18,706	57,867	62,497	80,875	4,792	47,920	39.9
		35	51	聯想集団有限公司	Lenovo Group Ltd	コンピュータ機器	16,791	27,081	31,595	46,296	13,900	60,000	51.1
		57	99	中国移動通信集団公司	China Mobile Limited	電気通信	10,556	211,117	5,221	104,416		241,550	3.3
		61	70	中国電子信息産業集団公司	China Electronics Corporation (CEC)	コンピュータおよび情報処理	10,226	38,157	8,893	33,183	34,659	129,330	39.8
		62	95	中糧集団有限公司	Cofco Corp	飼売業	10,225	70,888	4,052	40,524	45,330	120,674	12.7
		70	46	大連万達商業地産股份有限公司	Dalian Wanda Commercial Properties Co., Limited	建設業	9,189	91,891	1,756	17,559	6,067	60,674	56.0
		75	43	騰訊控股有限公司	Tencent Holdings Limited	コンピュータおよび情報処理	8,260	27,873	1,053	12,849	8,205	27,690	58.5
		76	93	復星国際有限公司	Fosun International Limited	金属および金属製品	8,212	52,897	1,058	10,050	7,917	51,000	19.0
		97	67	中国鉄道建築総公司	China Railway Construction Corporation Ltd	飼売業	4,954	100,475	92,516	96,362	24,384	249,624	42.4

(注) 1. データは2014年 4 月～2015年 3 月の会社年次報告書に基づく。
　　 2. TNI (Transnationality Index) は国外資産比率、国外売上比率、国外従業員比率の平均。
　　 3. 業種の分類はアメリカ標準産業分類に基づく。
　　 4. ランキングはUNCTADに基づく。世界ランキングは2015年度データ、中国のランキングは2014年度データ。中国語企業名は『2014年度中国対外直接投資統計公報』などを参照した。
　　 5. 聯想控股有限公司は聯想集団有限公司を傘下にもつ持株会社である。

(出所) UNCTAD, *World Investment Report 2016*, Annex table 25. The top 100 non-financial MNEs from developing and transition economies, ranked by foreign assets, 2014. Annex table 24. The world's top 100 non-financial MNEs, ranked by foreign assets, 2015.

4. 中国対外直接投資と対外クロスボーダー M&A（How）

　中国の対外直接投資における M&A の比率の高さでもって，中国多国籍企業の特徴と見なそうという主張もあるので，データを確認しよう。中川（2008a）では UNCTAD のデータを利用して，1987 年から 2006 年までの対外 M&A と対外直接投資の比率の計算を行った。その計算によれば最終年の 2006 年に突発的に中国の値が高くなることを除いては，一貫して全世界平均の比率をかなり下回っていた。しかし，その後中国は急激に拡大する FDI を上回るペースで対外 M&A の金額を増加させた（2015 年 436.53 億ドル）。2009-15 年の合計額でみて，世界の FDI アフトフローに対する対外 M&A 買収額（純額）の比率は世界が 31.0%，ドイツ 26.6%，アメリカ 26.7% に対して，中国は 40.8% であり，同じく，近年対外 M&A を増やした日本（41.0%）と並んで対外 M&A 多用国となっている[1]。

　過去の主要な対外 M&A としては 2004 年の聯想集団による IBM PC 事業部買収，瀋陽機床（集団）有限公司によるドイツの有力工作機械メーカーのシース社（Schiess AG）買収，2010 年の吉利汽車によるボルボ買収，2011 年のハイアールによる三洋電機白物家電部門の買収，2012 年の三一重工業によるドイツのコンクリートポンプ車製造大手，プツマイスター社の買収，2014 年の聯想集団のモトローラ・モビリティの買収などがある。

　各年版の『中国対外直接投資統計公報』により 2013/2014/2015 年度の対外 M&A を業種別に金額ベースで見ると，採掘業が 342.3 億ドル /179.1 億米ドル /53.2 億ドルで 64.7%，31.4%/5.9% を占め，製造業 13.8%/20.9%/25.2%，電力・熱・ガス・水生産供給業 0.7%/16.4%/0.7%，情報通信・ソフトウエア・情報技術サービス業 4.1%/6.3%/15.5%，農・林・牧・漁業 1.1%/6.3%/0.5%，リース・ビジネスサービス業 4.1%/6.3%/5.7%，金融業 1% 未満 /4.4%/12.1%，交通運輸・倉庫・郵便事業 1% 未満 /3.7%/3.0%，卸売・小売業 2.2%/3.1%/4.9% などとなっている。過去においては採掘業への M&A が際立っていたが，2015 年度は製造業の大型合併が続いたことにより，製造業が 25.2% で最大比率を持つようになった。目的地のトップ 10 は，アメリカ，ケイマン諸島，イタリア，香港，オーストラリア，オランダ，イスラエル，バニューダ，カザフスタン，イギリスで先進国＋タックスヘイブンが多くなっている[2]。

図表 5-5　米・独・日・中・韓　対外 M&A 買収額（純額）

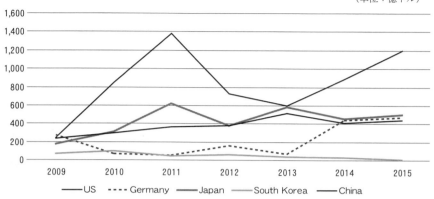

（単位：億ドル）

（出所）　UNCTAD, *World Investment Report 2016*, より作成。

　具体事例を挙げると，2015 年は海航集団のスイス国際空港会社（27.31 億ドル），安邦集団控股有限公司のオランダ保険業の REAAL　NV（20.87 億ドル），中国化工のイタリアの高級タイヤメーカー・ピレリ（71 億ユーロ）の買収が行われた。2016 年はすでに前半期のみで 2015 年を上回る勢いである。ハイアールは 1 月，GE の家電事業を 54 億ドルで買収することで合意した。中国による海外のエレクトロニクス企業買収としては最大規模となる。中国化工は 2 月スイスの農薬世界大手・シンジェンタ買収を発表した（買収額は 430 億ドル以上の見込み）。3 月，家電大手・美的集団は東芝から冷蔵庫など白物家電子会社を買収した。4 月には中国遠洋海運集団（COSCO）がギリシャ最大の港であるピレウス港の株式を過半数取得する契約を結んだ。
　ただし，過去の中国対外 M&A にも失敗が多い（TCL のトムソンやアルカテルの買収，上海汽車の双竜自動車の買収など）が，2016 年に入り，聯想集団はモトローラが重荷になって大きく業績を落とすことにもなった。

第3節 発展途上国多国籍企業論の系譜と中国多国籍企業

1. 発展途上国多国籍企業論の展開

これまでの発展途上国からの多国籍企業にかかわる理論の発展について概括する。

発展途上国がなぜ多国籍企業の母国となるのかについてはすでに1980年代から多くの研究がなされてきた。そのうち，体系的なものとしてその後も参照されるのは，Wells (1983) と Lall (1983) である。Wells (1983) はバーノンのプロダクトサイクル論を応用しながら，発展途上国からの多国籍企業について「小規模技術」論を展開した。それによると，発展途上国からの多国籍企業の特性とは，先進国で広く普及した技術を輸入し，それらの技術を本国の経済的特殊条件に適応するよう改良し，その改良した技術を自国より下位の発展途上国へと投資することである。さらに Wells (1983) は発展途上国多国籍企業が優位性を持つのは以下の3点であるとした。① 先進国と比較して労働集約的な小規模生産技術，② 発展途上国の現地で調達する原材料でも生産できるような生産技術，③ 顧客との信頼関係から生じる市場へのアクセス能力による競争優位性である。Lall (1983) も同様の視点から「ローカル化された技術革新」論を展開し，発展途上国多国籍企業の優位性構築の条件として以下の3点を挙げた。① 先進国で広く普及した技術にわずかなイノベーションを加える，② 小規模生産技術に関するイノベーションを行う，③ 発展途上国の市場・環境に適するような製品を開発する。これらの理論は，途上国企業が同水準かあるいはさらに発展の遅れた途上国に進出する理論としては有効であった。

しかし，途上国からの対外投資は必ずしもそのようなものではなく，先進国に向かうものも少なくなかったのである。それは，多国籍企業となるものがすでに「企業特殊優位」や「所有優位」を有しているという前提を置く従来の多国籍企業の大きな見直しを迫るものとなった。

その転換は J. ダニングによってもたらされた。Dunning (1977) はそれまでのハイマー (S.Hymer)，バーノン，内部化理論を折衷する形で，折衷理論

(Eclectic Theory，OLI 理論[3]）を提起し，折衷理論はブラッシュアップされて，多国籍企業論のパラダイムとなっていった。しかし，その弱点として非体系的な数多くの要因による静態的分析に過ぎないという点があった。Dunning [1986] は折衷理論の動態化のために対外直接投資マイナス対内直接投資の額が 1 人当たりの GDP の成長とともに変化していくプロセスを示した。ただし，これは経済発展段階と対外直接投資をあまりにストレートに結びつけるもので，現実の説明として不十分であった。Dunning（1990）は，さらに「創造性資産（created asset）」の概念を提出した。それは，対外直接投資の以前にすでに所有特殊優位があることを前提にするのではなく，むしろ，その獲得や発展のために対外直接投資を行うタイプの対外直接投資であった。この概念により多国籍企業が優位性を獲得していくプロセス（investment development path: IDP）が明確になっただけでなく，この概念は発展途上国多国籍企業分析に適合的であった。Transnational Corporations and Management Division Department of Economic and Social Development United Nations [1993] は，途上国からの多国籍企業化の動機の 1 つとして「技術探求型 FDI」を位置づけた。中国でも康・柯（2002）が華人企業が比較的早くに対外直接投資を増やすのはなぜなのか，問題への回答としてのこの枠組みを用いて説明を行っている。

　これらの議論は，途上国からの多国籍企業をテーマにした UNCTAD の *World Investment Report 2006*（UNCTAD 2006）に結実した。同書は，発展途上国からの多国籍企業化の動機と戦略として，市場追求，効率性追求，資源追求，創造性資産追求，その他（国家の戦略資源の獲得，国家としての後発性利益としての知識獲得目的）を挙げた。特に注目されるのは，創造性資産追求（Created asset-seeking）である。これこそが，まさに対外直接投資において事前に企業特殊優位が存在することを必ずしも前提にせず，投資後にむしろ競争優位を獲得していくという類型である。同書は中国多国籍企業のうち，51％が創造性資産獲得を重要な動機と見なしているとしている。

2. 中国多国籍企業化の理論

　中国企業多国籍企業化の研究は中国において急増している。その多くにおい

ては中国企業多国籍企業化の国内のマクロ的背景として，2001 年の WTO 加盟以降の輸出の急増と貿易摩擦，世界最大となった外貨準備や貯蓄の膨大な蓄積，石油・鉄鉱石その他の資源需要の急拡大，人民元レートの上昇による輸出抑制と対外直接投資促進，政府の「走出去」政策や「一帯一路」政策よる支援などが挙げられることが多い。

中国多国籍企業化の原因を数値的に検証しようとした先駆的業績が，Buckley et al.（2007）である。内部化理論の代表的論者である Buckley は中国企業の多国籍企業の決定要因について，12 の仮説をたて，かつ，それらを年代別に数値的に検証した。それにより，進出先国の市場規模，天然資源賦存，受入国の自由化措置，母国の制度や資本市場，文化的近似性などが促進要因になっていること，政治リスクは制限要因ではなく，（他の先進国との競争関係において）むしろ促進要因であること，などが示されている。

姚・王・宋（2014）は 1991-2003，2003-2009 のいずれにおいても受入国の天然資源の輸出の多さと中国の FDI の明確な有意関係があることを示している。その一方で，技術水準との関連は明確ではないが，これは技術探求型と利用型が混在してるためと解釈している。他の条件が同じであれば低収入国家への投資が多く，中国の当該国への輸出の多さも促進要因としている。ただし，Buckley らの研究とはことなり，受入国のガバナンスのよさは促進要因となっていることも示している。

余（2015）は中国国内の省別データを用いることで，経済発展が高く，第三次産業の比率が高く，賃金水準の高く，技術水準が高い地域が対外直接投資を行う傾向にあるが，高度人材が多い場合は少なくなり，また，貿易と対外直接投資の代替関係があることを検証している。

李・李・陳（2010）は企業のトップ・マネジメントの学歴，海外経験，年齢等が FDI 促進要因となることを数値的に検証している。

これらのうち，「創造性資産追求」ないし「戦略的資産追求（Strategic Asset-seeking）追求」が，（国家戦略型ではない）中国多国籍企業分析の重要なキーワードの 1 つとなった（Deng 2007 など）。技術獲得型ないし戦略的資産獲得型の対外 M&A の分析も少なくない。創造性資産獲得（ないし戦略的資産獲得）の議論については，多くの文献は途上国から先進国へのバーノンの

プロダクトサイクル説からみれば逆向きの FDI を説明するためのロジックとして用いているのみであるが，マクロ経済的な検証の試みも進められている。その一つとして注目されるのが，対外直接投資による母国への「逆技術スピルオーバー」の理論に基づくマクロ的な検証である。中国国内ですでにこのアプローチに基づく多くの業績が出されており，データにも基づく検証度の高いものではあり，また，省ごとのパネルデータを用いて，技術吸収能力の差異により，この逆技術スピルオーバー効果が変化すること明らかにされている（劉 2009, 李・柳 2012 など）。マクロデータ的な分析が多く，定性的研究は多くないが，華為技術の事例研究，ハイアールの事例研究も見られる。

　（在日中国人執筆も含め）日本語の中国多国籍企業研究も進展は見せており，天野・大木（2007），丸川・中川（2008），高橋（2008），川井（2013），苑（2014）などがまとまったものである。丸川は事例研究から，後進市場開拓，戦略資産獲得，資金調達，効率向上，国境を越えた上流部門の統合の5つのタイプを指摘する。川井（2013）が多国籍企業化の動機の研究から一歩進み，親会社・子会社関係の分析にとりくんだことは特筆される。また，華為技術や工作機械産業などの事例から戦略的資産獲得の具体的な中身を解明しようとする姜（2010）などの試みは貴重である。中川（2008a）も対外 M&A を通じて競争優位の水準を挙げた事例として，海欣集団などを挙げた。乾・枝村・譚・戸堂・羽田（2013）は中国の対外 M&A の企業別データベースを利用した分析を行い，売上高，労働生産性，固定資産，無形資産（特許など知識資産を含む）は大幅に増加するが，固定資産や無形資産の増加だけでは売上高の増加の約 60% しか説明できず，残りの 40% は，無形資産には計上されない技術・ノウハウや，海外市場での販売ネットワークなどを獲得したことに起因すると考えられるとし，したがって，中国企業は対外 M&A によって，戦略的資産を獲得して海外市場を拡大するという目的を，少なくとも平均的には達成していると考えられるとしている。

　苑（2013），（2014）は康・柯（1998）の課題意識を継承し，東南アジアやインドに進出した中国企業を「後発国型多国籍企業」と見なして分析を行ったものである。そこでは東南アジアなどへの進出は「ソーシャル・キャピタル」と「革新的結合能力」に基づく「イレギュラー競争優位」を持つ中国企業が，市

場獲得を目的として進出しているとする。

　服部（2013）は今日では多国籍企業経営組織論のパラダイムとなっているバートレット・ゴシャールの「トランスナショナル企業」の視点から中国多国籍企業の代表的企業の2つであるハイアールとTCLの経営組織を評価しようとするものである。それによれば，ハイアールは「インターナショナル企業」，TCLは「グローバル企業」の形態を一部取り入れた「マルチナショナル企業」であるとされている。

おわりに

　中国の多国籍企業化はかつて小島清が主張したように，賃金上昇などにより国内で競争力を失った企業から海外進出を行うという1970年代までの日本型（その後韓国や台湾に見られた）多国籍企業化とは様相を異にする。中国企業の多国籍企業化は，①中国の経済成長による資源・燃料需要の拡大とそれと同時進行で進んだエネルギー転換によって天然資源獲得型が大きな比重を占めること，②途上国に対しては受入国の賃金水準の低さは促進要因ではあるものの，市場の不完全性等により現地市場獲得を目指すハイマー型の側面が強いこと，また，③国家戦略に基づきODAや公的融資とも一体となったインフラ系が多いこと，④先進国に対しては，中所得国の罠からの脱出を図るため，M&Aを多用し，戦略資産獲得を行っていることなどが特徴である。

　中国の対外直接投資ストック額の財・サービス輸出額に対する比率（2015年）は2013年0.28，2014年0.35と上昇，2015年は0.42となった。アメリカの2.69や日本の1.68と比べると輸出志向型であることは間違いないが，対外直接投資型の方向へ急激に変化していることがわかる。また，対外FDIと対内FDIの比率も2013年0.69，2014年0.81から2015年は0.83へと上昇した。先進国の多くは（日本を除いて）1.0-2.0の間となっており，依然として受入の方が多い途上国型であるとはいえ，急激に先進国型へと変化しつつある（UNCTAD STAT）。第1次所得収支で稼ぐ日本とは異なり，中国の第1次所得収支は受け取りだけならば日本と変わらない受け取りを行っているが，上記

の対外／対内 FDI 比率を反映し，支払いのほうが多く，収支としては一貫して赤字である。とはいえ，今後中国が貿易だけではなく，FDI でもっても世界経済に大きなプレゼンスを持ってくること，また，FDI を媒介として中国経済の構造転換も促されることはほぼ疑いない。また，理論としては中国発多国籍企業の発展によって途上国発多国籍企業は異型の存在ではなく，標準的な存在として位置づけられていることが見込まれるが，その一方で，1人当たり GNI から言えば途上国ではあっても世界第2位の経済大国である中国を発展途上国の典型としてみなせるのかという問題は残りそうである。

(中川涼司)

注
1 UNCTAD, *World Investment Report 2016*, http://unctad.org/en/PublicationChapters/wir2016_AnnexTables_en.pdf および UNCTAD STAT http://unctadstat.unctad.org/wds/TableViewer/tableView.aspx より作成。
2 『2015年度中国対外直接投資公報』9頁。
3 OLI 理論は多国籍企業の優位性を所有特殊優位（Ownership specific advantage），立地特殊優位（Location specific advantage），内部化優位（Internalization advantage）の3つから説明したものである。

参考文献
[英語]
Bartlett, Christopher A. and Sumantra Ghoshal (1989), *Managing Across Borders : The Transnational Solution*, Harbard Business School Press.
Buckley, Peter J., Ljeremy Clegg, Adam R. Cross, Xin Liu, Hinrich Voss and Ping Zheng (2007), "The Determinants of Chinese Outward Foreign Direct Investment", *Journal of International Business Studies*, 38.
Deng, Ping (2007), "Investing for Strategic Resources and Its Rationale: The Case of Outward FDI from Chinese Companies", *Business Horizons*, 50.
Dunning, John H. (1977), "Trade, Location of Economic Activity and the MNE: A Search for An Eclectic Approach", in B. Ohlin, P. O. Hesselborn and P. M. Wijkmon (eds.), *The International Location of Economic Activity*, Macmillan.
――(1986), "The Investment Development Cycle and Third World Multinationals", in Khushi M. Kahn ed., *Multinationals of the South: New Actors in the International Economy*, Frances Pinter.
――(1988), "The Investment Development Cycle and Third World Multinationals", in John H. Dunning, *Explaining International Production*, Unwin Hyman, reprinted in Lall [1993].
―― (1990), *The Globalization of Business: The Challenge of the 1990s*, Routledge.
Kojima, Kiyoshi (1982), "Macroeconomic versus International Business Approach to Direct Foreign Investment", *Hitotsubashi Journal of Economics*, Vol.23, No.1.

Lall, Sanjaya (1983), *Third World Multinationals: The Rise of Foreign Investment from Developing Countries*, The MIT Press.
——(ed.) (1993), *Transnational Corporations and Economic Development*, Routledge.
Transnational Corporations and Management Division Department of Economic and Social Development United Nations (1993), *Transnational Corporations from Developing Countries: Impact on Their Home Countries*, United Nations.
UNCTAD (2006), *FDI from Developing and Transition Economies: Implications for Development*, United Nations. http://unctad.org/en/Docs/wir2006_en.pdf.
Wells, L. T. (1983), *Third World Multinationals*, IT Press.
——(1998), "Multinationals and the Developing Countries", *Journal of International Business Studies*, 29-1.

［中国語］
康栄平・柯銀斌（1998）「論後発発展型跨国公司」『太平洋学報』1998 年第 1 期。
李梅・柳士昌（2012）「対外直接投資逆向技術溢出的地区差異和門檻効応—基于中国省際面板数据的門檻回帰分析」『管理世界』第 1 期。
李自傑・李毅・陳達（2010）「国際化経験与走向全球化—基於中国電子信息技術産業上市公司的実証研究」『中国軟科学）第 8 期。
劉明霞（2009）「我国対外直接投資的逆向技術溢出効応——基于省際面板数据的実証分析」『国際商務—対外経済貿易大学学報』第 4 期。
姚樹潔・王攀・宋林（2014）『中国経済成長和対外直接投資戦略）社会科学文献出版社。
余官勝（2015）『企業対外直接投資，経済発展与国内就業』社会科学文献出版社。
中華人民共和国商務部・国家統計局・国家外滙管理局（2015）『2014 年度中国対外直接投資統計公報』中国統計出版社。
——(2016)『2015 年度中国対外直接投資統計公報』中国統計出版社。

［日本語］
天野倫文・大木博巳（2007）『中国企業の国際化戦略—「走出去」政策と主要 7 社の新興市場開拓』ジェトロ。
乾友彦・枝村一磨・譚篠霏・戸堂康之・羽田翔（2013）「中国企業の対外 M&A は成功しているか」独立行政法人経済産業研究所ポリシー・ディスカッション・ペーパー，No. 13-P-005。
苑志佳（2007）「中国企業の海外進出と国際経営」『中国経営管理研究』第 6 号。
——(2014)『中国企業対外直接投資のフロンティア—「後発国型多国籍企業」の対アジア進出と展開—』創成社。
川井伸一編著（2013）『中国多国籍企業の海外経営』日本評論社。
姜紅祥（2010）「中国の工作機械産業の対外直接投資と技術獲得—瀋陽機床を例として—」『中国経営管理研究』第 9 号。
高橋五郎編（2008）『海外進出する中国経済』日本評論社。
中川涼司（2008a）「中国企業の対外 M&A」。
——(2008b)「華為技術（ファーウェイ）と聯想集団（レノボ）—多国籍企業化における 2 つのプロセス—」（ともに丸川・中川（2008）所収）。
——(2013)「中国企業の多国籍企業化—発展途上国多国籍企業論へのインプリケーション—」『立命館国際研究』第 26 巻第 1 号，6 月。
服部健治（2013）「グローバル経営組織論からみた中国企業の分類試論」『中国 21』Vol.38。

丸川知雄・中川涼司編（2008）『中国発・多国籍企業』同友館。

［データサイト］
UNCTAD STAT, http://unctadstat.unctad.org/ReportFolders/reportFolders.aspx
中華人民共和国商務部，統計数据 http://www.mofcom.gov.cn/article/tongjiziliao/

第6章

インド地方都市における
ICT サービス産業立地と成長機会

はじめに

　先進国の大企業を典型とする垂直統合型組織は，それまで組織内部に保持してきた様々な「仕事」のうち，競争力に直接的に影響しないものを外部化するようになった。広い意味でのサービス的な要素については，ソフトウェアのプログラミングやサーバーの保守管理といった情報サービス部門とともに，例えば人事や給与計算といった総務・間接部門の仕事も，外部化されていく。こうしたなか様々なビジネスモデルが考案され，そこに生み出された市場へと多くの企業が参入していった[1]。

　先進国大企業による「仕事」の外部化が進むなか，広く世界を見渡したとき，特にサービス分野においていち早く成長のチャンスを掴み大きく成長したのがインドであった。そのためインドの ICT サービス産業[2]については多くの論考[3]があるし，「多国籍企業」にまで成長したインド企業についても個別に検討がなされている（例えば，小島 2004, Hamm 2006; Barney ed. 2010）。本章では，こうした企業の経営管理や組織を直接的に取り上げるというよりも，企業を主体とし，それとそれを取り巻く環境との相互的な作用の過程を，事業所・企業の立地という実体に着目することで捉えていきたい。立地主体である企業が，国内外にある地域的な格差を上手く利用して事業所を配置することで，インドにおける当該産業の成長が促される側面があるからである。

　もちろん，情報通信技術を地域的な格差を消し去ることを可能とする手段として位置づけることもできるだろう。当該技術の発達と普及によって，先進国

企業は外部化した「仕事」を本国内だけでなく発展途上国からも，時間や距離を気にすることなく広い意味でのサービスとして「調達」できる。そして，こうした国内外の地理的な差異が消え去っていく状況を「フラット化する世界」と表現することもある（フリードマン 2006）。ただしここに描かれた「世界」は，例えばインド，アイルランド，フィリピンといった複数のアウトソーシング先を選択肢として持つ先進国企業からの眺めでしかない。それは，先進国と発展途上国との間にある明瞭な格差を利用した先進国企業によるアウトソーシング先の選択を描くに過ぎないと考えられるからである。重要なのは，そうした構図が国内にある大都市と地方との間にも見いだせ，まさに「入れ子構造」となっていることであり，それがインドのICTサービス産業の更なる成長を可能としている点である。

本章では鍬塚（2015）で示した以上のような視点から，インドにおけるICTサービス産業の成長を，インド大手ICT企業の地方都市への分散立地という流れのなかで捉える。あわせて，それがインド中央政府・地方政府などによる産業振興への取り組みと絡み合いながら進展していることについて，インド北部の地方都市チャンディーガルを事例に説明する。企業の立地戦略は，地方政府による産業振興策と深く絡み合いながら展開している側面もあるからである。

第1節　インドICTサービス産業の成長過程と立地

2014年において，インドのICTサービス輸出額（受取額，748億USドル）は，世界の総輸出額（同，4600億USドル）の約16％を占め，最も大きい。これはアメリカ合衆国（同，359億USドル）の約8％を大きく上回る。輸出額（受取額）から輸入額（支払額）を差し引いた黒字額（受取超過額）で見ても，インドは705億USドルであり第1位となっている[4]。世界のICTサービス貿易において，インドは突出した地位にある。

インドからのICTサービス輸出は，インド政府が本格的な経済自由化政策をとる1991年以前から行われていた。急速な成長を遂げるのは，コンピュー

タの「2000年問題（Y2K）」による先進国のプログラマ不足が指摘された1990年代後半からである。インド電子・コンピューターソフトウェア輸出振興会（ESC）の資料によると，実際に1995年度から2000年度までの輸出額の年度平均成長率は約50％と，90年代以降の四半世紀を通じて最も高い。ただし，輸出額が100億USドルを超えるのは2003年度以降である。

その後，2008年の「リーマンショック」によって成長は足踏みするものの，継続的な成長は続き2014年度の輸出額は971億USドルにまで拡大する（図表6-1）。もちろん，インド経済の成長に伴い国内需要も拡大しているとはいえ，インドのICTサービスの総生産額に占める割合は相対的に小さく，2010年代では2割前後で推移している[5]。インドのICTサービス産業の成長は，「輸出」の拡大に支えられてきた。

インドから2014年度に「輸出」されたICTサービスの57.1％はアメリカ合衆国向けであり，イギリス（20.8％）が続く。さらに輸出額上位10カ国に含まれるシンガポール（4.9％），オーストラリア（2.2％），カナダ（0.8％）を合わせると，全体の85.8％がこれら英語圏の国々で占められる[6]。日本など非英語圏への「輸出」を拡大することが試みられているとはいえ，長年にわたってこの傾向に大きな変化はみられない。アメリカ合衆国を主軸に英語圏先進国のアウトソーシング先として，インドの当該産業が成長してきたことを確認でき

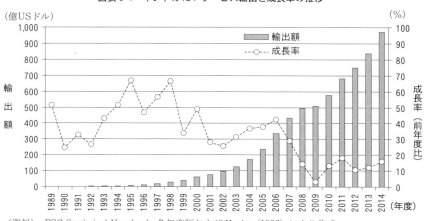

図表6-1　インドのICTサービス輸出と成長率の推移

（資料）　ESC Statistical Yearbook, 各年度版およびHeeks（1996）により作成。

る。

　ところでインドのICTサービス産業は，どのような「業界」から，いかなる「仕事」を受託しているのであろうか。インドICTサービス企業の業界団体であるNASSCOM（National Association of Software Service Companies）の資料[7]に基づくと，銀行や証券会社といった金融サービス関連業界からのものが最も多く輸出額全体の4割程度を占め，次いで情報・通信サービス業と製造業がそれぞれ2割程度で並ぶ。近年では小売，保健医療といった業界からの受託も増えているとはいえ，インドのICTサービス産業の成長は，金融サービス関連業界から多くの「仕事」が外部化されることで促されてきた。もちろんアウトソーシングされるものは，金融機関などの業務系システムや情報系システムなどの開発や保守・管理といった業務だけではない。顧客対応などを電話などで行うコールセンター業務でも行われている。

　インドの2015年のICTサービス輸出額の内訳を見ると，ITサービスが最も大きく全体の56％を占め，次いでBPO（22％），ソフトウェア製品・エンジニアリングサービス分野（20％）が続く[8]。2001年と比較するとITサービスの割合が縮小する一方で，それ以外の2つの分野で拡大がみられる。

　立地との関連で重要なことは，インドのICTサービスの成長と多様化には，それを「輸出」する仕組みの変化が伴っていたことである。既に知られるように，「サービス貿易」には4つの形態（モード）があり（井上 2006），1990年代のインドICTサービス産業は，もっぱらソフトウェア技術者を先進国に派遣する，「業務上の拠点を通じてのサービス提供（第3モード）」もしくは「自然人の移動によるサービス提供（第4モード）」を行っていた。これは「ボディ・ショッピング」とも呼ばれ，インド人技術者がインドからアメリカ合衆国などの外国へと地理的に移動し，そこで生活しながら派遣先企業でソフトウェア開発などに従事するものであった。つまり当初インドICTサービス産業は，技術者などを現地に派遣することを通じてサービスを「輸出」していたのであり，インド国外への「人材派遣業」としての特徴を強く持っていた。

　それが2000年代になると，ソフトウェア開発やコールセンターでの顧客対応業務などをインド国内で行い，そこから情報通信技術を用いてサービスを国外へと「デリバリー」するかたちへと変化した。「国境を越える取引（第1

モード)」への変化である。もちろん 1990 年代にも通信衛星を用いてサービスは「輸出」されていた。しかし，その後に続く大容量の国際海底ケーブルの敷設による通信の大容量化と低価格化，さらにインターネットに代表される通信規格の標準化や情報通信機器の低価格化と普及などは，通信費を劇的に低減させた。つまり，情報通信技術を用いることでインドに居ながらアメリカ合衆国などへサービスを「輸出」することが可能となったのである。

こうした動きは，分野別の就業者数の変化に現れる。2001 年において ICT サービスの「輸出」に従事する約 50 万人のうち，BPO 分野に従事するのは 2 割程度に過ぎなかった。それが，2010 年では就業者約 180 万人の 4 割強に拡大している。「ボディ・ショッピング」も可能な IT サービス分野と異なって，BPO 分野の拡大はオペレータがインドに居ながら情報通信技術を用いてサービスを提供することで成立する。つまり，サービス輸出額の拡大と分野の多様化は，いわば「ボディー（身体）」の移動から「ボイス（声）」による伝達といった「サービス貿易」の形態変化とともに，サービスを「生産」する場所をインド国内に留め置くことを可能とした（鍬塚 2015, 203-205 頁）[9]。

実はこうした変化が，インド ICT サービス産業の地方分散を促すこととなった。成長のためには，インド国内で人材を確保することが必要不可欠だったからである。

第 2 節　インド ICT サービス産業の大都市集積と地方展開

1. 大都市集積と地方への分散立地

インドの ICT サービス産業について，その地理的な分布を見ると，もっぱら大都市に集積して立地する。具体的には，インドの首都であるデリー州とその周辺の地域から形成されるデリー首都圏地域（National Capital Region, NCR），カルナータカ州の州都バンガロール，マハーラーシュトラ州の州都ムンバイ，タミル・ナドゥ州の州都チェンナイといった人口 800 万人から 1800 万人を抱える大都市である。これはバンガロールに典型をみるように，情報通信インフラの整備水準の高さや，高等教育機関の立地による「優秀な人材」の

獲得の容易さといった立地条件が，ICT サービス企業に高く評価されたことによる。

ただし大都市に注目するだけでは，インド ICT サービス産業が，いかなる仕組みで競争力を獲得しているのかについての理解を限定的なものにしてしまう。インド大都市に立地する ICT サービス企業は，立地にかかわる費用の安価なインド国内の地方都市へも展開しているからである。こうした点について，最新の動向を確認しておこう。

ICT サービスは，インド南部の州から活発に輸出されている。2014 年度の輸出額を州・連邦直轄地別に見ると，バンガロールを州都とするカルナータカ州（384 億 US ドル）が飛び抜けて大きく，インド全体の 4 割弱を占める。次いでマハーラーシュトラ州（157 億 US ドル），タミル・ナドゥ州（123 億 US ドル）が続き，ここにハイデラバードを州都とするアーンドラ・プラデーシュ州とテランガーナ州[10]とを加えると，合計 5 州からの輸出額はインド全体の 8 割強を占める。このようにカルナータカ州を中心としてインド南部から活発な輸出が行われている一方で，インド北部ではデリー州と隣接するハリヤーナ州とウウッタル・プラデーシュ州からの輸出がみられる。首都デリーは州境を越えてハリヤーナ州のグルガオン，ウッタル・プラデーシュ州のノイダなどとともに大都市圏（NCR）を形成している。そのため，これら 3 州からの輸出はデリー首都圏地域からの輸出と見なして良く，その合計額（111 億 US ドル）は他州と比較するとインド第 5 位の規模となり，当該都市はインド北部における ICT サービス産業の一大拠点となっていることを確認できる（図表 6-2）。

ただし輸出額は相対的に小さいとはいえ，大規模な人口を抱える都市を持たない州・連邦直轄地からの輸出が年々拡大していることも見逃せない。例えば，2000 年代前半までインド南部では停滞した状況にあったケーララ州は，2000 年代後半から輸出が急増し，その額は 2014 年度には 20 億 US ドルにまで拡大した。同様にムンバイを州都とするマハーラーシュトラ州に隣接するグジャラート州も輸出額が 8 億 US ドルにまで拡大する（図表 6-2）。こうした動きは，図表 6-3 に示したようにインド北部のチャンディーガルやパンジャーブ州，ラジャスターン州[11]でもみられる。2005 年度まで 1 億 US ドルに満た

図表 6-2 州・連邦直轄地別にみたインド ICT サービスの輸出額の推移

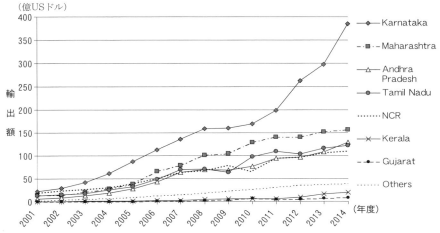

（資料） ESC "Statistical Yearbook" 各年度版により作成。
（注） NCR（National Capital Region）は，デリー州，ハリヤーナ州，ウッタル・プラデーシュ州の合計額。
2014 年度の Andhra Pradesh 州には Telangana 州を含む。

なかったこれら各州の輸出額は，連邦直轄地チャンディーガルとラジャスターン州が 2008 年に，パンジャーブ州が 2012 年にそれを上まわるようになり，さらに 2014 年度に，これらはいずれも輸出額 4 億 US ドルを超えた。

インド北部における当該州・連邦直轄地からの輸出額の増加は，デリー首都圏地域（NCR）の相対的なシェアの低下に現れる。1998 年度においてインド北部に占めるデリー首都圏地域の輸出額の割合は 99％であり，その他の地域からは皆無に近かった。しかしデリー首都圏地域が占める割合は次第に縮小し，2014 年度には 89％と 98 年度から 10 ポイントも低下する。依然としてインド北部におけるデリー首都圏地域の地位は高いとはいえ，当該産業の州境を越えた分散立地が進展していることを改めて確認できる。

図表 6-3 州・連邦直轄地別にみたインド北部からの ICT サービスの輸出額の推移

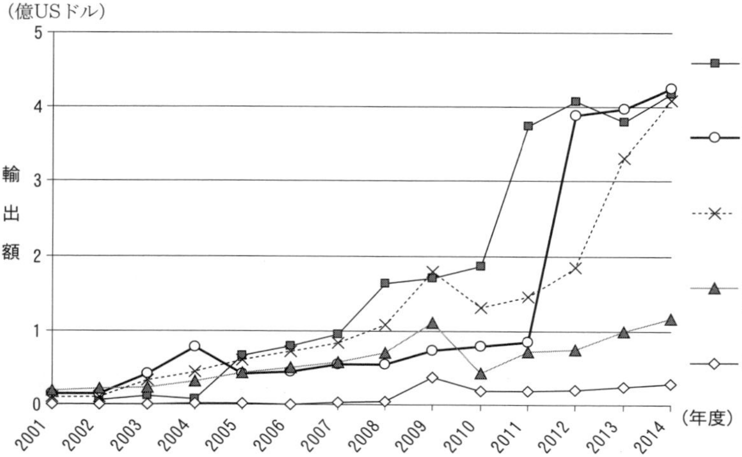

(億USドル)

凡例：Chandigarh, Punjab, Rajasthan, Madhya Pradesh, Uttarakhand

(資料) ESC "Statistical Yearbook" 各年度版により作成。
(注) 北部インドの地域区分は ESC の資料に従った。
　　　 Jammu & Kashmir および Himachal Pradesh は 1000 万 US ドルに満たないため非表示。

2. 分散立地の推進力とインド大企業のビジネスモデル

　こうした動きは，鍬塚 (2014，2015) でも指摘したようにインドを取り巻く次のような2つの環境変化と強く結びついている。1つは，国際的な競争環境の変化である。先進国からアウトソーシングされる業務を「安価」に受託するのは，もはやインドのみではなくなった。他の非 OECD 諸国からもインドと同様に ICT サービスが先進国へと「輸出」されている。特にフィリピンは BPO 分野の成長がめざましく[12]，インド企業も現地法人を設立しており，当該産業にとってインドのみが最適な立地場所とは必ずしも言えなくなってきた。つまり，新興の国々とインドとの間には，アウトソーシングの受託をめぐる競争が生まれているのである。

　もう1つは，累進する当該企業の大都市への集積がもたらす外部不経済の拡大という環境変化である。大都市への企業の集積と事業拡大は，技術やオペレータの転職を容易なものとし，インド大都市の20%を越える高い離職率につながる (NASSCOM 2014, p.49)。そして，「優秀な人材」を獲得し引き留めるために，インド国内において相対的に高い給与水準は，さらに上昇する。ま

た，これらの企業はインド大都市の郊外部に開発されたオフィス・パークに立地することから大都市開発を促すだけでなく，不動産価格の上昇，さらにアジア大都市にみられる都市内交通の未発達などに起因する交通渋滞といった都市問題を引き起こす（由井 2015）。こうした外部不経済に伴う事業コストの上昇は，インド大都市に立地することで得られるメリットを相対的に小さくするとともに，インド ICT サービス産業の強みであったサービス価格の安さという競争優位の維持を困難なものとする。

　こうした競争環境の変化に対応するために，インド大都市に立地する ICT サービス産業はアップグレードを通じて収益増大や付加価値増大を図るか，もしくは費用節減を求め，より安価に操業できる場所で事業を展開する必要がある。もともとアウトソーシングされた業務を先進国よりも安価に請け負うことで成長してきた ICT サービス企業は，コスト優位に敏感である。それが ICT サービス産業を，大都市に形成された集積地だけでなくインド国内の地方都市へと展開させる理由となる。先進国との間にある国際的な格差という構図のもとに成長を遂げたインド ICT サービス産業であるからこそ，既に存在するインド国内の大都市と地方との間にある格差を利用することで，更なる成長を図ろうとするのは必然であった（鍬塚 2014, 2015）。

　この地方都市への展開に関連して興味深いのは，インドの大手 ICT サービス企業が人員増による収益増というビジネスモデルを企業体質としているという石上（2010, 175 頁）の指摘である。バンガロールに本社を置き，輸出額でインド第 2 位のインフォシス社の 2016 年 3 月における収益（Revenue）は約 95 億 US ドルであり，従業者数は全世界で 19 万人を上まわる。そうした巨大企業も 2000 年時点で収益は約 2 億ドル，従業者も 5000 人程度でしかなかった。それが 16 年間で収益を約 47 倍に，従業者数を約 36 倍にまで拡大させた。しかも，図表 6-4 で明確に示されるように，同社の収益と従業者数との間には強い正の相関がある。これは 2016 年時点で世界に約 35 万人の従業者を抱えるインド最大の ICT サービス企業である TCS 社でも同様にみられるものである[13]。

　製造業ほどには設備投資を必要とせず支出のほぼ半分が人件費である（石上 2010, 165 頁）ICT サービス企業が，収益を拡大するためには，それに応じた

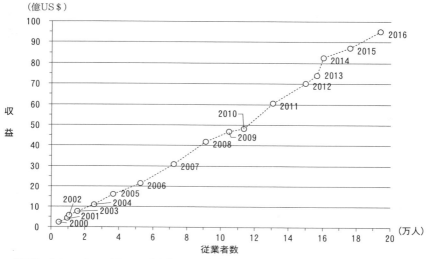

図表6-4 インフォシス社の収益と従業者数の推移

(資料) Infosys Annual Report 各年版により作成。
(注) IFRSベースの会計基準による。値は各年3月のもの。

　人員増（人材確保）が必要となる。ここで重要なのは，多国籍化する大手インドICTサービス企業が，それを国外にではなくインド国内に求めている点である。事実インフォシス社の場合，2016年3月末時点で全世界の従業者約19万人の9割弱がインド国内にいる。しかも若い人材の占める割合が高く，全世界の従業者の6割強が30歳以下となっている[14]。同様にTCS社の場合，2016年3月末時点での全世界の従業者数は約35万人もいる。そして，2015年度間に世界で採用した約9万人のうち，約8割がインド国籍を有し，また約4割が新卒者であった[15]。

　インド企業の競争力が大量の若い人材を低コストで管理する能力にある（Arora 2008；石上 2010）としても，こうした人材をインド国内で効率的に確保できなければインド企業は競争力を発揮できず，インドのICTサービス産業の継続的な成長も実現しない。実はそれを可能とする方策の1つが，当該企業によるインド国内での分散立地なのである。

3. インド大手ICT企業の地方への分散立地

「絶えざる人力投入モデル（石上 2010, 170頁）」と呼ばれるように，インドICTサービス企業の成長はインド国内において効率よく若い人材を確保することで支えられてきた。人材確保の容易さという点で，多様な人材を抱え，巨大な労働力プールが形成されている大都市に立地するメリットは大きい。事実，多くのICTサービス企業は大都市に拠点を配置する。一方で，コスト優位に敏感な当該企業は，地方分散することで人材確保と費用節減の両方を実現させている。

図表6-5は，インドの大手ICTサービス企業のうち輸出額上位4社（TCS社，インフォシス社，ウィプロ社，テック・マヒンドラ社）について，各社のウェブサイトに掲載されたインド国内の事業所を都市別に集計したものである[16]。既に当該産業の大規模な集積地となっているバンガロール，ムンバイ，ハイデラバード，チェンナイ，デリー首都圏地域（NCR）に4社ともに複数の拠点を配置している。いずれの都市も15歳以上人口に占める大学卒業者（大卒者）の割合が20％程度あり，また工学系大卒者数も多い[17]。このように，大都市の豊かな労働力プールがそれらの立地を支えていることがわかる。

ただし，当該企業は人口100〜300万人程度の地方都市にも拠点を配置している。これら地方都市の特徴は，大きく2つに分けることができる。1つは，州都に大規模な集積地が形成されている州の地方都市だということである。例えば，カルナータカ州のマイソールやマンガロール，タミル・ナドゥ州のコインバトール，マハーラーシュトラ州のナグプールなどがこれにあたる。もう1つは，経済的に後進的な州の州都だということであり，アッサム州のグワハーティやウッタール・プラデーシュ州のラクナウなどがこれにあたる。1人当たり州内総生産（2011年度）を見ると，アッサム州は4.0万ルピー，ウッタール・プラデーシュ州は3.4万ルピーであり，インド全体の6.9万ルピーを大きく下回る[18]。いずれにしても，これらの地方都市は既存の大都市よりも人件費や土地建物などを取得したりする費用が安価であり[19]，費用節減という点においてこれらの都市に立地するメリットは大きい。加えて経済的に後進的な州の州都でも，大都市には見劣りするとはいえ大学等の高等教育機関が複数あるこ

図表 6-5　都市別にみた大手インド ICT サービス企業の拠点配置（インド国内）

州・連邦直轄地	都　市	都市人口（人）	大卒者比率（％）	工学系大卒者（人）	TCS	インフォシス	ウィプロ	テック・マヒンドラ	合　計（事業所）
Maharashtra	Mumbai★	18,414,288	18.6	185,157	19	1	8	1	29
NCR	NCR※	17,859,187	22.4	321,160	8	2	5	7	22
West Bengal	Kolkata★	14,112,536	22.4	57,671	10		2	1	13
Tamil Nadu	Chennai★	8,696,010	24.1	203,649	15	4	6	2	27
Karnataka	Bangalore★	8,499,399	22.4	466,110	10	12	5	4	31
Andhra Pradesh	Hyderabad★	7,749,334	21.0	115,410	4	2	4	7	17
Gujarat	Ahmadabad★	6,352,254	15.3	86,953	2		2	1	5
Maharashtra	Pune	5,049,968	16.7	244,163	9	5	4	5	23
Rajasthan	Jaipur★	3,073,350	15.5	49,639		2	1		3
Uttar Pradesh	Lucknow★	2,901,474	20.3	53,647	1				1
Maharashtra	Nagpur	2,497,777	14.1	61,579				1	1
Tamil Nadu	Coimbatore	2,151,466	13.8	87,877			1	1	2
Kerala	Kochi	2,117,990	14.8	47,791	1		1		2
Gujarat	Baroda	1,817,191	10.8	46,408	1		1		2
Andhra Pradesh	Visakhapatnam	1,730,320	10.6	60,641			1	1	2
Kerala	Thiruvananthapuram★	1,687,406	13.9	42,499		2			2
Andhra Pradesh	Vijayawada	1,491,202	9.0	58,611			1		1
Goa	Goa※	1,343,998	12.9	16,310	3				3
Jharkhand	Jamshedpur	1,337,131	12.3	16,358	1				1
Chandigarh	Chandigarh※	1,025,682	24.6	21,337		2		1	3
Karnataka	Mysore	983,893	9.4	37,861		1	1		2
Assam	Guwahati★	968,549	20.6	16,242			1		1
Odisha	Bhubaneswar★	881,988	16.1	41,652	2	1	1	1	5
Karnataka	Mangalore	619,664	9.4	19,558		2			2
	INDIA		9.8	5,254,226	88	36	45	31	200

（資料）　各社ウェブサイトおよび Census of India 2011 により作成。
（注）　NCR は National Capital Region（デリー首都圏地域）の略で，Delhi, Gurugaon, Noida の合計。
　　　都市人口は Urban Agglomeration の値。大卒者比率（15 歳以上人口に占める割合）および工学系大卒者数は当該都市の県の値。
　　　表中の★は，州都もしくはそれを含む都市，※は連邦直轄地もしくはそれを含む都市。

とから，州内では卓越した大卒者の労働力プールが形成されており，人材確保という点において有利な地位にある。また，電気や通信といった産業基盤とともに，出張に便利な空港も整備されている。また，ショッピングセンターやコンドミニアムなどの生活基盤も州内では先んじて整備されている。こうしたこ

とは，当該都市を出身地とする経験を積んだ人材を管理者層として当該都市に配置することも容易なものとする[20]。地方都市での人材確保を企図した当該企業の立地行動を読み取れる。

ただし，図表6-5で示したように地方都市の労働力プールは，大都市ほど大きくない。そのため，オディーシャ州の州都ブバネーシュワルを例外として，1つの都市に1社，多くても2社が拠点を置くのみであり，後者の場合でもTCS社とインフォシス社は立地する都市を棲み分けている。競合他社が複数立地することで起きる新卒者の奪い合いや同一都市内での転職などを避けることができるからである。いずれにしても大手ICTサービス企業は，大都市を基盤としながらも地方都市へと立地展開するとともに，同一都市内での競合を避けるかたちで事業拠点を配置していることを確認できる。

第3節　チャンディーガルにおけるICTサービス産業の成長

1. 政府による産業振興策と分散立地

　ICTサービス産業を取り巻く環境変化とそれに対応する企業の行動のみが，大都市から地方都市へのICTサービス産業の分散を促すわけではない。インド中央政府はICTサービス産業の地方での立地を促すために様々な政策を実施してきた。特に，STPI（Software Technology Parks of India）を通じて1990年代より衛星通信施設を地方都市にも整備するとともに，そこに登録された事業所へのサービス輸出に対する税の減免も行ってきた。また中央政府は2000年代になると，税の減免措置と建物等を含む用地などのインフラ整備とを一体化させた経済特別区（SEZ）の開発を推進し，輸出を指向する企業のSEZへの立地を促す政策を展開しはじめた。ここには製造業だけでなくICTサービス産業も対象に含まれ，またSEZの開発は中央政府だけでなく州政府や民間企業も行うことが可能である。そのため，州政府も開発公社などを通じてICTサービス企業を対象としたオフィス・パーク建設やその基盤となる工業団地の造成を行っている。加えて，立地企業に対する財政的な措置や労働規制の緩和などを独自に行う州政府もある（鍬塚2014）。

中央政府や州政府による企業誘致や産業振興にかかわる行動もまた，大都市から地方都市への当該産業の分散を促す要素となった。最後に，首都デリーの北約240kmに位置するチャンディーガルを取り上げ，この点を確認しておく。

2. チャンディーガルにおけるICTサービス産業振興策と立地企業の特徴 [21]

インド北部の連邦直轄地チャンディーガル（都市人口102.6万，2011年センサス）は，隣接するパンジャーブ州モハリ（同17.6万人）およびハリヤーナ州パンチクラー（同21.0万人）とともに，人口100万人を越す都市圏を形成する。インド北部からのICTサービス輸出額の推移を見ると，デリー首都圏地域の卓越する地位に変化はないものの，それが占める割合は縮小する。これに対してチャンディーガルは，デリー首都圏地域に次ぐ輸出拠点として2005年度以降急速に成長し（図表6-3），そこからの「分散の受け皿」となってきた。

チャンディーガルは所得水準，識字率，大卒者の割合などが相対的に高い一方で，当該産業の成長に伴いその差は少しずつ縮まりつつあるとはいえ，デリー首都圏などの主要大都市と比べると人件費で8〜12％，不動産なども含め総事業コストでは15〜18％も低い水準にある。離職率は5％程度とされ，大都市と比較して極めて低い（NASSCOM 2014, pp.70-71）。こうしたチャンディーガルの持つ条件が企業の立地を促している。実際に，インフォシス社，テック・マヒンドラ社とともに，BPO大手のIBM Daksh社（現IBM Global Process Services社）などが2000年代後半より大規模に立地しはじめた。ただし，それを後押しする政府の積極的な取り組みも見逃すことはできない。

サービス輸出を支援するSTPIが中央政府によってチャンディーガル都市圏（モハリ）に設立されたのは1998年であり，チャンディーガル行政府によって2000年には「IT Policy」が，2005年には「ITES Policy」が策定される。特に後者では外資企業も含めたICT産業誘致の指針が示され，「ITパーク」の整備や就業制限の緩和措置などのインセンティブが具体的に提示されている。これと併せて，行政府によりRajiv Gandhi Chandigarh Technology Park（RGCTP）が2005年に整備され，2006年時点で約1.3万人，2014年時点で約

2.5万人がソフトウェア開発やBPO業務に従事するとされる[22]。また，大小あわせて60社ほどが用地取得もしくは操業しており，その一部は中央政府によって課税控除が適用されるSEZに指定されている[23]。

こうした取り組みの下で，チャンディーガルからのICTサービス輸出は，2005年度に前年度の約10倍の6664万USドルへと一挙に増加し（図表6-3），その後も立地企業の事業拡大や新規立地が進んだ。SEZには，インフォシス社やテック・マヒンドラ社などの大手企業が大規模な自社ビルを「キャンパス」として建設し自ら入居する。また，デリー郊外グルガオンに本社を置く大手建設ディベロッパーが賃貸オフィスビルを運営しており，そこにはIBM Daksh社などが入居しコールセンター業務などを行う。こうした中で，チャンディーガルの大卒者の労働力プールは拡大していく。2001－11年間の15歳以上人口の増加率が23.4％であるのに対して大卒者人口のそれは40.5％であり，特に工学系大卒者人口は10年間に1万人以上（増加率102.6％）も増えている（図表6-6）。相対的に規模は小さいとは言え，地方都市でも人材供給が活発に行われている。

チャンディーガルの飛躍は，同一都市圏内のモハリ地区を管轄するパンジャーブ州政府を刺激する。パンジャーブ州は，当該産業誘致・振興のための政策を2009年に制定するとともに，ITパークの建設を進める。こうした動きに呼応するように，インフォシス社はチャンディーガルのキャンパス（収容人数6000人）を拡張するかたちで，モハリに新たなキャンパス（収容人数5000人）を建設する計画を2014年に発表する[24]。同様にハリヤーナ州政府も隣接するパンチクラーにITパークを整備した。チャンディーガルにおける

図表6-6　チャンディーガルにおける大卒者の増加

	2001年		2011年		2001年～2011年	
	人口	構成比	人口	構成比	増加数	増加率
	（人）	（％）	（人）	（％）	（人）	（％）
工学系大卒者	10,531	1.6	21,337	2.7	10,806	102.6
大学卒業者	138,441	21.7	194,453	24.6	56,012	40.5
15歳以上人口	639,447	100.0	788,938	100.0	149,491	23.4

（資料）　Census of India 2001 & 2011, Table C-01Aにより作成。

「ITパーク」建設と企業立地の進展が，隣接する州政府の新たな行動を惹起している。その結果，当該産業にとって好ましい立地条件の整備が進むこととなる。

　こうした動きは，人材獲得の容易さも含め中小企業にもメリットをもたらす。STPI登録企業のうち，チャンディーガル都市圏において実際に活動しているものは2016年現在120〜130社あり，その多くは当該都市圏で創業した中小企業である[25]。そこには，独自に獲得した国外の顧客向けにスマートフォンのアプリケーションやウェブページなどの作成を行う，比較的小規模なローカル企業も含まれる。インターネットを通じてインド国外から個人で仕事を請け負っていた技術者が経営者となって新たに地元出身者を雇い入れ事業の拡大をはかったり，留学経験やインド国外での就業経験を持つ地元出身者が創業したりする事例がみられる。いずれの企業もチャンディーガルにおける人材獲得の容易さを指摘しており，また行政府が2012年にRGCTPの近くに整備した創業支援施設や市街地中心部の商業ビルなどに入居する。それらの中には，国外向け事業で利益を確保する一方で，それをインド国内向け事業の開発に振り向け，更なる成長を目指す企業もあった。当該地域に進出した大手企業との直接的な関係を持たずに，事業展開を試みるローカル企業が存在する。

　このように大手ICTサービス企業の分散立地とチャンディーガル行政府による産業振興の取り組みは，インフラの整備水準を格段に向上させるだけでなく，それまで大都市へと流出していた大卒者などの労働力を域内に留めることを可能とする。その結果，当該地域の労働力プールは涵養され企業の事業拡大や新たな立地を促すとともに，地元出身者に創業の機会をもたらす。一般的に転職が頻繁に行われる当該産業において，労働力プールの大きさは人材確保の容易さと直結するからである。チャンディーガル都市圏の特徴は，既存集積地からの「分散の受け皿」としての役割だけでなく，こうした過程を通じて生み出された立地条件のもとで，インド国外との関係を活かして成長を遂げようとするローカル企業の存在にも見出すことができる。

おわりに

　これまでに見てきたように，国際的な競争が激化するなか，「絶えざる人力投入モデル」で競争力を確保しようとするインドの大手ICTサービス企業は，国内にある地域的な格差を活かしてインドの地方都市を新たな立地点とした成長を模索している。また，この動きをチャンスと見た地方政府は，当該産業の誘致を梃子とした産業開発を試みている。こうした構図は，地方都市のビジネス・インフラの整備を促すだけでなく労働力プールを涵養する。さらに，かような状況に事業機会を見出した地元出身者は，そこでの起業を試みている。インド大手ICTサービス企業の地方都市への分散立地は，スタートアップ企業を含め多様な規模の企業の立地を促し，それらの成長機会を創り出している。圧倒的に若い人口構成を特徴とするインドにおいて，ICTサービスの「生産」を「人力」に頼る限り，当該産業が地方都市で成長する機会は，しばらくは維持されるであろう。

（鍬塚賢太郎）

注
1　この点についてはGereffi（2006）なども価値連鎖にかかわる論考のなかで議論しているし，安室憲一（2009）なども簡潔に整理している。
2　なお，本章ではソフトウェア開発といったITサービス分野や，コールセンターなどのBPO分野をあわせてICTサービス産業と呼ぶ。上述したように，いずれも先進国からのアウトソーシングが拡大するなか成長してきたものであり，情報通信インフラを広く共有することもあって，同一産業として振興策が図られる場合が多いからである。
3　国際分業の中でのインドのICTサービス産業の位置づけや発展過程については，石上（2009, 2011）が手際よくまとめている。また先進国の多国籍企業がインドをアウトソーシング先として活用していることについては，夏目（2014, 79-110頁）が詳しい。
4　一般財団法人国際貿易投資研究所のサービス貿易（国際比較統計）「Ⅲ-040-1 世界各国の通信，コンピュータ，情報サービス（受け取り）上位50」（http://www.iti.or.jp/stat/3-040-1.pdf）および「Ⅲ-040-3 世界各国の通信，コンピュータ，情報サービス（収支尻～受取超過）上位50」（http://www.iti.or.jp/stat/3-040-3.pdf）による（2017年1月20日最終確認）。受取超過額第2位は621億USドルのアイルランドである。原資料はIMFのBalance of Payments Statisticsである。
5　ESC, "Statistical Year Book"の各年度版による。
6　ESC, "Statistical Year Book 2014-2015"による。

7　NASSCOM ウェブサイト上の India IT-BPM Overview (http://www.nasscom.in/india-itbpm-exports, 2017 年 1 月 20 日最終確認) による。数字は 2016 年度のもの。

8　NASSCOM "The IT-BPM SECTOR IN INDIA: Strategic Review 2016" の Executive Summary (http://www.nasscom.in/download/summary_file/fid/124730, 2017 年 1 月 20 日最終確認) による。なお，近年 BPO を BPM（Business Process Management）と呼ぶ場合もある。

9　ただし，技術者を顧客の下に派遣する「オンサイト」が必要なくなったわけではない。石上 (2010, 173 頁) が既に指摘しているように，インドの大手 ICT サービス企業であるインフォシスの場合，人月ベースの仕事量だと全体の約 3 割を，収益ベースだと全体の約 5 割を「オンサイト」が占める（"Infosys Annual Report 2015-16" による）。インド国内で行われる「仕事」に対して，低コストで労働集約的なものが割り当てられていることを見て取れる。

10　2014 年にテランガーナ州が 29 番目の州としてアーンドラ・プラデーシュ州から分割されるかたちで設立された。ハイデラバードは，テランガーナ州内に位置するものの，暫定的にアーンドラ・プラデーシュ州の州都でもある。

11　ここでのインド北部とは，次の州・連邦直轄地が含まれる。Haryana, Uttar Pradesh, Delhi, Rajasthan, Chandigarh, Madhya Pradesh, Punjab, Uttarakhand, Jammu & Kashmir, Himachal Pradesh である。

12　森澤 (2010, 2013) はフィリピンの ICT サービス産業の成長とともに，コールセンターの地方都市への展開について検討を加えている。安価な労働力を求めて当該産業が地方展開する動きは，札幌市や沖縄県に多数のコールセンターが立地しているように，日本でもみられる（鍬塚，2008）。

13　TCS 社の Annual Report 各年版による。数字の得られた 2005 年 3 月末 (6 万 2832 人・975 億ルピー) から 2016 年 3 月末 (35 万 3843 人・10 兆 8646 億ルピー) までの各年の従業者数と収益との相関係数を算出すると，インフォシスと同様に 0.97 であった。加えてインフォシス社について，1999 年から 2016 年までの各年の従業者数と収益の前年比増加率を見ても，相関係数 0.89 と高い正の相関を示す。

14　Infosys "Sustainability Report 2015-16" 23 頁の表による (https://www.infosys.com/sustainability/Documents/infosys-sustainability-report-2015-16.pdf, 2017 年 1 月 20 日最終確認)。

15　TCS 社の "Corporate Sustainability Report 2015-16" 39-41 頁による (http://sites.tcs.com/corporate-sustainability/wp-content/uploads/2016/12/GRI-2016-Sustainability-Report.pdf, 2017 年 1 月 20 日最終確認)。

16　各社ウェブサイト (2016 年 9 月現在) に住所の記載された事業所を本社も含めて集計した。事業内容まで確認できないため，全てが開発センターやコールセンターであるとは限らない。また，各企業が従業員の教育・訓練を行うラーニング・センターなどが含まれていない場合があることにも注意を要する。上位 4 社の輸出額は ESC, "Statistical Year Book 2014-2015" による。

17　ただし，人口規模や大卒者割合が他の大都市と同程度であるにもかかわらずコルカタに配置される事業所数は少ない。これは工学系大卒者数が相対的に少ないことも影響している。

18　州内総生産はインド政府 Planning Commission 資料 (http://planningcommission.gov.in/data/datatable/data_2312/DatabookDec2014%20156.pdf, 2017 年 1 月 20 日最終確認)，州人口は Census of India 2011 による。

19　NASSCOM (2014) および NASSCOM-A.T. Kearney (2008) による。

20　言語的・文化的に多様なインドでは，家族・親族の居る出身地で生活することを重視する傾向がみられ，大手インド企業や大都市で働いている技術者でも出身地に戻り起業を試みる者もいる。

21　本項は鍬塚 (2015, 206-218 頁) に基づきながら，その後に筆者らが 2016 年 2 月に行った現地調査などで得た資料を加えたものである。

22　Chandigarh Administration, Department of IT のウェブサイトによる (http://chdit.gov.in/ctp_

detail.htm、2017年1月20日最終確認）。
23 Chandigarh Administration, Department of ITのウェブサイトによる（http://chdit.gov.in/itc_rgctp.htm、2017年1月20日最終確認）。
24 インフォシス社の報道発表「Infosys Commences Work on Mohali Campus」による（https://www.infosys.com/newsroom/press-releases/Pages/commences-work-mohali-campus.aspx、2017年1月20日最終確認）。
25 筆者らの現地におけるSTPI Mohaliの担当者への聞き取りによる。

参考文献
[英語]
Arora, A. (2008), "The Indian Software Industry and its Prospects," Bhagwati, J.N. & C.W. Calomiris, *Sustaining India's Growth Miracle*, Columbia Business School.
Barney, M. ed. (2010), *Leadership @ Infosys*, Portfolio Penguin.
Gereffi, G. (2006), *The New Offshoring of Jobs and Global Development*, International Institute for Labour Studies.
Hamm, S. (2006), *Bangalore Tiger: How Indian Tech Upstart Wipro is Rewriting the Rules of Global Competition*, McGraw-Hill.（スティーブ・ハーン著〔児島修訳〕（2007）『インドの虎、世界を変える—超国籍企業ウィプロの挑戦』英治出版。）
Heeks, R. (1996), *India's Software Industry: State Policy, Liberalisation and Industrial Development*, Sage.
NASSCOM-A.T. Kearney (2008), *India Location Roadmap for IT-BPO Growth: Assessment of 50 Leading Cities*, NASSCOM.
NASSCOM (2014), *Emerging Delivery Locations in India: The Rising Tide*, NASSCOM.

[日本語]
石上悦朗（2009）「グローバル化とインドIT-BPO産業の発展」赤羽新太郎・夏目啓二・日高克平編著『グローバリゼーションと経営学—21世紀におけるBRICsの台頭—』ミネルヴァ書房。
石上悦朗（2010）「インドICT産業の発展と人材管理」夏目啓二編著『アジアICT企業の競争力—ICT人材の形成と国際移動』ミネルヴァ書房。
石上悦朗（2011）「産業政策と産業発展」石上悦朗・佐藤隆広編著『現代インド・南アジア経済論』ミネルヴァ書房。
井上博（2006）「サービス多国籍企業の諸特徴」関下稔・板木雅彦・中川涼司編『サービス多国籍企業とアジア経済—21世紀の推進軸』ナカニシヤ出版。
鍬塚賢太郎（2008）「沖縄におけるコールセンター立地と知識の獲得」『地理科学』第63巻第3号、205-219頁。
鍬塚賢太郎（2014）「ICTサービス産業の立地と成長のボトルネック」岡橋秀典編『現代インドにおける地方の発展—ウッタラーカンド州の挑戦』海青社。
鍬塚賢太郎（2015）「ICTサービス産業の大都市集積と地理的な分散」岡橋秀典・友澤和夫編『現代インド4　台頭する新経済空間』東京大学出版会。
小島眞（2004）『インドのソフトウェア産業—高収益復活をもたらす戦略的ITパートナー』東洋経済新報社。
夏目啓二（2014）『21世紀のICT多国籍企業』同文舘出版。
フリードマン，トーマス〔伏見威蕃訳〕（2008）『フラット化する世界〔増補改定版〕　経済の大転換と人間の未来　上・下』日本経済新聞出版社。

森澤恵子（2010）「フィリピン ICT サービス産業の地方展開―セブ・ダバオの現地調査を中心に―」『季刊経済研究』第 32 巻第 3/4 号，1-42 頁。

森澤恵子（2013）「フィリピンのネクスト・ウェイブ・シティの進展―イロイロ市・バコロド市の BPO 産業を中心に―」『季刊経済研究』第 35 巻第 3/4 号，1-34 頁。

安室憲一（2009）「多国籍企業の新しい理論を求めて」『多国籍企業研究』第 2 巻，3-20 頁。

由井義通（2015）「大都市の発展と郊外空間」岡橋秀典・友澤和夫編『現代インド 4　台頭する新経済空間』東京大学出版会。

第7章

モバイル時代における
レノボ社のクロスボーダー M&A

はじめに

　本章では，中国のパソコン企業最大手であるレノボ社を取り上げる。レノボ社は 2007 年度に 499 位でフォーチュン・グローバル 500（以下 FG500 と略記）のランク入りを始め，2015 年度現在は 202 位までに上昇し，急成長を見せた中国発グローバル寡占化企業の 1 つである。ただし，FG500 に見られるように，中国のグローバル寡占企業のほとんどが，石油・天然ガス，石油化学，鉄鋼，建設，鉄道，自動車，通信，金融，保険など重化学工業分野の国有（営）企業で占める。これらの企業は改革開放の時代になっても依然として国策企業の色彩が濃厚で，税収，融資，資源へのアクセスなど多くの面で特権を持ち，寡占的ないし独占的な優位にあるがために，決して強い競争力を持っているとは言えない[1]。

　ICT 産業に関してみると，FG500 にランクインしている中国移動通信，中国電信，中国聯通という電気通信キャリア 3 社と中国電子信息（CEC）というエレクトロニクス企業 1 社が上述の国有（国営）企業に当てはまる。これらの企業が FG500 にランクインした中国 ICT 企業の大部分を占めていることからも，中国 ICT 企業の競争力は未だに強くないことが窺える。ところが，事実上非国有企業としてのレノボ社と民間企業ファーウェイ社もランクインした。この 2 社は外資への開放が比較的早かった中国のパソコンと通信機器（交換機）市場において競争優位を確立しただけでなく，ひいては海外売上高をも拡大させ，今や本格的に海外進出し，多国籍企業化している。近年になると，

それぞれ通信機器とパソコンの世界最大手メーカーまでに成長している。

グローバル化した国内PC市場におけるレノボ社の競争優位を支えたのが計画経済の時代で行われた旧ソ連からの技術導入、国家プロジェクトとしての自主開発と「技術者による技術移転」であった（陸［2011, 2013］）。2000年代に入り、中国企業による直接投資が可能になると、レノボは「戦略的資産取得」としての直接投資（クロスボーダーM&A）をつうじて国際競争優位を確立した（丸川・中川編［2008］、夏目・陸［2014, 2015, 2016］）。そして夏目・陸（2014, 2015, 2016）が、レノボを含めて新興国企業は（1）まず、国内における競争優位を確立する、（2）その後かれらは、まずグローバル化した国内市場における競争優位を維持・強化するために、直接投資を通じて技術やブランドなど戦略的資産を取得する、（3）次にかれらは、取得した資産と本国市場で蓄積した競争優位や経験・ノウハウを生かし、同質の新興国や途上国ないし先進国のローエンド市場にも進出することにより多国籍化を図る、ということを仮説として立て、検証してきた。

以上のように、PC産業におけるレノボのクロスボーダーM&Aは戦略的資産取得の典型事例であったが、2000年代に入ると、インターネットのブロードバンド化とワイヤレス化が進み、従来携帯電話の機能とモバイルPCの機能を兼ね備えたスマートフォンが移動通信端末の主流となった。そしてスマートフォンは、PCの代替品として一部のPC市場を侵食し始め、PC事業を需要減の局面に追い込んでいる。こうした変化を受けたレノボ社は、PC事業の競争優位を確保した上で、スマートフォン端末の製造・販売を中心とするPC以外の市場をも開拓する戦略を「PC＋」戦略として打ち出した。

この「PC＋」戦略の重要な一環として、レノボはPC産業における戦略的資産取得の成功体験を繰り返す思惑で、モトローラ・モビリティとIBM社x86サーバー事業の買収に乗り出した。ところが、PC産業の場合と異なり、レノボは中国のスマホ市場で競争優位を確立できていない。そこで本章は、スマホ産業における産業構造、分業構造の転換を考察した上で、レノボ社のモバイル時代におけるクロスボーダーM&Aは、これまで検証・位置づけてきた「戦略的資産取得」と同質なものであるかどうかを考察し、レノボ社の国際競争力の到達点及び限界について見る。

第1節　世界最大手パソコンメーカーへの道

1. レノボ社の概要

　レノボ（Lenovo）社は，1984年に中国科学院計算技術研究所のスピンオフとして同所の研究員11人によって創設された。設立当時柳伝志氏など創業者たちは，高度な経営自主権だけでなく，20万人民元の起業資金と計算技術研究所が所有していた知的財産や人的資源などへのアクセス権も与えられていた。これらをベースにして，レノボ社は雑貨やカラーテレビの卸売，コンピュータの検収や使用時の教育訓練・修理などサービスの提供を経て，ついに稼いだ資金を中国語漢字の入力・処理用アドオンカードの開発に投入して成功を収めた。それ以降，同社は香港のある町工場を買収してマザーボードの開発・製造に乗り出し，1990年に自社ブランドでのパソコン開発・販売を開始した。1996年になると，レノボ社は中国PC市場の最大手となり，そしてそれ以降今日にいたるまでトップメーカーの地位を維持してきた。2013年第2四半期から，当社はさらに当時首位にあったヒューレット・パッカード（HP）社を抜いて世界PC市場シェア1位の座に就いている。

　こうしてパソコンを中核事業とするレノボ社は2008年にフォーチュン・グローバル500のランキング入り（499位）を始め，2015年には，449億米ドルの売上高で202位までに順位を向上させてきた。当社は現在グローバル範囲で6万人の従業員を擁し，ブラジル，日本，アメリカ，中国の北京，上海，広東省恵陽市，福建省厦門市に生産拠点，そしてアメリカ，日本，中国に主力研究開発拠点を置いている。

　レノボ社は，2005年5月にIBM社のPC事業を17.5億米ドルで買収し，「Think Pad」を含むPC部門のすべてを継承した。2011年7月にレノボ社はNEC社と日本国内のPC事業を統合した。当社は同月にまたドイツの電子大手メディオン権益の52％を4.19億ユーロで買収した。レノボ社は主要業務であるPC分野以外に，携帯端末事業にも注力し，スマートフォン，タブレットPC，スマートテレビなどいわゆるスマート端末ないし家庭用ゲーム機も開発・

販売するなど，事業の多角化を志向している。こうしたレノボ社は，2014年1月に23億米ドルでIBM社のx86サーバー事業と29億米ドルでモトローラ・モビリティのスマホ事業に対する買収を発表した。

レノボ社は1994年に香港証券取引所に上場し，2016年3月末現在の筆頭株主は聯想控股（レジェンド・ホールディングス）である（31％）。レノボ社の母体である中国科学院の管轄下にある国科控股がレジェンド・ホールディングス株の36％を握っており，その筆頭株主である[2]。このため，聯想は国有企業である。ただし，設立当初からレノボ社は十分な経営自主権を与えられてきた。そのために「国有民営」企業であると見なされてきた。

2. 国内市場における競争優位を確立できた要因

レノボ社の台頭には，1980年代以来，従来垂直統合型であった世界のコンピュータ産業において産業構造・競争構造の大きな転換が起き，パソコン産業のグローバル分業体制が成立したという背景がある。これにより，ネットワーク型企業（専業企業）が台頭し，水平分業型構造が形成され，その結果，コア技術を持たない途上国企業でもCPUなど基幹部品を調達できれば，パソコンの組み立てができるようになった。

このような背景の下で，1984年の会社設立から1996年に中国国内PC企業最大手になるまで，レノボ社の発展と競争優位の獲得は次のような2段階に分けてみることができる。

設立から1990年に自社ブランドPCを発売するまで，レノボ社に競争優位をもたらしたのは主に次のような要因だと考えられる。第1は，海外ブランドPCの代理販売をつうじて蓄積した，当時中国企業のほとんどが持っていなかったマーケティングの感覚と能力である。第2は，レノボ社の母体である計算技術研究所の技術者をリクルートし，彼らを通じて国家プロジェクトの技術蓄積を吸収して中国語（漢字）情報処理用アドオンカードの商品化を成功させたことである。第3は，香港聯想の設立により，香港経由の情報獲得や貿易に関する特殊的な地位が利用できるようになったことである。第4は，香港QDI社の買収により，一部の部品の製造を含むPC組立能力の形成である[3]。

1990年から1996年にレノボが中国PC市場の最大マーケットシェアを握る

までのレノボ社の競争力を支えたのが,まず,海外調達ネットワークの構築である。当時,レノボ社はすでに数十社の海外大手PC部品メーカーと取引関係を結び,部品調達の品質・コスト・時間の面においては,国際的PCメーカーと同じプラットフォームに立っていた。この上にさらに研究開発者と労働者との人件費の安さを加え,コスト的な優位につながったのである。次に,レノボは1994年にPC事業部を設立し,MISとMRP Ⅱなど経営情報システムを導入して内部管理の正規化と効率化を図った。その結果,レノボはコスト・リーダーシップと必要な品質を確保できたのである[4]。

3. 国際競争力を支えてきたクロスボーダーM&A

以上のように,中国国内市場でマーケットシェア1位を占めたとは言え,1997年レノボ社の売上高は3億ドル台にとどまり(図表7-1),さらに,世界全体のPC市場に占める割合は0.4%と非常に小さかった[5]。そしてその後2005年になってもレノボ社の売上高は26億米ドルにすぎず,国際的な大手PCメーカーと比べると規模の差が桁違いに大きかった。

ところが,2004年におけるIBM社PC部門への買収を経ると,2006年の売上高は126億ドルに達し,これをベースにレノボ社はその2年後にフォーチュン・グローバル500のランキング入りができた。その後,2011年におけるNEC社とのPC部門の統合およびドイツ電子大手メディオン社の買収を経ると,レノボ社の2012年の売上高は300億ドル近くに至り,この頃以降,レノボ社のフォーチュン・グローバル500へのランキング入りは確実なものとなり,その順位も上がってきている。

このような規模の急拡大が可能となったのは,レノボがクロスボーダーM&Aを通じて,後進国企業にとって容易に手に入れられないブランド,技術,流通チャンネルなどの資産,即ち「戦略的資産」,を入手できたからである。この「戦略的資産取得」について詳しく検証すると,次のことが明らかになった。まず,レノボがクロスボーダーM&Aに乗り出した最大の理由は海外市場に進出するためではなく,国内市場におけるPCメーカー間の同質化が進むにつれて当社のライバル企業に対する優位が縮小し,製品の差別化を強いられたからである。そのプロセスはこのようである。まず,国内市場における

148　第2部　新興国大企業の台頭と経営戦略

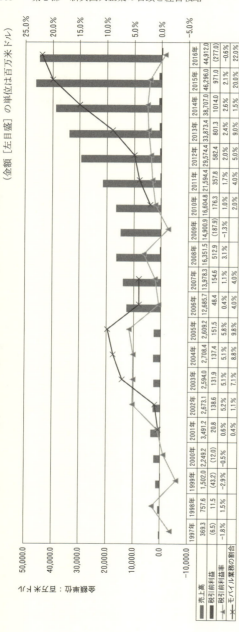

図表7-1　レノボ社の売上高，利益額・率，モバイル事業の総売上高に占める割合の推移
（金額〔左目盛〕の単位は百万米ドル）

(出所) レノボ社アニュアルレポート各年度版に基づき筆者作成。

競争優位を確立する。その後，グローバル化した国内市場における競争優位を維持・強化するために，直接投資を通じて「戦略的資産」を取得する。次に，取得した資産と本国市場で蓄積した競争優位や経験・ノウハウを生かして同質の新興国・途上国ないし先進国のローエンド市場にも進出することにより多国籍化を図る[6]。

本節の考察で明らかにした PC 産業におけるレノボ社の主要な成功要因は，新型国際分業，中国発の技術革新，低コスト生産体制の構築と利用，そしてクロスボーダー M&A を通じて「戦略的資産」を入手し，まず国内市場における競争優位の維持・拡大に活用し，ひいては同質の海外市場にも適用すること，である。

第2節　モバイル時代の競争—スマホ産業を中心とする考察

1. スマホ産業の特徴と分析方法

レノボ社は PC への一極集中を避けるべく，2011 年度に PC を中核事業としながらもスマホ，タブレット PC などモバイル関連事業にも進出する「PC+」戦略を打ち出した。なかでも，スマホにはとくに注力してきた。前述した 2014 年におけるグーグル社からのモトローラ・モビリティに対する買収は，PC 時代の経験をコピーしてモバイル・インターネット時代においても成功を収めようとする思惑である。本項では，レノボ社のこうしたモバイル・インターネット時代における新たな展開を考察する前に，スマホ産業の特徴を明らかにし，分析方法を確立する。

オフライン状態でもよく使われるパソコンと異なり，スマホを含む携帯端末産業は通信事業者，端末メーカー，IC など部品メーカー，ソフトウェアベンダー，ICP（インターネット・コンテンツ・プロバイダー）ないし流通販売業者などによって構成されるワイヤレス通信サービスを提供するためのエコシステムの中に置いて考察されるべきである[7]。こうしたワイヤレス通信の発達を可能にしたスマート・モバイル革命（モバラブル革命）は，デジタル・インフラストラクチャーの急速な拡充，今までの同一産業内での垂直型統合戦略とは

異なって，さまざまな産業の多様な企業が参加するプラットフォームを中核としたエコシステム形成の競争，プラットフォーム上でのイノベーションを高める能力，すなわち，プラットフォーム戦略とジェネラティビティの競争へと転換を促している[8]。

こうしたなかで，国による通信規格の採用，端末機器生産販売の許認可，通信事業者や部品（特に基幹部品）供給者への依存など様々な制限を受けざるを得ない端末メーカーの自主・独立性がPC産業より低く，IC設計会社やインターネット企業などによる端末事業を統合する可能性さえも存在する。

他方，スマホ産業を分析する際，ハードウェアの側面におけるPCとの異同を意識しなければならない。スマホのアーキテクチャーはPCと似たような部分が多く，コア部分は通信機能を実現するベースバンドICとパソコンの機能を実現するアプリケーション・プロセッサーからなる。そうしたコア部分はアメリカのクアルコム社や台湾のMTK社によって提供されるため，スマホへの参入障壁は格段に低くなってきている。ほかにも，タッチパネル・モジュール，メモリ，PCBなどもモジュール化されており，PC産業と同じネットワーク企業を利用してスマホ事業を立ち上げる可能性が存在する。ところが，スマホの場合，ハードウェアの性能だけでは十分ではなく，OS，通信規格の違い，アプリケーション・ショップなどソフト的な要素がユーザーの使用体験に大きく影響するため，モジュールを集めればよいというわけではない。この意味でスマホのモジュール化の程度はPCほど高くない。

2. 中国のスマホ端末市場

中国のモバイル・インターネット利用者数は，図表7-2に示されているとおり，2000年代後半から急増大し，2015年には6億人を超え，インターネット人口の9割に当たる高率である。こうした中のスマホについては，調査会社Canalysによれば，2012年第2四半期になると，中国におけるスマホの出荷台数は世界総出荷台数の22%を占め，中国がアメリカの16%を抜いて，世界最大のスマホ市場となっている[9]。この頃の中国市場はスマホの普及期に入り，低価格製品が中心に急拡大を見せ始めた。この勢いは2014年Q4にピークを迎え，2015年Q1から停滞・後退し始めた[10]。これを機に，中国国内スマホ

図表7-2　中国のモバイル・インターネットユーザー数

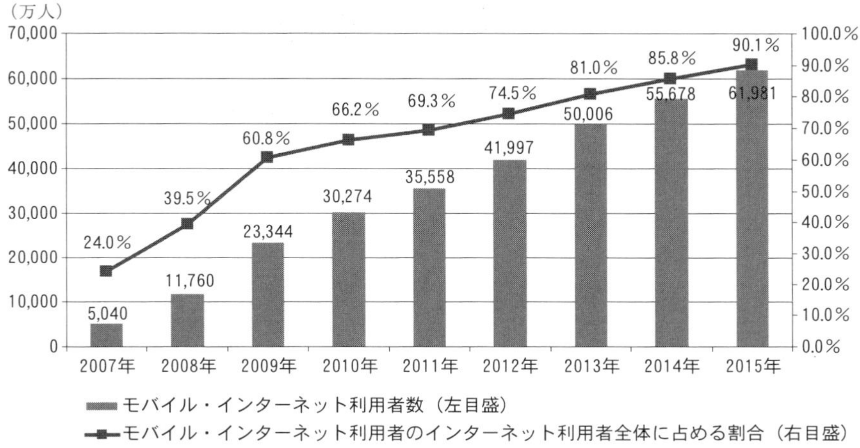

年	モバイル・インターネット利用者数（万人）	モバイル・インターネット利用者のインターネット利用者全体に占める割合
2007年	5,040	24.0%
2008年	11,760	39.5%
2009年	23,344	60.8%
2010年	30,274	66.2%
2011年	35,558	69.3%
2012年	41,997	74.5%
2013年	50,006	81.0%
2014年	55,678	85.8%
2015年	61,981	90.1%

（出所）　CNNIC（2016），39頁。

メーカーにとって，低価格戦略だけでなく，より高性能なユーザー体験のよいスマホを求める買い替えニーズを取り込むことが重要になってきた。

中国のスマホ企業にとって，こうした中国市場は競争が熾烈化しているレッド・オーシャンになっている。これを受けて，成長市場であるインドなど海外市場進出の傾向があり，一部のメーカーはすでに海外市場で一定のシェアを持っている。

3. 中国スマホ端末企業の類型と競争戦略

スマホ産業は，インターネットに対する規制と通信端末に対する規制の両方を受ける。ここでは端末機器について見てみよう。中国政府は正規メーカーを保護するために1999年に携帯端末生産のライセンス制度を導入した。ところが，この制度はいろいろな問題を引き起こしたため，2005年に「認可制」へと緩和された。その後2007年になると，「認可制」も撤廃され，携帯端末製造への参入はさらに容易になった[11]。その結果，参入企業数が急速に増大し，中小零細企業が乱立する状況になった。

木村（2010）は中国の携帯端末企業を次の4グループに類型化している。第

1グループはファーウェイ，ZTE，東方通信（Eastcom）などに代表される通信機器メーカー出身の企業群。第2グループは家電・ITメーカー出身の企業群。たとえば，TCL，康佳，長虹，夏新，レノボなどである。第3グループは端末事業で急成長した企業のグループ。例として，金立通信設備，天宇などがあげられる。第4グループはその他無名企業のグループ。ヤミ携帯を販売する企業も多く含まれる [12]。このような分類は，スマホ時代になっても，有効であると思われる。ただし，補足すべくは，シャオミーに代表されるインターネットを活用してスマホ産業に参入した企業のグループが存在している。そしてアフリカ，東アジア，ラテンアメリカなどを主要な市場とするノーブランド・メーカーが国内ではほとんど知られていないが，海外市場で存在感を高めてきた。たとえば基伍国際有限公司というメーカーは，2010年時点で世界ランキング9位，インドでは21％の市場占有率を持っていたという [13]。

　中国スマホメーカーの競争戦略を類型化して概観すると次のようなタイプがある。第1タイプはファーウェイ，ZTEなど通信機器メーカーとして，通信インフラの提供と端末事業を一体化させて相乗効果を図り，自主研究開発も進めている企業である。特にファーウェイ社はコア・デバイスであるベースバンドICも開発し始めており，ミドルないしハイエンド分野でサムスンとも競争し始めている。第2タイプはシャオミ社に代表されるインターネット企業である。彼らは，インターネットを巧みに利用してマーケティングやファン集めに成功し，製造は主にOEM，ODMに任せている。第3タイプは他の新興スマホブランドである。たとえば，Vivoは音楽再生機能を強化し，電池の持ちを高めて使い勝手のいいスマホとして評価されている。OPPOはデザイン性を高め，若い女性に人気がある [14]。

　中国のスマホ企業に共通しているのが各社によるOEMやODMの利用であり，OSなど中核技術と基幹部品は海外企業に依存しており，自立と自律的な発展はできていない。そのため，高付加価値の部分は海外企業に握られており，特許使用料や同質化がもたらした熾烈な価格戦などが企業の利益空間を圧迫する（2012年の中国国内市場において，国産機のシェアが半数を超えているにもかかわらず，国内スマホ企業が手に入れた利益は国内市場利益額の1％にすぎない）。大手国内スマホメーカーの中でも，自社でIC開発をしている

のはファーウェイなどごく少数の数社しかない。こうしたなかでレノボの戦略はPC時代の延長線にあり，コスト優位はあるものの，従来依存してきたキャリア・インセンティブからの脱出はできておらず，またファーウェイほどの投資も技術蓄積もない。他社に比べて，差別化もできていないのが現状である[15]。

第3節　レノボ社のモバイル時代におけるクロスボーダーM&A

1. スマホ端末産業への参入とパフォーマンス

　レノボは2002年に厦華電子を買収して本格的に携帯電話端末事業を開始した。総売上高に占めるモバイル関連事業の割合も2003年から上昇し，2005年に1割程度になった。ところが，携帯端末事業は黒字事業になれず，2008年度になると売却されるようになった（図表7-1）。周知の通り，2007年にアップル社は初代iPhoneを発売すると，スマホの将来性が世界中に認識され始めた。その2年後レノボ社は一旦売却した携帯事業を再び買い戻し，2011年度にPC事業への集中から「PC+」へ戦略的転換を打ち出した。

　レノボ社の2010年頃のスマホ事業は，PC事業に携わっていたチームにより，PC時代で構築していたブランド影響力，量産能力とコストリーダーシップ，流通チャンネルなどを利用して国内における競争優位を獲得しようとしたが，失敗に終わった。その後，方向転換がなされ，キャリア向けに提供した機種が大きな割合を占め，ローエンド機種が主流となった。その結果，図表7-3のとおり，2012，2013年の国内市場においてレノボは2位の市場占有率を持ち，サムスンを除けば，国内メーカーの首位に立った。ただし，レノボのスマホ事業は低価格量産に基づいたものであり，そのため赤字の時期がほとんどであった。黒字転換できた期間は僅か2つ～3つの4半期にとどまり，そしてそういった時期においても0.43%という僅かな利益率しか得られなかった[16]。かくして，PCの場合と異なって，レノボ社のスマホ事業は国内市場において競争優位を獲得できていない。

2. モトローラ・モビリティ買収で入手したものとその後の展開

レノボがモトローラ・モビリティ買収を通じて入手したのは，デザインなどを含むモトローラのスマホ製品ラインアップ，3500人の従業員と製造能力，特許約2000件（ほとんどが通信の基礎分野のものであり，グーグルはモトローラのATAP［アドバンスト研究と計画研究所］という先端開発機関を社内に残したため，入手した特許は新製品開発には繋がらないとみなされている），そしてアメリカなど先進国市場へのアクセス権などである[17]。

図表7-3から見られるように，買収は国内市場における競争優位の拡大に貢献していない。買収以前2位にあったレノボは，買収後トップ5から転落した。キャリア・インセンティブの撤廃等の原因で，市場占有率の下落が著しく，半分近く落としている。一方，ファーウェイ，シャオミー，Vivoなど国内ライバル企業は大きく成長している。

図表7-4に示される世界市場におけるマーケット・シェアを見てみよう。モ

図表7-3 中国スマホ市場における主要メーカーの市場占有率

(2012～2015年，％)

順位	2012		2013		2014		2015		2015Q2	
	社名	シェア率	社名	シェア率	社名	シェア率	社名	シェア率	社名	シェア率
1	サムスン	18.7	サムスン	17.3	シャオミー	12.4	シャオミー	15.0	ファーウェイ	14.6
2	レノボ	12.0	レノボ	12.4	ファーウェイ	9.7	ファーウェイ	14.5	シャオミー	13.8
3	ファーウェイ	10.5	クールパッド	10.1	アップル	8.8	アップル	13.4	アップル	12.2
4	クールパッド	8.7	ファーウェイ	9.6	Vivo	6.6	OPPO	8.1	Vivo	7.2
5	ZTE	8.3	ZTE	5.6	OPPO	6.1	Vivo	8.1	OPPO	7.1
6	アップル	5.5	アップル	4.8					サムスン	7.0
7	ノキア	5.3	天語	4.1					レノボ	6.5
8	HTC	4.2	金立	3.6					クールパッド	6.0
9	モトローラ	3.2	シャオミー	3.5					魅族	4.7
10	天語	3.0	OPPO	3.5	その他	56.4	その他	40.9	ZTE	3.2
11	OPPO	1.6	HTC	2.1						
12	金立	1.5	ノキア	1.6						
13	ソニー	1.1	モトローラ	0.5					その他	17.7
14	シャオミー	0.9	ソニー	0.5						
	その他	15.3	その他	20.9						

(注) 2012，2013年のデータは易観智庫（2014）の資料，2014，2015年のデータはIDCの資料，2015Q2は野村国際，米ガートナーの資料である。
(出所) 易観智庫（2014），王健（2016），日本経済新聞（2016a）に基づき筆者作成。

トローラ・モビリティを入手して海外市場へアクセスできたが，統合後の2015年のシェア率は2.5％も下落し，ファーウェイ，シャオミーなどライバル企業の上昇と比べると明暗をはっきり分けている。

図表 7-4　世界のスマホ市場における占有率上位 10 社

順位	2014 年		2015 年	
	企業名	マーケットシェア（％）	企業名	マーケットシェア（％）
1	サムスン	27.8	サムスン	24.8
2	アップル	16.4	アップル	17.5
3	レノボ＋モトローラ	7.9	ファーウェイ	8.4
4	ファーウェイ	6.2	シャオミー	5.6
5	LG	5.4	レノボ	5.4
6	シャオミー	5.2	LG	5.3
7	クールパッド	4.2	TCL	4.0
8	ソニー	3.9	OPPO	3.8
9	TCL	3.3	Vivo	3.3
10	ZTE	3.1	ZTE	3.1
	その他	16.6	その他	18.8
総出荷量（百万台）		1,172.3		1,292.7

（出所）　洪京一責任編集（2016）『移動互聯網産業発展報告（2015～2016）社会科学文献出版社，8 頁。資料源は Trend Force。

図表 7-5　買収後の経営パフォーマンス

再編コストなどは含まない		収入（億ドル）		税引前利益（億ドル）		税引き前利益率	
		FY15/16	FY14/15	FY15/16	FY14/15	FY15/16	FY14/15
PC 業務	実際経営活動結果	296.46	333.46	14.91	17.72	5.0%	5.3%
	報告値			14.91	17.72	5.0%	5.3%
企業向け業務	実際経営活動結果	45.53	26.27	53	−0.29	1.2%	−1.1%
	報告値			−102	−1.21	−2.3%	−4.6%
モバイル業務	実際経営活動結果	97.79	91.42	−469	−2.95	−4.8%	−3.2%
	報告値			−644	−3.7	−6.6%	−4.0%

（注）　1)　FY14/15にはモトローラー・モビリティの5カ月分，System X の6カ月分業績が入っている。
　　　2)　報告値とは，会計処理後のM&A関連の非現金コスト，再編減損およびその他費用を含んだ結果である。
（出所）　レノボ社「15/16 財政年度業績発表」（http://appserver.lenovo.com.cn/IR/event.aspx）

また，図表7-5でわかるように，買収に関するコストを計上しなくても，モバイル事業は多額の赤字を出している。これは，国内市場で好況の時期においても利益は僅かな金額にとどまっていることを考えると，モバイル事業自体はまだ自立できていないことを意味する。

おわりに

本章の分析から，レノボは，国内スマホ市場の競争が激しくなると，海外市場を開拓するべく，モトローラ・モビリティの買収に乗り出したのである。ところが，国内市場で優位を確立できていないままの海外展開は結局一定の市場シェアはとれたにもかかわらず，赤字を出しており，順調ではなかった。将来の展望としても，その成功の可能性は高いと言いがたい。

レノボのジレンマは，海外市場と言っても，新興国市場においてこそ成長がある。そのために主戦場は先進国のハイエンド市場にあるのではなく，新興国・途上国のローエンドないしミドルエンド市場にあるはずである。こうした状況にあるにもかかわらず，レノボはモトローラ・モビリティを買収し，ハイエンド機種を先進国市場で展開している。その結果，挫折を味わっている。

買収したモトローラの可能性は，中国国内市場開拓に活用し，ミドルやハイエンド機種の買い替え需要を満たすための開発に生かすべきではないかと思われる。

以上，レノボのモトローラ買収はPC時代におけるIBM・PC部門の買収と同様に，「戦略的資産の取得」であるように見えるが，産業構造・競争のあり方や自社内の資源状況と企業技術発展の到達点などが大きく変わってきた中で今度の買収はこれまで観察した「戦略的資産取得」とは異なっていることが明らかであろう。この結果から見ると，レノボ社はグローバルなスマホ産業の国際分業体系に依拠しつつ，一部機種のコストリーダーシップを構築できたが，国内市場，とりわけミドル・ハイエンド市場における競争優位は確立できておらず，モトローラ買収を通じてもそれをおぎなうことは困難と思われる。これは，レノボ社の到達点と限界であると同時に，新興国発多国籍企業の課題でも

ある。

（陸　云江）

注
1　Bremmer, Ian A. (2011), Peter J. Williamson, Ravi Ramamurti, Afonso Floury and Maria Tereza Leme Floury, eds. (2013), 夏目（2014）を参照。
2　レノボ社アニュアルレポート2015/16年度，レジェンド・ホールディングスの株式募集書 (http://www.legendholdings.com.cn/Investor/wenjianxiazai/ch/20151019114734.pdf 2015年6月16日に発表される。2016/09/19 閲覧）。
3　詳しくは，陸（2011），（2013）を参照。
4　「1996年聯想成功の原因」『中国高新技術企業評価』1997年第3号，45-46頁。
5　劉（2012）。
6　詳しい分析・検証については，夏目・陸（2014）を参照。
7　丸川・安本編著（2010）。
8　東邦（2010），iii頁。
9　「中国首超美国成為全球最大智能手機市場」『移動通信』2012年第9号，94頁。
10　「国内智能手機市場飽和？」『消費電子』2015年第9号，44-47頁。
11　丸川・安本編著（2010），186頁。
12　木村（2010），176頁。
13　王元元（2014）。
14　日本経済新聞（2015a）。
15　鄭（2013）。
16　ここの記述は施（2016）に基づいている。関連データは筆者がレノボ社のアニュアルレポートおよび四半期ごとに公表されている資料により算出した。
17　David Talbot（2014），高（2014）を参照。

参考文献
［英語］
Bremmer, Ian A. (2011), *The end of the free market : who wins the war between states and corporations?*（有賀裕子訳（2011）『自由市場の終焉：国家資本主義とどう闘うか』日本経済新聞出版社。）
Dunning John H. and Rajneesh Narula (1996), "The Investment Development Path Revisited: Some Emerging Issues", in John H. Dunning and Rajneesh ed., *Foreign Direct Investment and Governments: Catalysts for Economic Restructuring*, Routledge.
Fortune Global 500 のオフィシャル・サイト（http://fortune.com/global500/）.
Peter J. Williamson, Ravi Ramamurti, Afonso Floury and Maria Tereza Leme Floury, eds. (2013), *The Competitive Advantage of Emerging Multinationals*, Cambridge University Press.
UNCTAD (2006), *World Investment Report: FDI from Developing and Transition Economies: Impliactions for Development*, United Nations, http://unctad.org/en/Docs/wir2006_en.pdf

［中国語］
CNNIC『中国互聯網発展状況統計報告』1997〜2016各年。

David Talbot（2014）「為什么谷歌要保留摩托罗拉的研究实验室」『科技創業』2014 年第 1 号, 18-19 頁。)
施雨華（2016）「聯想和華為手機，為何差距越来越大？」IT 時代ネット（http://news.ittime.com.cn/news/news_9788.shtml ［2016/07/21 0:33:35］)。
宋滟泓（2015）「聯想面臨 7 年来最大挑戦、裁員転型危中求機」『IT 時代週刊』2015 年第 17 号（9 月 15 日), 42-43 頁。
温暁君（2013）「中国智能手機産業鏈研究及趕超之路」『通信技術』2013 年第 8 号, 第 46 巻総第 260 号, 131-135 頁。
孫永傑（2012）「2012 混戦中国智能手機市場」『通信世界』第 48 号, 26 頁。
呉承瑾（2015）「後智能手機時代的全球電子産業鏈投資機会」『集成電路応用』11 月号, 12-15 頁。
鄭曦（2013）「聯想智能手機供応鏈管理研究」北京交通大学修士学位論文。
『中国通信年鑑』編集委員会（2003）『中国通信年鑑』。
レノボ社アニュアルレポート（2000/2001 〜 2015/2016）各年度版。
高民芳（2014）「従専利角度分析聯想収購摩托的意図」『科学管理』第 11 号。
李蕭然（2012）「籠罩在苹果三星陰影下的手机厂商」『IT 時代週刊』2012 年第 22 号（11 月 20 日), 46-47 頁。
王健（2016）「国産智能手機産業発展及困境評析」官建文など編集（2016）『中国移動互聯網発展報告』社会科学文献出版社（原資料は IDC)。
王元元（2014）「中国手機軍団全面復興」『国際品牌観察』2014 年第 11 号, 8 頁。
易観智庫（2014）「2013 年中国智能手機市場増速放緩」。
張九陸（2013）「非常操盤手―専訪聯想集団副総裁馮幸」『東方企業家』第 9 号, 77-80 頁。
劉景淼（2012）「聯想移動海外発展戦略及対策研究」対外経済貿易大学修士学位申請論文。

［日本語］
丸川知雄・中川涼司編著（2008）『中国発・多国籍企業』同友舘。
Eva Dou（2015）「変わりゆく中国スマホ受託生産の現場」WSJ 日本語版 HP（http://jp.wsj.com/articles/SB11970227293124023368304581222171522778388 ［2016/07/25 2:22:48］)
今井健一・川上桃子（2006）『東アジアの IT 機器産業：分業・競争・棲み分けのダイナミズム』IDE-JETRO アジア経済研究所。
川濱昇・大橋弘・玉田康成編（2010）『モバイル産業論――その発展と競争政策』東京大学出版会。
木村公一朗（2010）「中国の携帯電話端末産業―中国大手携帯電話メーカーの急成長と模索」丸川・安本編著（2010）に所収, 173-195 頁。
夏目啓二（2014）『21 世紀の ICT 多国籍企業』同文舘。
夏目啓二・陸云江（2014）「中国 ICT 企業の競争優位―レノボ社の国際競争力」夏目啓二（2014）『21 世紀の ICT 多国籍企業』同文舘, 179-205 頁。
夏目啓二・陸云江（2015）「中国通信機器企業の国際競争力―ファーウェイを中心として」龍谷大学経営学会編『経営学論集』第 54 巻第 3・4 号, 19-35 頁。
夏目啓二・陸云江（2016）「中国のインターネット・ビジネスにおける戦略的資産の取得―大手三社を主要事例として」『龍谷大学社会科学研究年報第 46 号（2015 年度)』, 115-128 頁。
東邦仁虎編著（2013）『スマホ時代のモバイル・ビジネスとプラットフォーム戦略』創成社。
丸川知雄・安本雅典編著（2010）『携帯電話産業の進化プロセス――日本はなぜ孤立したのか』有斐閣。
陸云江（2011）「パソコンでの中国語情報処理における技術進歩と技術移転」龍谷大学経営学会編『経営学論集』第 50 巻第 4 号, 121-136 頁。

陸云江（2013）「中国IT産業における技術進歩と技術移転─『技術者を通じた技術移転』の視点からの考察」龍谷大学経営学研究科博士学位申請論文。
『日本経済新聞』（2015a）「中国スマホ新興乱立」9月5日朝刊，9頁。
『日本経済新聞』（2015b）「スマホ関連株，軒並み下落」10月28日朝刊，17頁。
『日本経済新聞』（2016a）「中国・華為，スマホ躍進」2月1日夕刊，3頁。
『日本経済新聞』（2016b）「小米が中高級スマホ」2月25日朝刊，11頁。
『日本経済新聞』（2016c）「格安スマホ，インド激戦」4月21日朝刊，11頁。
『日本経済新聞』（2016d）「インド，国産スマホ6割」7月7日朝刊，11頁。

第 3 部

新興国と先進国とのグローバル企業間競争

第 8 章

韓国モバイル産業における部品の調達戦略

はじめに

　モバイル産業におけるグローバル競争がますます熾烈になっている。とくに，世界スマートフォン市場においてその傾向が顕著である。2000年代初頭を通してみると，世界最大の携帯端末製造企業であったノキア，モトローラの地位は低下し，2007年アップルのiPhoneの出荷とともに，携帯端末市場には新たなグローバル競争が展開されている。アップルと三星電子の2強体制が確実に定着している中に，2010年以降，華為技術（ファーウェイ），レノボ，小米（シャオミ）といった中国の携帯端末製造企業が台頭し，これまでの2強体制の構図が大きく変容しつつある。2015年のスマートフォン市場は4億3410万台で世界の約3分の1を中国企業が占め，競争力を持つようになっている[1]。世界スマートフォン市場は先進国市場が停滞している中，2013年を頂点に2014年からは緩慢な成長をみせているが，新興国市場ではますます熾烈な競争が展開されている状況である。

　製造業であれば，業種によって差異はみられるが製造原価の50〜80％が部品，材料費で占められているといわれている。グローバル競争時代においては，自国の同業他社はもとより，海外企業に対しても競争優位を保つことが生き残りの必要条件となっている。競争力の源泉は，商品の性能・品質，製品開発および納期のスピード，そしてコスト・価格である。製造原価の大半を占める部品の調達コストの削減がその企業経営に与える影響は大きい。

　調達活動はグローバル・サプライチェーン・マネジメントの1つであり，企業が競争優位を獲得する上で中核となる機能であり，調達コストを削減するこ

とがますます重要になってきている。コストと価格が企業の競争力の源泉となっている今日，企業の部品の調達活動を考察することは，携帯端末製造企業の発展の原動力を明らかにするうえで不可欠となっている。また成長が著しい新興国市場，BRICs市場での競争では，低価格製品の携帯端末機を実現することが不可避となっている。そのためにも部品の調達活動とコスト削減は競争力強化においても重要となっているのである。このように，携帯端末企業の部品の調達活動は，企業の競争優位を獲得するうえで重要な活動となっているのである。ここにモバイル産業における部品の調達戦略を考察することの現代的意義がある。

　本章の課題は，世界スマートフォン市場における2強体制を構築してきた三星電子とアップルに焦点をあて，それぞれの部品の調達戦略の特質と相違を明らかにすることである。1つは携帯端末企業の部品調達がどのようにして行われているのかを明らかにする。2つ目には，部品調達戦略の一環として，携帯端末製造企業がどのような部品開発，部品の管理体制を構築してきたかを明らかにし，2社のスマートフォン市場における競争優位を抽出する。

第1節　モバイル産業のグローバル競争

1．2強体制のスマートフォン市場と新興国企業の台頭

　アップルは2007年に初めてiPhone発売を契機に，続けて新規モデルを出荷した。iPhoneはiPod，携帯電話，インターネットの3つの機能を兼ね備えたスマートフォンとして，デザインや操作性の良いユーザーインターフェースを実現し，これまでにないユーザー体験を顧客に実感させ認めさせた。このことが，アップルの1つの成功要因ともいわれている。これに対して，三星電子は2000年代に世界の携帯端末市場に本格的に参入し，2000代半ばからは世界の携帯端末企業の5大メーカーとして浮上し，競争力を強めている。三星電子は，2010年からスマートフォン市場においてもアップルと並んで新しいプレーヤーとして浮上している。三星電子は2011年第3四半期にはじめてアップルを抜いて，スマートフォン市場で，世界1位の座を獲得している。三星電子は

2012年,13年,14年,2015年においても,世界スマートフォン市場で連続して世界1位を維持しているのである。

世界スマートフォン市場の2強体制に新たに浮上してきたのが,中国の携帯端末製造企業である。中国企業は先進国企業より遅れて2013年末 TD-LTE 標準を獲得し,最大の国内市場を基盤にして技術と市場を主導するための投資を強化している。中国のスマートフォン市場の全世界に占める比重は,2011年:17.9%,2013年:32.0%,2014年第1四半期〜第3四半期:33.3%へと大きく上昇し,国内企業が持続的な成長を成し遂げている。2014年の第2四半期の中国市場では,スマートフォン出荷が1億200万台を記録し,四半期基準では市場初めて1億台を突破している。また,小米が市場シェアの13.8%(1499万1579台)を記録し,中国市場で1位を記録し,三星電子は12.2%(1322万8430台)で2位になっている。中国の携帯端末製造企業の成長に伴い,2014年の第3四半期の世界市場販売台数の上位10大企業の中,5社が中国携帯端末企業,すなわち小米(3位),華為技術(5位),レノボ(6位),ZTE(7位),TCL-Alcatel(9位)となっているのである[2]。

中国スマートフォン製造企業は,2000年初期から外国企業からの OEM を依頼され,製造能力を高め,モバイル CPU やディスプレーなどの核心部品を除いた自国の部品調達体制を整えつつある。2012年以降,中国の携帯端末製造企業は世界マートフォン市場に進出するため,中・低価格のラインナップを拡大し,安定的な流通網の構築を強化している。

中国の携帯端末製造企業が成長してきた要因としては,膨大な内需市場,価格競争力を持つ製造能力,安定した部品調達体制,通信装置・PC 分野とのシナジー効果,政府の支援政策などが指摘されている[3]。

図表8-1は,2012年から2015年までの世界のスマートフォン市場シェアを表したものである。三星電子は2010年以降本格的に世界のスマートフォン市場に参入し,2011年の第3四半期に初めてアップルを抜いて1位を達成している。その後,三星電子は2012年から2015年まで世界1位を維持しているものの,その市場シェアは,2012年の30.3%から2015年には22.7%になり,7.6ポイント低下している。販売台数では,2012年の2億600万台から2015年の場合,3億2400万台へと大きく増加している。スマートフォンの販売台数が

166　第3部　新興国と先進国とのグローバル企業間競争

図表8-1　世界のスマートフォン市場シェアの推移

(単位：100万台, %)

企業名	2012		2013		2014		2015	
	販売台数	市場シェア	販売台数	市場シェア	販売台数	市場シェア	販売台数	市場シェア
三星電子	206	30.3	300	31.0	308	24.7	325	22.7
アップル	130	19.1	151	15.6	191	15.4	232	16.2
華為技術	27	4.0	46	4.8	68	5.5	107	7.4
LG電子	26	3.8	46	4.8	58	4.6	ー	
レノボ	22	3.2	43	4.5	81	6.5	74	5.2
小米	ー	ー	ー	ー	ー	ー	71	4.9
その他	267	39.6	380	39.3	539	43.3	625	43.6
合計	678	100	966	100	1,245	100	1,434	100

(注)　販売台数の100万台以下は四捨五入した数値である。
(出所)　Gartner February 2014, March 2015 IDC, (http://www.itmedia.co.jp) 2016年2月10日アクセスより作成。

2012年から急速に増加したのは，中国，インド，アフリカなど新興国での需要が増加しているからである。

中国のスマートフォンの出荷台数は，この図表8-1からも明らかなように，華為技術，レノボ，小米の3社が2012年から2015年まで一貫して増加傾向を示している。中国の携帯端末製造企業は，2010年以降，世界スマートフォン市場においても確実にシェアを伸ばし，2010年以降の三星電子とアップルの2強体制に参入し，世界スマートフォン市場のグローバル競争のプレーヤーとして登場してきているのである。

アメリカの調査機関であるSA (Strategy Analytics) によると，世界スマートフォン市場の成長率は2013年41.4％，2014年26.9％，2015年13.0％を占めている。2013年をピークに先進国市場は停滞しており，新興国市場では2015年に10億台を突破し，世界市場を牽引している[4]。スマートフォン市場が先進国から新興国市場へ移行することによって，先発企業と後発企業との間の技術的格差が縮小している。また，中・低価格のスマートフォン比重が上昇することによって，中国やインドの携帯端末製造企業が巨大な自国市場を土台に三星電子とアップルの2強体制に挑戦しつつある。

第2節　韓国モバイル産業における部品の調達戦略

1. 韓国モバイル企業の部品調達ルート

　1台のスマートフォンに使用される部品は約1000点といわれている。ここで部品調達とは，企業が部品や材料を入手することであり，内部調達と外部調達の2つに大別される。内部調達には，自社の内部からの調達と，多国籍企業の親会社および海外子会社からの調達がある。外部調達には，国内の独立した供給企業からの調達と海外の独立供給企業からの調達がある[5]。

　韓国の部品調達ルートは3つに大別される。1つ目は自社企業である三星電子・LG電子や系列企業からの内部調達であり，2つ目は国内の中小部品企業からの外部調達である。3つ目は海外の子会社からの部品調達と海外の現地企業からの内部と外部からの調達である。

　韓国携帯端末機の部品調達ルートは次のようになっている。自社企業・系列企業からは抵抗器，コンデンサー，フィルターや振動モーター，RF部品，PCB，メモリーチップなどの受動部品を調達している。国内部品企業からはディスプレーモジュールやカメラモジュール，機構部品，バッテリーなどを調達している。

　三星電子の場合，スマートフォンで使う主要部品は，大部分は自社からの内部調達である。主にアプリケーション・プロセッサやメモリー，ディスプレーなどを自社内あるいは系列の子会社から内部調達している。現在，三星電子は，半導体メモリー，システムLSIの開発，製造のコアコンピタンスを活かして，モバイル部品を統合設計し，チップセットの軽量サイズや最適化を実現している。三星電子は半導体製造部門を携帯端末にリンケージするというシナジー効果を充分に発揮している。特に，三星電子がアプリケーション・プロセッサ開発において，携帯端末の中核部品としての重要性を認識し，新しいデザインを適用し，より大きなバッテリーを搭載し，製品開発力に徹している。ディスプレー，タッチ・パネル分野においても三星電子は圧倒的な投資能力を持っており，莫大な数量の部品を確実に供給する体制を構築し，大口顧客であ

るアップル社に納入している点も大きな競争力になっているのである。
　スマートフォン主要部品のコスト構成は次のようになっている。①アプリケーション・プロセッサ：13％, ②NAND型フラッシュメモリーなどメモリー：15％, ③通信関連のベースバンドモデム, 受信機：13％, ④電源管理：2％, ⑤ワイヤレス接続のWi-Fi, Bluetooth, GPS：6％, ⑥インターフェース・センサーの電子コンパス, 加速度計：5％, ⑦ディスプレー, カメラ部門のタッチスクリーン, ディスプレー, カメラ, 全面カメラ：26％, ⑧バッテリー：3％, ⑨その他（機械部品：ケース, 金属, プラスチック, 電子機械部

図表8-2　三星電子のギャラクシーS4の主要部品調達先

主要部品	部品供給企業	備考
アプリケーション・プロセッサ	三星電子	ネパスが後工程（WLP Bumping）を独占供給
バッテリー	三星SDI	パワーロジックスがバッテリー保護回路供給
		オプトロンテックとナノスがIR Fither供給
		Jahwa電子とアイエムがAuto Focus Actuator供給
メインカメラ	三星電機	デジタルオッテク, セコニックスがレンズを供給
		ハイビュージョンシステムズがカメラモジュール検査装置供給
Saw Filterモジュール	ワイソル	
サブカメラ	Partron, Cammsys	
メインアンテナー	Partron, EMWアンテナー	
NFCアンテナー	アモテック	
ケース	INTOPS, MOBASE, シンヤンENG	
半導体基板	三星電機, Daeduck電子, シムテック	
MLCC	三星電機	
Wi-Fiモジュール	三星電機	
FPCB	Interflex	

　（注）　MLCC（Multi Layer Ceramic Capacitor）とは積層セラミックコンデンサー, FPCB（Flexible Printed Circuit Board）とは軟性印刷回路基板。
　（出所）　新成長動力産業情報技術研究会編『国内外スマートフォン産業現況とビジネス戦略』2013年, 81頁。

品：プリント基板，音響部品，コネクタ）：17％，で①～⑨の合計は100％となっている[6]。コストが一番高いのは，⑦のディスプレー，カメラで全体の約4分の1を占め，次いで，①アプリケーション・プロセッサ，② NAND 型フラッシュメモリー，③ベースバンドモデムなど半導体・集積回路がそれぞれ13％を占め，この3つの部品（①②③）の合計は39％を占めている。

図表8-2は，三星電子のギャラクシーS4の主要部品調達先を示したものである。この表ではアプリケーション・プロセッサ，バッテリー，メインカメラの調達においては三星電子の系列企業がほぼ供給しているが，国内中小部品企業と協力体制をとっていることが読み取れる。また，半導体回路基板やMLCC，Wi-Fiモジュールもほぼ三星電子の系列企業から調達されている。それ以外のSaw Filter モジュール，サブカメラ，メインアンテナ−，NFCアンテナー，ケース，半導体基板は国内の部品企業によって調達されているのである。

2. 部品調達の特質

スマートフォンの価格競争が激しくなるにつれて，携帯端末製造企業は原価競争力確保のため，垂直系列化を通じた部品の内製化の比重が増加している。三星電子はアプリケーション・プロセッサ，メモリー，ディスプレー，カメラモジュールなどを中心に部品の内製化率を高めている。部品別にみると，アプリケーション・プロセッサとメモリーが31％，ディスプレーが28％，カメラ7％，PCBが7％，バッテリーの3％を系列のシステム LSI 事業部，メモリー半導体事業部，三星ディスプレー，三星電機，三星 SDI などから調達しており，その内製化率は約75％になっている。その他の部品は三星電子の協力会社を通じて調達している。こうした高い内製化率の部品の供給能力は三星電子の携帯端末の製造におけるリードタイムを短縮し，原価競争力を確保し，製品完成度を高める原動力になっていることを実は意味している。

LG 電子の場合，ディスプレーの28％を系列のLGディスプレーから，カメラの7％，PCBの7％はLGイノテックから調達しており，部品の内製化率は45％に達している[7]。部品供給能力の面において三星電子の方がLG電子よりはるかに内製化率が高くなっている。携帯端末製造企業の系列部品内製化に

よって部品の競争力を確保すると同時に、韓国の国内部品企業も系列企業である三星電機を中心にプロジェクトを組んで部品の品質向上に力を入れているのである。

図表8-3は、2010年頃の携帯端末部品の国産化率を表したものである。部品の国産化率が高いものは、演算のDRAMが65％、通信部門のアンテナーは73％、SAWフィルターモジュールは73％、ディスプレーモジュールは78％

図表8-3　韓国の携帯端末部品の国産化率

（単位：％）

区分	細部部品	国産化率
演算	アプリケーション・プロセッサ	—
	DRAM	65
	NAND Flash	—
通信	ベースバンドチップ	—
	RFトランシーバ	—
	高周波電力増幅器	3
	アンテナー	73
	SAWフィルターモジュール	73
ディスプレー	ディスプレーモジュール	78
	タッチスクリーンモジュール	—
カメラ	カメラモジュール	78
パワー	バッテリー	75
	Power management IC	43
ネットワーク	Wi-Fi, Bluetooth, NFC	10
	GPS	10
その他部品	センサー	10
	Case/外装材	90
	受動素子	90
	PCB	70
	FPCB	70
	マイク・スピーカ	90
	コネクタ	90
	振動モーター	90

（出所）　コンエラ「携帯電話部品産業の環境変化と有望分野展望および課題」『産銀調査月報』KDB産業銀行、2012年7月84頁より抜粋。

である。また，バッテリーは75％，その他部品のCase/外装材，受動素子，マイク・スピーカ，コネクタ，振動モーターはそれぞれ90％であり，PCB（印刷回路基板）とFPCB（軟性印刷回路基板）はそれぞれ70％となっている。他方，通信部門のベースバンドチップはほぼ海外の部品供給企業から調達している。部品の国産化率が低い部門は，ネットワークのWi-Fi，Bluetooth，NFC，GPSなどは10％となっている。

次に，部品の海外調達についてみてみよう。部品の海外調達の1つは，随伴進出した国内部品企業からの部品調達である。2000年代半ば以降，世界携帯端末製造企業の競争が激化するにつれて，部品調達方式が変化してきた。その変化とは，従来の携帯端末製造企業が直接に個別部品を注文する方式から，携帯端末製造企業がEMS企業に部品のモジュール化を委託し，それを部品企業から調達する方式への移行である。たとえば，三星電子の場合，2007年に国内部品企業であるイントップスやピエンデルの中国工場からモジュール化された完成品の80〜90％段階の半製品を調達している。とくに携帯端末の生産は台湾，中国のEMS，ODMの追随が加速化される中，年々部品供給をめぐる競争が一段と激しくなってきている。また，国内部品企業が三星電子とLG電子の海外工場に随伴進出しているケースも増えている。三星電子の携帯端末の筐体の25％を供給するイントップスは海外の工場（中国，インド）に進出し，単一部品ではなく完成品に近い「アセンブリモージュル」を供給しているのである[8]。

もう1つは，現地部品企業からの現地調達である。携帯端末企業の海外生産比重の拡大によって，現地の部品企業との協力が強化されている。振動モーター，マイク・スピーカなど汎用部品や筐体，Key Pad，ヒンジモジュールなどの機構部品は現地部品企業から調達している。三星電子は2008年から中国天津工場では①バッテリーはBYD，リセン，②Key Padは台湾のリテックから調達している。LG電子も中国工場の生産では中国産PCB（印刷回路基板）を購買，バッテリーは中国のBYD製品を一部購買，筐体は台湾のDGP社から調達している[9]。つまり，携帯端末製造企業は製品開発段階から海外の部品企業との協力が必須になっているのが読み取れる。ケース，内装材，Key Pad，ヒンジモジュールなどは生産効率性を高めるため，現地の部品企業から

調達している。

　携帯端末の海外生産の加速化によって2000年代半ば以降，国内部品企業の影響が出ている。その影響の1つは，海外生産の進展による現地部品企業の代替が拡大され，垂直系列された部品協力会社の売上高の減少である。その影響のもう1つは，国内携帯端末の部品企業の生産額は年々縮小傾向である。実際，部品の生産額において2009年は68％であったが，2010年には36％にまで低下している[10]。それに2010年以降，グローバル市場に中国携帯端末企業の台頭により，中国の現地部品企業が競争力を高め，韓国の国内部品企業の収益性が悪化しつつある。

　以上のことから，韓国携帯端末製造企業による部品の調達戦略として次のような特質が見られた。1つ目は，スマートフォンの出荷以降，携帯端末製造企業は垂直系列を通じた部品の内製化比重を増加させていることである。2つ目は，携帯端末製造企業は価格競争が激化し，原価競争力の確保のため，部品のモジュール化を推し進めることである。3つ目は，国内携帯端末企業の海外生産に伴い，部品企業との随伴進出や現地の部品企業からの調達を増加させている。こうした部品の調達戦略を通じて韓国の携帯端末製造企業はコスト削減を図り，コストの競争優位を獲得しているのである。

第3節　アップルにおける部品の調達戦略

1. アップルの部品調達ルート

　アップルの部品調達ルートは，アメリカをはじめ，日本，韓国，台湾，中国などアジア諸国の部品企業から調達している。具体的にみると，アメリカからはモバイル用半導体をクアルコム，TIから調達している。日本からは，メモリー，LCD，タッチスクリーン，ガラス基板，積層セラミックコンデンサー（MLCC）などを調達している。韓国からは，アプリケーション・プロセッサ（AP）を委託生産し，メモリー，LCD，FPCB，バッテリー，カメラモジュールなどを調達している。台湾からはLCD，PCBなどの部品を調達し，中国からはバッテリー，スピーカー，オーディオ部品などを調達している。このよう

にアップルは特にアジアの国々からの部品調達の比重が高く，核心部品の依存度は約80％を占め，部品調達先の広域化がみられる。2013年以降からは中国部品企業の比重も増加している。

アップルの部品の調達戦略の特質は，世界の多くの部品企業から調達している点にある。アップルの日本の部品企業からの調達率は，約40％と大きな比重を占めている。韓国の代表的な半導体や液晶パネルの強みを持っている三星電子やLGディスプレーや，中小部品企業からの調達も行っている。近年ではアップルの部品調達は中国，台湾製の部品の採用を積極的に推し進めている。また，アップルは機種やモデル数を極限まで絞り込み，調達する部品の規模を膨らませて単価を切り下げることにより，コストの競争優位を獲得しているのである。

図表8-4は，2012年時点のスマートフォン主要部品の企業別構成を示したものである。アプリケーション・プロセッサやベースバンドチップは，クアルコム，アップルなどのアメリカ企業が大半を占めている。フラッシュメモリーやDRAMは韓国の三星電子やSKハイニックスが50％以上を供給している。またセラミックパッケージ，積層セラミックコンデンサー水晶振動子，SAWフィルターなどの受動部品は京セラ，村田製作所，太陽誘電など日本企業がほぼ独占している。接続部品のリチウムイオン電池は三星電子とLGケミカル，パナソニック，ソニーなど韓国と日本企業がそれぞれ担っている。Wi-Fiモジュールは村田製作所が60％を独占している。筐体の場合，液晶用光学フィルムでは日東電工とLG電子の2社で60％強を占め，液晶用TACフィルムは日本企業が圧倒的なシェアを占めているのである。

ここでアップルのコストをiPhone5の製造原価からみると，次のようになっている。アメリカのIHSのアイサプライの調査によれば，iPhone5の製造原価は209ドル，組立費用は8ドルで総製造費用は217ドルになり，販売価格の749ドルから原価比率を計算すると，29％である。アップルのiPhone5で使われた部品をみると，タッチスクリーン式の液晶ディスプレーが44ドル，通信用半導体チップは34ドル，カメラの18ドルなどが大きな調達コストを占めている[11]。こうした世界の部品企業から膨大な部品発注をすることによってコスト削減を実現している。アップルのiPhoneとiPadの生産には多くの共通部

図表 8-4　スマートフォン主要部品の企業別構成

能動部品	アプリケーションプロセッサ（AP）	クアルコム（米）33%，アップル（米）19%，メディアテック（台）13%，三星電子（韓）11%，その他 24%
	ベースバンドチップ	クアルコム（米）50%，メディアテック（台）13%，インテル（米）12%，その他 25%
	フラッシュメモリー	三星電子（韓）34.7%，東芝（日）32.2%，マイクロン・テクノロジー（米）13.8%，SK ハイニックス（韓）12.6%，インテル（米）6.5%，その他 0.2%
	DRAM	三星電子（韓）40.4%，SK ハイニックス（韓）27.4%，マイクロン・テクノロジー（米）24.6%，その他 7.6%
	電子コンパス	旭化成 80%，その他 20%
	液晶パネル	ジャパンディスプレイ（日）30.7%，シャープ（日）25.5%，LG ディスプレイ（韓）11.6%，群創光電（台）7.8%，その他 10.5%
受動部品	セラミックパッケージ	京セラ（日）70～80%，その他 20～30%
	積層セラミックコンデンサー（MLCC）	村田製作所（日）35%，セムコ（韓）15%，太陽誘電（25%），TDK（日）10%，その他 20%
	水晶振動子	エプソントヨコム（日）20～25%，日本電波工業（日）20～25%，その他 50～60%
	SAW フィルター	村田製作所（日）40%，TDK エプコス（日）25%，太陽誘電（日）25%，東芝（日）10%
接続部品	リチウムイオン電池	三星電子（韓）26%，LG ケミカル（韓）19%，パナソニック（日）14%，ソニー（日）13%，その他 28%
	Wi-Fi モジュール	村田製作所（日）60%，セムコ（韓）25%，その他 15%
筐体	液晶用光学フィルム	日東電工（日）35%，LG 電子（韓）30%，住友化学（日），その他 5%
	液晶用 TAC フィルム	富士フイルムホールディングス 60～70%，その他 30～40%

（注）DRAM のシェアは 2014 年，フラッシュメモリーのシェアは 2013 年，液晶パネルのシェアは 2013 年の基準である。
（出所）『2011 年スマートフォンの部品・構成材料の市場』シーエムシー出版，2011 年，25 頁，「アップル再起動＆電子部品サバイバル」『週刊東洋経済』2013 年 9 月 21 日 55-56 頁，『日本経済新聞』2014 年 4 月 29 日，9 月 10 日，2016 年 4 月 6 日より作成。

品を徹底して使うことにより，共通したサプライヤーも多く，部品単価を切り下げ，コスト競争力を保っているのである。

また，スマートフォンの高品質の端末機である三星電子の Galaxy S6 Edge とアップルの iPhone 6Plus の部品コストを比較してみる。Galaxy S6 Edge の部品コストの合計は 284.85 ドルであり，iPhone 6Plus の部品コストの合計は 211.10 ドルで，その差額は約 74 ドルとなり三星電子の部品コストがアップルより高くなっている。その差額は 3 つの部品コストの違いから出ている。1 つ

は，ディスプレーで Galaxy S6 Edge は 85.0 ドルで，iPhone 6Plus は 52.5 ドルであり，差額は 32.5 ドルとなっている。2つ目はメモリーである NAND Flash + DRAM では Galaxy S6 Edge は 52.50 ドルで，iPhone 6Plus は 15.0 ドルであり，37.5 ドルの差額が生じている。3つ目のカメラ・モジュールでは Galaxy S6 Edge が 23.5 ドルで，iPhone 6Plus は 12.50 ドルであり，その差額は 11 ドルとなっている。アップルの部品コストが三星電子よりも高い部品は，無線では 33 ドルで，三星電子は 12.5 ドルとなっている。ユーザーインターフェースはアップルが 22.0 ドルで，三星電子は 14.75 ドルとなっている[12]。

この3つの部品で2社の違いは，ディスプレーでは，三星電子は最先端の Quad AMOLED を搭載しており，アップルは従来の LCD（液晶）を採用している。メモリーの NAND Flash + DRAM では三星電子は集積度の高い 64GB を搭載し，アップルはその4分の1の 16GB を搭載している。ここで注目すべき点はアップルと異なって三星電子が半導体メモリーの高い製造能力を十分に発揮していることである。カメラ・モジュールでは，三星電子が 16MP（megapixel＝100万画素数）を搭載しているのに対してアップルはその2分の1の 8MP を搭載している。

このように部品コストの差が生じているのは，それぞれの部品において三星電子が高集積，高品質の部品を搭載しているからである。このことは三星電子が部品の品質面での競争優位を獲得していることを意味している。

2. アップルの部品調達の方法

アップルが部品調達で基本的に行ったことは，新製品において，できるだけ多くの業界標準部品を使用したことである。サプライヤーとの関係においては，主要なサプライヤーの数の削減を図った。また，複数のサプライヤーが部品在庫を物流サービスベンダーが運営する共通倉庫に持つ取り決め（Supplier hubs と呼ぶ）の運用を拡大して，部品の効率化を図ったのである[13]。アップルの部品調達の方法には，次のような特質が見られる。

第1は，アップルの部品企業への厳しいコスト監査である。「アップルは iPhone の筺体やボリュームボタンといった，部品の1つにまで詳細に購買責任者を設けている。成果がでなければ1年足らずで解雇されることもあって，

アップルの購買担当者は必至でコスト削減を迫ってくる」[14]。また，この価格交渉がさらに厳しくなっているという。価格交渉はジョブズ時代には四半期に1回程度であったのに対し，ティム・クックに交代してからは毎月行われるようになった取引先企業もある。さらに，正確な原価計算という根拠をもとに，アップルの購買担当者の圧力を前に，部品の取引先企業はアップルの言い値に従わざるを得ないのであった。

　第2は，アップルの部品企業への厳しい納期管理である。アップルと取引するには専用の「数百万円以上の特別なシステムを導入しなくてはならない」と，部品企業の担当者が明かしたこともある。このシステムにより，リアルタイムで各工場の生産工程，部品の出荷や到着がアップルとの共有が可能となっている。アップルはこのシステムを利用して，1カ月から2カ月先の生産予定を1日単位で立てるよう要求してくる。そして，そのシステムを使って毎日，進捗状況を確認してくる。アップルは自社の状況だけでなく，サプライチェーンの上流も下流も完全に状況を把握しているので，原価だけでなく，生産工程まで完全に掌握されているのである[15]。そのため，日本の部品企業はアップルの納期に対する徹底さを思い知らされることになる。このように，アップルの部品企業にとって納期は必ず厳守すべきことなのである。

　第3は，アップルは部品企業に設備投資を行なっている点である。アップルが部品企業に対する投資資金を負担する方法を構築した。ひとつは，投資された金額を自社のバランスシートに計上する方法であり，もうひとつは，アップルが部品メーカーに前払金として，投資資金を充てる方法である。前者の事例としては，2012年にシャープが1000億円を投じ，亀山第1工場にスマートフォン用の中小型の液晶パネルの生産ラインを新設する際に，「アップルが投資額の多くを実質的に負担し，生産されたパネルの大半を引き取る」という方法をとったのである。後者の例としては，2009年に韓国のLGディスプレーの液晶パネルと東芝のNANDフラッシュメモリーに対して，長期供給契約の一環としてそれぞれ5億ドルの前払金を支払ったことである[16]。実際，シャープの亀山の液晶パネル工場にアップルは300億円程度の設備を買い取るという意向を示し，専用のiPhone用の中小パネルを生産している[17]。

　このように，アップルは前払金を投資した部品企業から核心部品を大量に調

達することが可能になり，その結果，部品価格を引き下げ，部品の必要量を安定的に確保しているのである。

第4節　モバイル産業における部品開発

1. 韓国モバイル企業の部品開発

　まず，部品開発として三星電子は2000年代半ば以降，「ワンチップ化」を推進したことである。「ワンチップ化」とは，メイン基板を1枚の基板に収めることで，サブ基板を省いて基板を小型化することである。モバイル製造において，軽薄短小や安価な製品作りを実現したことである。それは海外進出の加速化をもたらした設計能力の高さによるものである。

　三星電子は，これまでの半導体のメモリー部門，システムLSI部門の製造能力を活かしながら，チップセットのサイズの縮小，スマートフォン対応のアプリケーション・プロセッサの低電力化，高速CPUのワンチップ化などハードウェア技術を推し進めている。その中でも，2008年頃から核心部品であるアプリケーション・プロセッサの開発に尽力した。こうしたことは携帯端末製造の競争力の源泉になっている。

　部品開発におけるワンチップ化のメリットは，①開発期間の短縮・生産費用を削減（ベースバンドチップとRF受信部をワンチップ化すれば，チップの購買費用を30％削減）できることである。②ワンチップ化は主要演算，グラフィック処理，電力管理などを統合するSoC（System on Chip）によって部品点数を削減させ，チップサイズをスリム化し，携帯端末の軽薄短小が可能となる。その反面，ワンチップ化のデメリットもある。携帯端末製造企業にとっては，携帯端末を設計し，多様なチップと部品における組立機能と性能を調整する役割が少なくなり，その結果，製品差別化が難しくなるというデメリットもあるということである。

　三星電子の部品開発における大きな変化は，これまで系列部品企業である三星電機が国内の有力部品企業と共同開発を行ったことである。これまでカメラモジュールは自社内の系列である三星電機1社で供給していたが，今日では韓

国の有力部品企業との開発プロジェクトを組んで推進している。国内部品企業である Partron, Cammsys, パワーロジックと三星電機が共同開発を行い, 2013 年の 13000 画素のカメラモジュールの生産に備えて拍車をかけている[18]。ここから, 三星電子が自社内の系列企業を軸に, より高品質の部品開発にも注力し, 早期開発, 早期生産, 適期出荷に結びつけたことが読み取れる。

つぎに, スマートフォンの核心部品の1つであるアプリケーション・プロセッサ (＝AP) の開発に尽力したことである。アプリケーション・プロセッサとは, スマートフォンやタブレット PC などモバイル機器の頭脳の役割を果たすシステム半導体である。AP はモバイル機器の OS とアプリケーションを駆動し, システム装置を統制する核心チップであり, 機器の差別化や高性能・低電力化に貢献できる核心部品である。

三星電子の AP の開発プロセスをみると, ① Intrinsity 社の技術協力により, ARM 社の Cortex-A8 を搭載した Humming Bird プロセッサを開発し, 自社のスマートフォンギャラクシー S に搭載 (2009 年)[19], ② Exynos4 クアッド技術 (2011 年), ③「Exynos 5 Octa」のプロセッサの開発 (2012 年)[20] である。この「Exynos 5 Octa」のプロセッサの開発は高速 CPU と低電力 CPU コア群を同一チップに集積し, ARM 社のコア設計技術である「big LITTLE」技術を業界に先がけて採用し, スマートフォンに投入したのである。ARM 社の「big LITTLE」はチップ技術の低電力設計技術をワンチップで実現したものであり, これを他社に先駆けて三星電子が開発したことは注目すべき点である。2013 年基準で世界の AP の市場シェアはクアルコムが32%, 三星電子が 27% を占め, 2社が世界市場の半分以上を占めている。これは三星電子が確実にアプリケーション・プロセッサでの世界的な競争力を持つことになり, アップルをはじめ他の携帯端末企業に AP を供給することになったのである。このアプリケーション・プロセッサ開発は, 三星電子の半導体事業部での微細化やチップサイズ縮小, ワンチップ化に大きく貢献していることを実は意味しているのである。

三星電子は携帯端末のモデルと各国の市場において, 自社だけの AP ではなく, クアルコムの AP も使用できるようにした。2013 年ギャラクシー S4 の出荷時に国別出荷モデルによって, 三星電子の Exynos AP とクアルコムの

「Snapdragon」APの2つの中から，1つを選択できるようにし，戦略によって細分化されている移動通信事業社の多様なニーズにも十分に対応している[21]。こうした三星電子のグローバルなカスタマイズ能力は，他の端末製造企業が模倣できないような競争力になっている。

さらに，携帯端末製造企業が中小部品企業との間で行った賜給制度である。賜給制度とは，主要部品の原材料を携帯端末製造企業が直接購買し，中小部品企業に供給することである。また，賜給制度は，汎用部品を生産する中小部品企業と核心の部品を生産する大企業が共生するために行っている制度である。主に，三星電子，LG電子，ペンタックが着手し，部品企業が願う場合，2次，3次企業の海外同伴進出を支援している。三星電子の場合，部品企業との共同研究開発に成功した場合，2次，3次協力企業を1次協力企業に昇進させる機会も設け，1次，2次協力企業との間に同一条件の決済も可能にしている[22]。賜給制度を導入することによって，第1に原材料価格の変動によるリスクが軽減された。第2に部品の原材料にかかる資金や金融費用を三星電子が負担し，部品企業の資金状況が改善できるようになったことである。

その例として，三星電子の亀尾支援センターの場合，輸出用端末機の開発中小企業に多様なテスト環境を提供するため，亀尾の「モバイル融合技術センター」と共同で中継機を構築している。また，LG電子の場合も，「MC研究所」で海外通信事業者と同一の設備で構築した通信網GSM端末機を，輸出する中小企業にフィールドテスト網を支援している[23]。

最後に，賜給制度と類似した共同開発制度として「クレパス」というプログラムがある。「クレパス（CrePas：Creative Partnership）」とは，部品の購買条件付きの新技術共同開発制度で，開発課題に中小部品企業を参加させ，部品の共同開発を通じて優れた技術の商業化を図ることである。このクレパスは，開発ノウハウを伝授するシステムである。三星電子の系列である三星モバイルディスプレイは中小部品企業との間にクレパスを設けた。こうした携帯端末製造企業と中小部品企業との間の支援体制は2010年8月から本格化し，このプログラムの100の課題の内，11の課題が選定され，支援された[24]。このように韓国の携帯端末製造企業は中小の部品企業との間に協力体制を構築し，部品開発能力を確実に高めているのである。

おわりに

　本章の課題は，世界スマートフォン市場における2強体制を構築してきた三星電子とアップルに焦点をあて，それぞれの部品の調達戦略の特質と相違を明らかにすることである。そこから次のことが明らかになった。
　まず，韓国の携帯端末製造企業は次のような調達戦略をとった。部品調達ルートは，①自社企業（三星電子とLG電子）と系列企業からの調達，②国内の中小部品企業，③海外部品企業からの調達の3ルートである。
　韓国の携帯端末製造企業の調達戦略は次のような特質がある。第1は，スマートフォンの出荷以降，携帯端末製造企業は垂直系列を通じた部品の内製化比重の高さである。三星電子はアプリケーション・プロセッサ，メモリー，ディスプレー，カメラ・モジュールなどを中心に部品の内製化率が高い点である。部品の内製化率の高さは，三星電子は20年以上培ってきた半導体技術力を土台にして携帯端末の部品の開発力を高めていることが可能であったことである。LG電子においても，長年電子部門の液晶パネルの製造能力を保有しているからである。この高い内製化により，韓国の携帯端末製造企業は製造におけるリードタイムを飛躍的に短縮し，部品のコスト削減による競争優位を獲得している。また，主要部品である演算部門のDRAM，ディスプレー，カメラなどの国産化率が65%から78%を占め，携帯端末の部品の製造能力を支えている点である。
　第2は，国内携帯端末企業の海外生産に伴い，部品企業との随伴進出や現地の部品企業との間で部品供給体制を構築している点である。また，韓国の携帯端末製造は随伴企業と中国や台湾の現地部品企業との間で部品のモジュール化を促進している点である。この部品のモジュール化によって，部品点数の削減が可能となり，部品コスト削減を図っているのである。
　第3には，部品調達の一環としての部品開発が行われている点である。三星電子はアプリケーション・プロセッサの開発により，低電力設計技術をワンチップ化で実現し，より高性能のスマートフォンの生産に結び付けた。また携

帯端末製造企業が中小企業との間で部品開発として行った賜給制度の採用，クレパスの共同開発である。これはより一層中小部品企業との支援体制を強化したことである。以上の調達戦略を通じて，三星電子やLG電子は部品のコスト削減を図り，部品の品質面における競争優位を獲得しているのである。

これに対して，アップルの部品の調達戦略は，次の3つにまとめられる。第1は，アメリカをはじめ，日本，韓国，台湾，中国などのアジア諸国の部品企業から調達を行っている点である。特に，日本企業からの部品調達率は約40％から約50％という高い比重を占めている点にある。

第2には，部品企業に対する徹底した管理体制を構築した点である。アップルは部品企業への厳しいコスト監査や納期管理に徹している。部品の種類ごとに購買責任者を配置し，リアルタイムでの部品の出荷，到着を把握し，サプライチェーンの上流から下流までを掌握している。

第3は，部品企業に対する設備投資のための莫大な資金・前払金の提供である。その見返りとしてアップルは部品企業との長期契約を交わし，アップルへの確実な部品供給を取り付けている。その結果，アップルは部品企業から核心部品を大量に調達することによる規模の経済性で，調達コストを削減し，必要な部品を安定的に確保している点である。こうした部品調達体制によって三星電子やLG電子とは違った調達戦略を構築したことが競争優位の源泉になっているのである。

（宋　娘沃）

注
1 『日本経済新聞』2016年5月10日。
2 「後発スマートフォン業界の浮上と示唆点」『週刊技術動向』情報通信産業振興院，2015年2月4日，37頁。
3 「自国から海外に歩幅広げる中国スマートフォン業界」『週刊技術動向』情報通信産業振興院，2014年7月8日，44頁。
4 「後発スマートフォン業界の浮上と示唆点」『週刊技術動向』情報通信産業振興院，2015年2月4日，34頁。
5 小田部正明/K・ヘルセン著，栗木契監訳『国際マーケティング』中央経済社，2010年，343頁。
6 『2011年スマートフォン部品・構成材料の市場』シーエムシー出版，2011年，23頁。
7 コンエラ「国内携帯電話部品産業環境悪化可能性と対応方案」『産銀調査月報』産業銀行経済研究所，2013年1月，35頁。
8 金ギジョン「携帯電話重要鈍化と部品業界の今後の展望」『産銀調査月報』産業銀行経済研究

所，2009年1月，12頁。
9 　金ギジョン，同上。
10 　チョウユンジョン「最近IT産業の海外生産拡大が国内部品業界に及ぼす影響と示唆点」産業銀行経済研究所，2014年，37頁。
11 　大矢博之・小島健志・後藤直義・鈴木崇久・深澤献「日本を呑み込むAppleの正体」『週刊ダイヤモンド』2012年10月6日，45頁。
12 　http://technology.ihs.com/528618。2016年9月25日閲覧。
13 　百嶋徹「アップルのものづくり経営に学ぶ」『基礎研レポート』ニッセイ基礎研究所，2013年3月，6頁。
14 　大矢博之・小島健志・後藤直義・鈴木崇久・深澤献「日本を呑み込むAppleの正体」『週刊ダイヤモンド』2012年10月6日，37頁。
15 　同上，37頁。
16 　白嶋徹，前掲書，15頁。
17 　『日本経済新聞』2014年7月12日。
18 　新成長動力産業情報技術研究会編『国内外スマートフォン産業現況とビジネス戦略』2013年，88-89頁。
19 　コンヨンス他編「モバイルプロセッサ産業動向」『電子通信動向分析』第25巻第5号，電子通信研究院，2010年10月，94頁。
20 　「スマホの未来を占う集積回路技術に湧く」『日経エレクトロニクス』日経BP社，2013年3月18日，52頁。ARM社のチップ技術の低電力設計技術「big LITTLE」の強みは，低電力用のCPUコア（Cortex-7）と高速用のCPUコア（Cortex-15）をワンチップで実現したものである。
21 　「ベールぬがれた'ギャラクシー4'，グーグルの影離れた'超スマートフォン'追求―意味と展望―」『ATLAS Review』2013年4月，59頁。
22 　『アジア経済』2012年12月22日。
23 　「携帯電話産業の同伴成長」『電子振興』2011年1月，22頁。
24 　『ディリアン』2011年3月11日。

参考文献
［韓国語］
金ジョンギ（2009）「最近世界携帯電話市場の環境変化と示唆点」『KIET産業経済』産業研究院，4月。
コンヨンス他編（2010）「モバイルプロセッサ産業動向」『電子通信動向分析』第25巻第5号，電子通信研究院，10月。
金トヒョン他編（2010）「スマートフォン用モバイルソフトウェアプラットフォーム動向」『電子通信動向分析』第25巻第3号，電子通信研究院，6月。
パクナンギュ・チェユンヒ編（2010）「三星電子モバイル事業部の成長推進力とグローバルプレヤー戦略」『国際経営リビュー』第14巻第4号，10月。
朴サンウック他編著（2011）「スマートフォンモバイル市場での三星とアップルの多面的競争戦略分析」『経営情報論叢』第21巻第2号，12月。
『電子振興』（2011）11月，22頁。
ナスンヒョン・ビョンチョンウック（2012）「通信市場の環境変化と政策イッシュー」『KISDI Premium Report』情報通信政策研究院，8月。
ワイズインフォ（2012）『スマートフォン産業白書1』。
コンエラ（2013）「国内携帯電話部品産業環境悪化可能性と対応方案」『産銀調査月報』産業銀行経済

研究所，1月。
新成長動力産業情報技術研究会編（2013）『国内外スマートフォン産業現況とビジネス戦略』。
「ベールぬがれた'ギャラクシー4'，グーグル影離れた'超スマートフォン'追求—意味と展望—」『ATLAS Review』（2013）4月。
リジェホ（2014）「韓国スマートフォン関連企業が勝者に残るための条件」『戦略経営研究』第17巻第1号，4月。
情報通信技術振興センター（2014）『MOBILE TREND Magazine』Vol.13 OCTOBER。
チョウユンジョン（2014）「最近IT産業の海外生産拡大が国内部品業界に及ぼす影響と示唆点」『産銀調査月報』産業銀行経済研究所。
クリーンナイン（2015）『スマート革命産業分析と展望』。

[日本語]
山近隆「グローバルSCMとグローバル調達戦略」山下洋史・諸上茂登・村田潔編著（2003）『グローバルSCM—サプライチェーン・マネジメントの新しい潮流』有斐閣。
小田部正明/K・ヘルセン著，栗木契監訳（2010）『国際マーケティング』碩学舎発行，中央経済社。
丸川知雄・安本雅典編（2010）『携帯電話産業の進化プロセス—日本はなぜ孤立したのか—』有斐閣。
ツーエム出版（2011）『2011年スマートフォン部品・構成材料の市場』シーエムシー出版。
チャールズ・アーサー著，林れい訳（2012）『アップル，グーグル，マイクロソフト—仁義なきIT興亡史』成甲書房。
大矢博之・小島健志・後藤直義・鈴木崇久・深澤献（2012）「日本を呑み込むAppleの正体」『週刊ダイヤモンド』10月6日。
日経BP社（2012）「進むスマホのコモディティー化半導体メーカーが後押し」『日経エレクトロニクス』4月2日。
日経BP社（2013）「スマホの未来を占う集積回路技術に湧く」『日経エレクトロニクス』3月18日。
『日経ビジネス』（2013）「スマホ第二幕 誰が拓く「iPhone」後の世界」11月18日。
雨宮寛二（2012）『アップル，アマゾン，グーグルの競争戦略』NTT出版。
総務省編（2013）『平成25年版 情報通信白書』。
総務省編（2014）『平成26年版 情報通信白書』。
総務省編（2015）『平成27年版 情報通信白書』。
百嶋徹（2013）「アップルのものづくり経営に学ぶ」『基礎研レポート』ニッセイ基礎研究所。
雨宮寛二（2013）『アップルの破壊的イノベーション』NTT出版。
総務省編（2015）『平成27年情報通信白書』。
A.T.カーニー監修，野田武編著（2014）『最強の調達戦略』東洋経済新報社。
モバイル・コンテンツフォーラム編（2015）『スマホ白書2015』。
吉原英樹（2015）『国際経営』第4版，有斐閣。
『日本経済新聞』2012年11月19日，11月22日，2013年12月6日，2014年7月12日。

第 9 章

ICT時代における
サムスン電子のスマートフォン戦略

はじめに

　サムスン電子（以下，サムスンと略す）は，今や世界No.1のエレクトロニクスメーカーへと成長した。とりわけ，同社は情報通信技術（Information and Communication Technology：ICT）時代の主力製品であるスマートフォン（以下，スマホと略す）市場においてアップルと世界2強となり，世界シェア1位を占めている。その躍進の要因は，まず，キャッチアップ型ものづくりのプロセスで培われたエレクトロニクス製品の基幹部品である半導体と液晶の技術力にある。言い換えれば，半導体と液晶はスマホの基幹部品であり，良質なスマホを市場に送り出すためには，部品を生産する技術力と市場のニーズに合致した製品を生産する生産力が必要なのである。次に，携帯電話端末（フィーチャーフォン）における高いブランド力とマーケティング力である。さらに，グローバルな経営体制とそこで活躍するグローバル人材などの内部経営資源の有効活用と組織能力にある。しかしながら，ここ最近，急速に成長を遂げる中国企業の激しい追い上げによって，サムスンのポジションも揺らぎ始めている。ここでは，サムスンの携帯電話端末事業における成長戦略を概観し，激化するグローバルICT市場におけるサムスンの課題について考えてみる。

第1節　サムスンの発展[1]

1. サムスンの現況

　サムスンはサムスン・グループ[2]の中核企業である。1969年に設立されたサムスンは，韓国のみならず，世界的な最大手総合家電・電子部品・電子製品メーカーである。同社の2015年度の売上高は，200兆3400億ウォン（約20兆億円），営業利益は26兆3700億ウォン（約2兆6000億円）であった。サムスンは，アメリカ経済誌フォーチュンから毎年発表される「Global500（世界企業500社）2016」で，13位にランクインしており，IT関連企業ではアップルに続き2位となっている。さらに，インターブランド（Interbrand）社の「Best Global Brands」によると2016年サムスンのブランド価値は7位となっており，エレクトロニクス業界のトップリーダーとしてのポジションを確固たるものとしている。

　現在のサムスンの成長と収益のもとになる3つの中核事業は，半導体[3]，液晶，携帯電話端末分野である。まず，半導体の世界シェアは2016年現在インテルに続き，世界2位である（図表9-1参照）が，半導体メモリーではDRAMおよびNAND型フラッシュメモリで世界1位となっている。また，同社は液晶事業においても，2000年代前半まで圧倒的に優位に立っていた日本企業に代わって，現在世界シェア1位（出荷台数ベース）となっている（図表9-2参照）。さらに，携帯電話端末事業においても，2008年アップルのiPhone発売後，2010年に「GALAXY S（グーグルのOSであるAndroid搭載）」を販売し，2011年にアップルを抜き，その後2015年現在まで，携帯電話端末（フィーチャーフォンとスマホ）の世界シェアでトップになっている。この3つの事業部門が，サムスンのコア事業であり収益の柱となっているが，特にスマホ事業の営業利益は，2012年から一気に増加し，2013年度は営業利益の7割近くを占め，2015年現在でも5割を占めている（図表9-3参照）。

186　第 3 部　新興国と先進国とのグローバル企業間競争

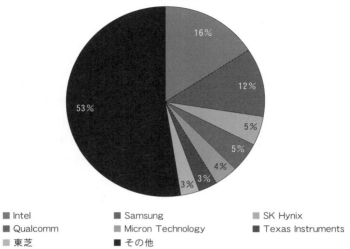

図表 9-1　半導体の世界シェア 2015

■ Intel　　■ Samsung　　■ SK Hynix
■ Qualcomm　　■ Micron Technology　　■ Texas Instruments
■ 東芝　　■ その他

（出所）　カートナー（2016 年 1 月）発表資料より著者作成。

図表 9-2　液晶テレビの世界シェア 2015

	1 位	2 位	3 位	4 位	5 位
2005 年	松下電器	フィリップス	シャープ	サムスン（韓）	ソニー
2014 年	サムスン（韓）	LG（韓）	ソニー	ハイセンス（中）	TCL（中）
2015 年	サムスン（韓）	LG（韓）	TCL（中）	ハイセンス（中）	ソニー

（出所）　ディスプレイリサーチ資料より著者作成。

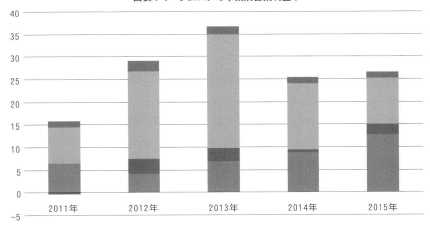

図表 9-3　サムスンの事業別営業利益率

(注)　DP：Display Panel（液晶），IM：IT & Mobile（スマホ），CE：Consumer Electronics Communications．
(出所)　サムスン HP「財務情報」より作成。

2．サムスンのグローバル戦略

　サムスンが半導体や液晶で日本企業をキャッチアップし，携帯電話端末（フィーチャーフォンとスマホ）で，ノキアやアップルさえも抜き去り，世界の覇者になった成功要因は，20世紀末から21世紀にかけてのエレクトロニクス産業を取り巻く技術（アナログ技術からデジタル技術へ），市場（先進国市場から新興国市場へ），供給側（先進国企業から新興国企業へ）の変化にある。すなわち，後発企業であったサムスンの急成長の要因は，上記の技術，市場，供給側の変化といった外部環境（マクロ環境，ミクロ環境）の変化にうまく適合したことにある。さらに，サムスンの成功要因には，外部環境の変化にうまく適合したことに加え，内部環境（経営資源および組織能力）の強化・活用にある。同社は，先進国をターゲットに輸出および現地生産を展開しさらに，新興国市場にも拡大し，内部資源を活かして技術力とマーケティング力による現地化戦略を経て，世界 NO.1 にまで成長を成し遂げることができたと捉えられる。

サムスンはグローバル市場の競争で、半導体や液晶においては日本企業を、フィーチャーフォンにおいては、ノキアやモトローラを、スマホにおいてはアップルを目標にして成長した。同社は、「リバースエンジニアリング」、つまり、ターゲットを決めたら徹底的にその製品を分析し、市場シェア、売上、利益、投資効果から生産効率、技術生産性、リスクにいたるまで、あらゆる項目を数値化し、着実にターゲットとのギャップを埋めるキャッチアップ型で成長した。しかし、サムスンのキャッチアップ戦略の成功には、エレクトロニクス産業を取り巻く経営の外部環境（外的要因）への適合だけでなく、果敢な投資、技術の導入・蓄積の内的要因と技術や知識を活用する仕組みの確立、人的資源や革新的組織管理といった企業内部の成長プロセスから展開されたのである（川上 2012）。

図表 9-4　3C の視点からみたサムスンのグローバル展開

■第1ステージ：国際化の開始 (1980年代後半〜 1997年のアジア通貨危機以前)	●自社：①1993年「新経営」による質経営と国際化戦略への転換 　　　　②日・米先発企業からの技術導入によるコア事業の構築 　　　　　（半導体に特化） ▶競合他社：日本企業（半導体事業、家電事業） ▶顧客：先進国市場をターゲットに輸出戦略を展開
■第2ステージ：本格的なグローバル化 (1997年アジア通貨危機後〜 2008年リーマンショック以前)	●自社：①1997年アジア通貨危機による「選択と集中」戦略 　　　　②日・米先発企業から導入した基礎技術をもとに自社の量産技術を強化（セット製品事業に特化） 　　　　③マーケット・インを駆使したマーケティング戦略によるブランドの確立 　　　　④グローバル人材の育成・確保 ▶競合他社：日本企業（液晶テレビ事業）、ノキアやモトローラ（携帯端末事業） ▶顧客：新興国（中国やインドなど）市場をターゲットに現地化戦略を展開
■第3ステージ：グローバル競争戦略 (2008年リーマンショック後〜現在)	●自社：①2010年「危機経営」による組織改革とグローバル競争戦略の強化 　　　　②モバイル用の半導体、液晶技術の開発による高品質スマホの製造 　　　　③グローバル最適生産体制の構築 ▶競合他社：アップル、新興国市場では中国企業 ▶顧客：グローバル市場をターゲットにグローバル戦略＋ローカル戦略を展開

（注）　3C とは「顧客（customer）」、「競合他社（competitor）」、「自社（company）」を指す。
（出所）　井上（2012）, 26-72 頁より著者作成。

サムスンは「ファーストフォロワー（Fast follower＝迅速な追随者）」のポジションから，図表9-4のような3つのステージを経てグローバルエレクトロニクス市場で競争優位のポジションを獲得することができたのである。以下，サムスンのグローバル戦略について簡単に概観しておこう。

(1) サムスンの国際化戦略

サムスンは1969年に日本の三洋電機との合弁会社を設立して電子産業へ進出し，先進国市場をターゲットにした輸出中心の国際化戦略を展開した。1972年米国現地法人設立，1982年欧州地域に進出，同年ポルトガルにて初の現地生産法人を設立し，海外展開をスタートさせた。同社は，1990年前半まで日本企業との技術提携により，日本企業の模倣品を韓国内で生産し，海外市場でOEM方式によって販売をすることに止まっていた。しかし，1993年サムスン財閥のオーナー経営者である李健熙（イ ゴンヒ）会長（以下，李会長と略す）により打ち出された「新経営」宣言以降，1994年に日本サムスンの設立およびアメリカデザイン研究所を設立し，国際化戦略を本格化させた（サムスン電子1999）。「新経営」とは，1993年6月7日，李会長がフランクフルトで全役員を集めた会議中に行った宣言で，新たな経営指針を発表し，「質重視」の経営が打ち出され，「量」から「質」への大規模な経営転換を試みた組織改革と捉えられる。

しかし，サムスンが「新経営」で実施したグローバル化への組織改革は，1997年のアジア通貨危機を契機に本格的に実施することとなる。サムスン・グループは，経営構造の再編成となる「リストラクチャリング」を行い，低収益，非コア事業の整理・売却，すなわち，「選択と集中」を進め，サムスンがグループの中核企業としての地位を強化することに繋がった。中核企業となったサムスンは，「新経営」に続く変革として，「3Pイノベーション（プロダクト，プロセス，パーソナル）」[4]を徹底し，プロダクトイノベーションとして，質の改善とプロセスイノベーションとして，コストとスピードの同時追求，パーソナルイノベーションとして，コア・コンピタンスの確保を加速化した。同社は，「選択と集中」戦略により，成長が見込める将来性の高い事業である半導体，液晶，携帯電話端末へとシフトし，人材面では年俸制を導入するなど大きく人事管理制度を変え，徹底した成果主義へと転換を進め，コア人材の確

保と育成に力を入れた（畑村・吉川 2009；張 2015）。

(2) サムスンのグローバル経営戦略

サムスンはオーナー経営者の強いリーダーシップのもとで，「新経営」と「アジア通貨危機」を契機に，半導体，液晶，携帯電話端末事業へ積極的に投資し，事業構造の質的転換を図る「選択と集中」戦略を展開した。同社は，1) サムスンのグローバル経営体制と現地生産，2) マーケット・インを駆使した地域戦略と研究・デザインセンターの構築，3) グローバル経営体制を支えるグローバル人材のシステマティックな育成・確保により，世界シェア1位となる半導体，液晶，携帯電話端末分野での成長に繋げたのである。

1) サムスンのグローバル経営体制と現地生産

サムスンは現在，海外生産拠点が38カ所，海外販売拠点が53カ所となっている。同社は北中南米地域に5拠点，中東欧地域に4拠点，アフリカに1拠点，中国には最も多く14拠点を構えており，ASEAN地域にはタイ，インドネシア，フィリピン，マレーシアとベトナムに各2拠点，その他，インドにも1拠点を構えるなど，同社製品の80％が海外で生産されている（サムスン電子グループの実態 2014）。

サムスンの2015年地域別売上高をみると，韓国10％，米国34％，欧州19％，アジアおよびアフリカ22％，中国15％となっており，海外売上高は90％に達する。特に，米国・欧州で53％と売上高全体の半分以上を占める他に中国を含む新興国市場の売上高は37％と高い割合を占めている（Samsung Sustainability Report 2015）。

サムスンの海外生産体制をみると，主力の半導体は韓国国内をはじめ，多くの需要が見込める中国やアップルなどへの供給を睨み，アメリカに生産拠点や研究開発体制を構築する一方，スマホや家電製品などはコスト競争力を強化するため，人件費の安いベトナムなどのASEAN地域および中国で集中生産している。

① 欧米の先進国への進出

サムスンは欧米先進国のダンピング提訴や貿易摩擦によって課せられた貿易規制から逃れるために，1983年に米国でカラーテレビ工場を設立したことが米国進出の始まりである。その後，2000年代前半から北米市場をターゲット

に本格的進出すると同時に北米での流通販売網の整備を進めた。2003年北米電子製品の専門流通企業であるベスト・バイへの進出をはじめ，2007年には大型デパートSearsの販売網を確保して米国市場の攻略を加速化した。現在，サムスンの北米総括は，生産拠点2カ所，販売拠点3カ所，研究所3カ所，その他2カ所となっている（石田 2013; サムスン電子グループの実態 2014）。

サムスンの欧州進出は，1972年に始まり，現在40年以上となっている。1989年にスペイン工場の生産開始より本格化し，2008年にはロシアでテレビ量産工場を竣工したことで，東欧市場の開拓にも本腰を入れ始めた。欧州市場は家電販売の位置づけが大きく，サムスンは地域総括を欧州のイギリス（生産拠点3カ所，販売拠点16カ所，研究所5カ所，その他12カ所）とCIS総括をロシア（生産拠点1カ所，販売拠点，3カ所，研究所3カ所，その他6カ所）に置いた経営体制となっている（石田 2013）。

② アジア新興国への進出

アジア通貨危機以前のサムスンは，先発企業である日本企業をベンチマークして追い越すことを目標にしてきた。しかし，同社は，1990年代における日本企業の長引く不況の隙間を狙い，東南アジア，中国，インドなどの新興国をターゲットに積極的に海外展開を図った。

東南アジアにおいては，1987年にタイ，1990年にインドネシアに生産拠点を設けたことを皮切りに進出が始まり，低価格を武器とする中国企業に対抗するため，電子レンジの生産を光州工場からマレーシア拠点に全面移管した（サムスン電子グループの実態 2014）。

中国には，1992年広東省に恵州サムスン電子有限公司設立と同時期に，天津に生産工場を設立し，現地生産へと踏み切ったが，中国における一貫経営体制という全体像の輪郭が見え始めたのは，第三世代携帯電話の通信方式（Wideband Code Division Multiple Access：WCDMA）合弁会社，南京の中国半導体研究開発センター，上海・北京・広州販売支社，上海にグローバルデザイン研究所などを設立した2004年以降である。さらに，2005年には「サムスン中国」という社名から「中国サムスン」という中国への現地化を強くアピールした社名に変更し，この時を境に中国を生産拠点，販売市場として活用するだけでなく，中国で生産，販売から研究開発，デザインまで一貫した現地

完結型の経営体制を整えたのである（石田 2013）。

インドには，1995年に進出するが，サムスンが本格的にインドの家電市場に参入したのは2000年代に入ってからである。現在は，西南アジア地域総括として，2カ所の生産拠点，1カ所の販売拠点，5カ所のR&Dセンターを設置し，冷蔵庫，洗濯機，電子レンジ，エアコン，テレビ，携帯電話端末など主要電子製品で各々30％内外の高いシェアを維持している（石田 2013）。

1990年代にベトナムに進出したサムスンは，カラーテレビ，VCR，オーディオなどを生産し，ベトナム国内市場とともに中東やアフリカなどへの輸出拠点として位置づけられていた。しかし，2009年から同社は，低価格携帯電話端末の価格競争力の向上と生産効率性の確保のために，ベトナム工場を稼動させた。このベトナム工場の稼動後，ベトナムが低価格の携帯電話端末の東南アジア市場の攻略拠点となっている。さらに，ベトナムは地理的な優位性があり，南西アジア，中東，アフリカ，欧州に至るまで輸出拠点として位置づけられている（石田 2013）。

サムスンの海外売上高は2003年以降，継続して80％を超えており，今や90％を超えている。同社は，海外売上高の割合が増えるにつれ，開発，生産，マーケティング，サービスの経営全般を現地化して現地完結型のグローバル経営体制を構築することとなった。

　2）　マーケット・インを駆使した地域戦略と研究・デザインセンターの構築

サムスンは先進国・新興国市場の各地域をターゲットとした地域戦略に基づき，徹底的に現地向きの製品開発やマーケティング戦略を特化することにより，地域密着型製品を市場に送り出した[5]。

　①　先進国市場でのプレミア戦略

サムスンの北米市場への本格的な進出は2000年代前半からで，2004年アテネオリンピックの際にスポーツマーケティングを積極的に展開することで知名度を上げ，同年，米国の女性ファッション雑誌のヴォーグと戦略的パートナーシップを提携し，ファッションモデルを通じてサムスンの携帯電話を発売した。この時から洗練されたデザインとプレミアムイメージを築いていた。同社の北米市場への攻略が成功を収めたきっかけは，2006年液晶テレビ「ボルドー」の販売からである。さらに，知名度と売り上げがかみ合ってきたのは，

2009 年の発光ダイオードテレビ，2010 年 3D テレビ投入を契機としている。この時を境に北米市場では，サムスンは高級製品であるというイメージが定着し，2015 年北米テレビ市場ではシェア 1 位となった。さらに，高級イメージを決定したのが，GALAXY S シリーズで，2010 年から 2015 年までシェアトップとなっている。同社の北米市場攻略戦略には，高機能・高付加価値のプレミアム製品の投入と同時に，現地化製品の投入がある。たとえば，2013 年 4 月から炭酸水自動製造冷蔵庫が北米市場で販売された。炭酸水を好む消費者が増えている点に着目した現地化製品である（石田 2013）。

こうしたアメリカでのマーケット戦略とともにシリコンバレーでの研究開発の再拠点化も進められている。サムスンは 1983 年米国のシリコンバレーに現地法人（SSIT）を設立してから 20 年あまり，シリコンバレーを再拠点化するために，2015 年シリコンバレー研究開発（R&D）センター新社屋を完成した。ここでは，全米に分散している半導体関連の研究者をシリコンバレーに集結させ，世界中のシステム半導体の技術確保に注力する。つまり，同社は，コア事業の半導体の生産技術，設計技術，ソフトウェア技術を確保し，世界最高の R&D 人材を集め，半導体事業はもちろん，モバイル半導体を要するスマホ事業においても世界トップを目指しているのである。米国では，2012 年から集中的に研究所を増やしており，現在サムスンリサーチアメリカ，サムスン戦略革新センター，オープンイノベーションセンターなど研究所とシンクタンクチームなど合わせて 17 カ所に達している[6]。

サムスンが欧州市場で，地位を確立したのは，2006 年に発売したワイングラスをシルエットにしたデザインを特徴とした液晶テレビ「Bordeaux（ボルドー）」である。同社は，欧州の主要都市の大型ショッピングモールや空港を販売と広報の情報発信基地として活用しながら，大型テレビのラインナップの充実，スマートテレビの機能拡充，革新的なデザイン製品の投入など，欧州市場のテレビ市場でもシェアトップを堅持している。さらに，携帯電話事業においても，同社は東欧でトップとなっている（石田 2013）。

② 新興国市場でのボリュームゾーン戦略

1990 年代後半，新興国の中間層（ボリュームゾーン）市場においては，日本企業がまだ進出しておらず，サムスンにとって新興国市場は日本企業と競合

しないことがメリットとなっていた。反面，当時の新興国市場は，まだ家電製品がそれほど普及していなかったため，大きなニーズがなく成功へのカギを握るのが低価格製品であった。そのため，サムスンは製品の機能や仕様を現地用に変更するとともに過剰な品質を削ること，すなわち，より優れた機能を付加するのではなく，機能を簡素化させ，低価格製品を提供することにより新興国市場で高いシェアを占めることが可能になったのである（畑村・吉川 2009）。

中国市場におけるサムスンの販促戦略は，先端製品と低価格製品に分けたツートラックマーケティングである。同社は，プレミアム戦略と中国の消費者ニーズを反映して新しい需要を創り出す現地オーダーメード戦略の2つを軸にしている。現地オーダーメード戦略の具体例としては，サムスンが2013年に発表した100ドル台のスマートフォン「ギャラクシーポケット」で，中国など新興国の市場を開拓するための低価格モデルである。中国では，マーケット戦略を展開するとともに，西安市に10ナノ級のNANDフラッシュの工場を建設し，本格的な生産に踏み切った。西安市は，グローバルIT企業の生産・研究拠点が集積しており，サムスンの顧客への迅速かつ効率的な対応を可能とし，ベトナムとともに中低級品，高級品のグローバル市場への輸出基地としての役割を果たしている（石田 2013）。

こうして，サムスンは世界各国の異なる文化や異なる人，異なった政治・経済の状況を認識し，それぞれの地域に合った製品開発をして，市場に送り出している。同社は，顧客のニーズに合わせた製品開発を進めるために，優秀なデザイナーを確保し，世界各国にデザインセンター（先進国：アメリカ，イギリス，日本，イタリア，新興国：中国，インド）をいち早く設置した。世界各国のデザインセンターでは，顧客のニーズをキャッチし商品コンセプトを決め，次に商品企画と開発を行う，つまり，ものづくりとデザイン開発が連携しているのである。

さらにサムスンは，新興国では，先進国と同じプレミアム製品の投入とともに，現地化した製品を研究開発するR&Dセンターおよびデザインセンターを設立し，韓国と直結したデザインネットワークを構築し，現地の市場特性に合う製品を展開している。スマホにおいては，世界各国のニーズに合わせて，膨大な価格帯やデザインを用意している。同社は低コストを維持するために部品

やデザインの効率化を徹底して，アップル（iPhone）のプレミアム機種1モデルに対し，新興国には廉価モデルを続々と投入している。

3）グローバル経営体制とグローバル人材の育成・確保

サムスンのグローバル戦略の展開を支え，競争力を高める担い手がグローバル人材である。ここでいうグローバル人材とは，世界各国・各地域間の異文化交流の輪を広げると同時に，さまざまな形で現地の人々との意見・情報・感情交換を積極的かつ主体的に行い人の心を動かすことで，それぞれの社会・市場の課題を解決できる人材を指す（徐・李 2015）。

サムスンはグローバル人材を ① 企業内での育成とともに ② 世界的な労働市場から外国人も含めた外部から獲得し，経営幹部であるグローバルコア人材へと養成する。同社の企業内での育成システムとしては，リーダーシップの発揮および戦略構想を担う「マネジメント人材」の育成と，戦略から導き出される課題に対して専門性を活かし解決を担う「専門人材」の育成がある。グローバルコア人材養成の中枢機関である「サムスン人力開発院」では，教育プログラム[7]（SVP，SLP，SGP）を実施し，グローバル市場で活躍できるグローバルコア人材の育成を行っている（李 2015）。

「マネジメント人材」の育成の代表的な制度が，1995年からスタートした「サムスンMBA」である。この制度は，グローバル経営のリーダー育成を目的に，ソシオMBAが戦略・経営支援部門のスタッフを，テクノMBAが製造部門の管理者養成を行っている（李 2015）。

「専門人材（マーケティング人材，デザイン人材，R&D人材）」の育成としては，まず，マーケティング人材の育成制度としてサムスンのユニークな制度として評価されるのが「地域専門家制度」[8]である。1990年から実施している同制度は，21世紀の国際的な感覚を持つグローバル・リーダーを養成するための制度で，国内人材を海外に派遣（1年〜2年間）して現地の産業，経済，環境，文化，制度等を習得させるサムスンのグローバル人材育成制度である。次に，デザイン人材の育成に関しては，海外から外国人教授を招きデザイン教育を施す「IDS（Innovative Design Lab of Samsung）」，現役の大学生を選抜してデザイン教育を施す「SDM（Samsung Design membership）」（20〜30倍の難関を突破した学生が参加），デザイナーが実務から離れデザインの最新

理論を学ぶ「DPP（Designer Power Program）」があり，現在サムスンのデザイナー数は，約 1921 人である。これらデザイナーは製品の企画段階から参加し，ロサンゼルス，ロンドン，ミラノ，上海など海外 6 カ所のデザインセンターと連携して，ネットワーク上でチームをつくり，時差を活用して 24 時間体制でデザインを練り上げ，各地域にあった製品を投入している。最後に，R&D 人材では，必要な機能や製品コンセプトを絞り込み，デザインを先行させた製品を実現するための研究開発を担う「サムスン電子工科大学：SSIT」があり，1989 年から現在まで約 7000 人を輩出した（李 2015）。

サムスンは内部でグローバル人材を育成すると同時に，世界的に優秀な人材を獲得することにも全力を注いでいる。同社は，世界一流人材を確保するためのスカウト専任チームである IRO（International Recruit Office）を設置し，世界各国の大学や研究所から人材獲得活動を常に行っている。先進国では応用分野などコア事業に必要な人材を，BRICs（Brazil, Russia, India and China）などの新興国ではその国の特性に適合した人材を採用している（李 2014）。

以上，サムスンはグローバル人材を内部育成だけでなく，外部から確保することで競争優位を獲得したと言えよう。すなわち，グローバル人材の育成・確保に組織的かつシステマティックに取り組んでいる。企業側の積極的なサポートと教育が優秀でアグレッシブな人材の育成につながり現地の販売ネットワークを開拓していく原動力となっているのである。

次に，サムスン躍進の原動力である携帯電話端末事業における成長戦略も概観しておこう。

第 2 節　サムスンの携帯電話端末事業の展開

1. 携帯電話端末事業の発展と成功

サムスンの情報通信分野は 1977 年政府主導の世界最初の CDMA 商用化プロゼックト開発に参加することから始まった。同社は，1984 年にコードレスフォン，1986 年にカーフォン，1988 年のソウルオリンピックの時に最初のアナログ式携帯電話端末を発売した（サムスン電子 1999）。しかし，同社は，

1990年代初期まで，アナログ方式で韓国の国内市場の70%を占有していたモトローラに製品，品質，性能，ブランド力の面で勝てなかった。そのモトローラを追い越すため，サムスンは徹底的に「ベンチマーキング」と「リバースエンジニアリング」を行った。同社は，製品の質向上や積極的なマーケティング活動を行い，1995年に国内市場においてモトローラを抑え，シェア1位へと君臨することになった。

　その後，サムスンの携帯電話端末事業は，1996年に米国クアルコム社から導入したCDMA方式のデジタル携帯電話端末（エニコル）が開発・発売され，本格化した。サムスンは，CDMA方式の成功により情報通信分野の主導権を握り始め，1997年には，ヨーロッパのGSM方式の端末もつくるようになり，2000年には世界で最初のCDMA20001Xシステムを商用化し，2002年にはCDMA20001XEV-DOも商用化した。つまり，同社は，グローバル市場で最も激しい競争を繰り広げた韓国の国内市場で培った競争力を背景に強力な中核分野を構築することとなった。同社は，1996年，世界で初めて商用化したCDMA方式をベースとして，2004年12月には，世界初のDMB (Digital Mobile Broadcast) フォン（日本のワンセグ同様，デジタルテレビ放送を受信できる携帯電話端末）を商用化した。2006年5月には，HSDPA (High-Speed Downlink Packet Access) フォンを世界で初めて実用化した。また，2008年には，世界初のHSUPA (High-Speed Uplink Packet Access) フォンを実用化し，着実に世界での存在感を高めたのである（サムスン電子 2010）。

　2001年以降の携帯電話端末市場の動向をみると，2000年まではノキア，モトローラ，エリクソンを中心とする競争構造であったが，2001年からは，サムスン，ジーメンスなどの2位グループの宣戦により，競争構造に変化が起きた。そして，2002年にサムスンは多様な機能を搭載した高級機種を迅速に投入し，販売量4.2千万台，世界シェア9.8%でついにノキア，モトローラに次いで，3位の座に上り詰めたのである（金 2007）。

　サムスンが比較的短期間で，携帯電話端末市場で成功を収めることになった要因は，① スピーディな製品開発力と市場投入力 ②「ファーストフォロワー」としての差別化戦略 ③ グローカル戦略[9]（グローバル戦略＋ローカル戦略）の3つに分けられる。

① スピーディな製品開発力と市場投入力

1993年以降，サムスンは新製品開発プロセスの見直しやサプライチェーン・マネジメント（Supply Chain Management：SCM）改革を通じて，開発スピードを大幅に短縮することで，短期間で高機能かつ多種多様なモデルをスピーディに開発し，市場に投入する能力を構築した。それを支えているのは，半導体，液晶など，総合電子メーカーとしての垂直統合を通じたシナジー効果である。同社の場合，携帯電話端末に必要な液晶デバイス，アプリケーション・プロセッサおよびフラッシュメモリを社内で開発・生産している。各要素技術をもった部門を社内・グループ内に有していることによって，緊密かつ強力な関係のもとで，迅速な製品開発が可能になっている。それに加え，これまでは新製品を開発する際に，商品企画，デザイン，設計，試作，生産準備，試量産を順次に行っていたが，1993年の「新経営」以降は，「3Pイノベーション」により，各段階を同時に進め，開発のリードタイムを大幅に短縮した。

また，サムスンが多種多様なモデルを市場にすばやく投入できたのは，プラットフォーム戦略にある。プラットフォーム戦略とは，プラットフォームとなる基本モデルを開発し，その後，外観，ソフトウェアなど一部分のみを変更し，派生モデルとして開発・販売することである。つまり，サムスンは製品開発方式の革新を通じて製品開発のスピードを大幅に短縮し，その結果，市場ニーズを競合他社より先取りし，しかも，コストダウンが容易な製造工程を実現するデザイン重視の製品開発を進め，新製品市場をリードすることが可能になった（安倍 2006）。

② 「ファーストフォロワー」としての差別化戦略

サムスンの製品戦略の特徴としては，「ワールド・ファスト，ワールド・ベスト」がある。これは，同社の差別化を促すための一環であり，世界にないものまたは世界一のものを創出する戦略である。例えば，第3世代のCDMA1X，1X DO移動端末機，欧州型のGPRSを世界で初めて投入した。激化するグローバル市場において，市場の先占を図りながら，高級仕様・高価製品分野でリーダーシップをさらに強化していくという戦略的意図がある。また，同社は，テレビフォン，カメラフォン，ウォッチフォンなど，消費者のニーズを反映して差別化した製品をノキアの低価格戦略に対抗し，他社よりも

早く供給した（金 2007）。

現在，サムスンが世界トップのシェアを誇る製品は，ライバルよりも先に先行投資を行い，コストおよび供給量でライバルを圧倒する戦略をとっている。このようにリスクを恐れない大胆な投資とスピーディな意思決定を通じてライバル企業を圧倒し，トップリーダーへ躍進したのである。

③　グローカル戦略（グローバル戦略＋ローカル戦略）

サムスンはグローバル戦略とローカル戦略を巧みに融合したいわゆるグローカル戦略を展開している。中南米，東ヨーロッパ，アジアなどの開発途上国の新興国市場では，新規サービス加入者の増加を着実にとらえる一方，ヨーロッパ，北米などの成熟市場では，カメラフォン，カラー液晶画面など，高級仕様の代替需要を吸収している。また，同社は，ハイエンド市場でポジションを構築しながら，地域別，文化的多様性に基づき，ニッチ市場を発掘し，そこに適応するデザイン製品を適時に投入・販売している。特定の市場ニーズに迅速に対応し，機能とデザインに優れた携帯電話端末を競合他社よりも早く，しかも一段と進んだモデルを投入・販売しているのである。このような能力は，家電事業を通じて培ったノウハウと，デザイン部門の革新を通じて獲得されたと言える（金 2007）。

以上のように，サムスンは半導体と液晶パネルの技術力をもとに，市場に合わせた製品開発を行い，デザインに特化した差別化した製品を送り出すことでブランド力を高め，成功を収めることができたのである。サムスンが技術力とブランド力の融合で功を奏するのが，次に述べるスマホの GALAXY S である。

2.　フィーチャーフォンからスマホへ

サムスンは，2008 年リーマンショック後のスマホ市場におけるアップルとの競争で，従来の中核事業である半導体，液晶など良質な部品と携帯電話端末（フィーチャーフォン）における高いブランド力をもとに，現在のポジションを確保することになった。

1990 年代末から 2000 年代前半にかけて，携帯電話の高度化が進み，スマホが誕生した。2007 年 iPhone が発売れる前に，カナダの IT 企業を代表する RIM 社が発売した BlackBerry が，スマホを象徴する製品として世界で注目さ

れていた。しかし，エレクトロニクス分野における覇権争いとしてスマホが注目されたのは，2007年のiPhoneが登場してからである（キム 2013）。

スマホ市場で特に端末シェアの争いが激しいのが，先発であるアップルのiPhone（アップルのOSであるiOS搭載）と後発であるサムスンのGALAXY S（グーグルのOSであるAndroid搭載）である。iPhoneが発表された当時，サムスンは，「ファーストフォロワー」の立場から，マイクロソフトのウィンドウズ・モバイルを用いて，スマホ市場に参入した。しかし，ウィンドウズ・モバイルは，パソコン用ウィンドウズをスマホ用に変形したものでiPhoneには対抗できずに終わってしまった（御手洗 2012）。しかしながら，携帯端末分野で世界1位のノキアがスマホ対応に遅れをとる中で2010年GALAXY Sの販売と同時にAndroidに転換，グーグル陣営に加わり，後発であるサムスンが2011年から世界のスマホ端末シェアで首位となった。2015年のスマホ市場の世界シェアもサムスン（23%）がアップル（16%）より優位となっている（図表9-5参照）。

2013年スマホ事業は，サムスンの営業利益の7割を占めており，サムスン躍進の原動力となったのである。

サムスンのスマホ事業への躍進には，グローバル・ブランドの構築とキーデ

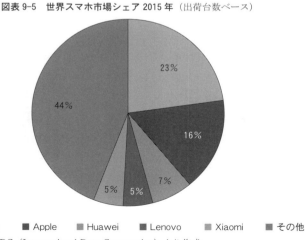

図表9-5 世界スマホ市場シェア2015年（出荷台数ベース）

（出所） IDC（International Date Corporation）より作成。

バイスの自社内生産による部品の低コスト調達および韓国内のみならず，中国，ベトナム，インド，ブラジルでの最適生産体制の構築がある。まず，サムスンはブランド力を向上させるために，最高経営責任者（Chief Executive Officer：CEO）直属のグローバル・マーケティング室を設置し，世界からマーケティング人材を集めてスマホのデザインや品質管理といった部門の間で統一的な戦略を立案し実施する。次に，サムスンはiPhoneに対抗し，ハイエンド製品のみならず，ミドルレンジ・ローエンド（出荷台数70％）製品を欧米，日本，中国などに展開することに成功していた。また，同社は中国のみならず，安い人件費が魅力なベトナムをスマホの一大生産拠点と定め，両国で78％を生産している（富士キメラ総研2015）。

サムスンのスマホ市場における競争戦略の要は，半導体，液晶のキーデバイスでの低コストとハイエンドからローエンド製品のスマホ製造に加え，これまで培ったブランド力とグローバルな販売ネットワークに基づき，スマホ市場でポジションを確立したことにある。

第3節　世界のトップリーダーとしてのサムスンのゆらぎ

1．新興国企業の台頭

スマホ事業で世界NO.1となったサムスンの実績に近年，陰りが見え始めた最大の理由は，同社の2013年売上高全体の54％，営業利益68％を出してきたスマホ事業が芳しくないからである。特に，世界最大のマーケットである中国市場では，2015年ローカルメーカーとの競争が激化し，サムスンは2013年中国のスマホ市場シェアで1位を占めていたが，2014年は2位へ2015年は5位にも入らない状況となっている（図表9-6参照，図表9-7参照）。

サムスンがアップルとグローバル市場で覇権争いを繰り広げる中，虎視眈々と覇権争いに加わってきたのが新興国企業，とりわけ中国メーカーである。同社は市場別に異なったマーケティング戦略を展開しているものの中国のファーウェイ（Huawei），シャオミ（Xiaomi），オッポ（OPPO）などローカルメーカーが猛撃に追随してきた。

まず，中国のPCメーカーレノボが2014年にモトローラを買収したことで，世界スマホ市場において一気に3位に踊り出た。これはレノボのシェア拡大を意味するだけでなく，中国企業が国際的に通用されるブランドパワーを手に入れたことを意味する。現に，2013年度，2015年度の中国のスマホ市場のシェアをみると2013年はサムスンが1位，2015年はアップルが3位にランクインしているものの，その他はすべて中国企業がシェアを占めていることが歴然となっている。

中国の企業が急成長を遂げたのは，以下の2つの理由が挙げられる[10]。まず，中国企業のコスト・パフォーマンス力の向上である。中国の消費者は低価格かつ高性能を望む傾向が強く，新興国市場の中でもその傾向は一番強い。

次に，中国企業の品質向上にある。中国の消費者がサムスンなどグローバル企業の製品を好んでいた理由は品質にある。事実，初期の中国企業のスマホは壊れやすかったが，モジュール[11]化によるすぐれた部品調達と品質改善を続けた結果，現在はグローバルメーカーに肩を並べる水準にある。

メーカー別にみると，まず，ファーウェイ（Huawei）が急成長できたのは，質向上のための徹底した生産管理や豊富な製品ラインナップとオンラインとオフラインの両方の販路を強化したことにある。次に，シャオミ（Xiaomi）は，

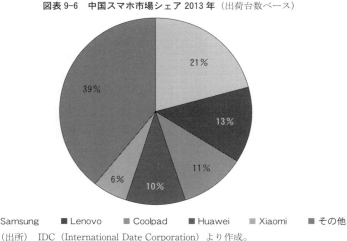

図表9-6　中国スマホ市場シェア2013年（出荷台数ベース）

（出所）IDC（International Date Corporation）より作成。

図表9-7　中国スマホ市場シェア2015年（出荷台数ベース）

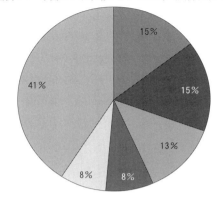

■ Xiaomi　■ Huawei　■ Apple　■ OPPO　■ vivo　■ その他

（出所）　IDC（International Date Corporation）より作成。

ICT時代に適合したインターネットを通じた直接販売モデルやファブレス化といったグローバル最適生産・販売の構築である。それに加え，SNSでの口コミによる情報伝達力やマーケティング・パフォーマンスの強化を図り，圧倒的なコスト・パフォーマンスと高品質を同時に実現したことである。オッポ（OPPO）は，中国国外では知名度は低いが，地元に特化したマーケティング戦略や強力な販売代理店網を活用し，小規模都市でシェアを伸ばしている（ベ2016）。中国市場ではいかに低価格で高性能，豊富なラインナップを展開できるかが成功のカギとなる。

　インド市場でもサムスンが首位の座を維持しているものの，ローカル企業の台頭によりここ3年間で急速にシェアを落としている。インド市場は，フィーチャーフォンからスマホへの移行段階にあり，2016年以降，中国に続く，成長市場となることが期待される。インドのローカルブランドはこれまで，中国にあるIDH（独立系デザインハウス）を活用していたが，現在では，自社開発や製造も行うようになった[12]。インドではマイクロマックス（Micromax）が自国の消費者のニーズをうまくキャッチし，サムスンのユーザー離れを招いている[13]。インド市場は激安スマホの主戦場で最近国産品が急速に浸透しており，2016年1～3月期に出荷されたスマホの6割強がインド産である。イン

ドは製造業振興策「メーク・イン・インディア（インドで作ろう）」を掲げるモディ政権の輸入関税引き上げで，ローカルメーカーが急成長をしている[14]。

2. ポストスマホ時代におけるサムスンの課題

スマホ事業の成功によりトップリーダーとなったサムスンだが，以下の厳しい経営環境に直面している。

（1） 新興国企業の追随とハイエンド製品へのシフト

世界のスマホ市場で中国やインド企業の躍進が目覚ましく，サムスンのスマホ市場におけるポジションを揺るがしている。2015年スマホ市場のTop10企業の中で7つが中国企業であり，世界シェアは30％に上る（ベ 2016）。中国では，政府の外資系への牽制や現地企業への優遇策という目に見えない競争相手とも戦わなくてはならない。中国企業は，最近サムスンをベンチマーキングし，部品の垂直系列化を進め，ブランド戦略にも励んでいる。例えば，ファーウェイ（Huawei）は社内にサムスン専門担当チームを設けて成功戦略を分析している。シャオミ（Xiaomi）は，シンガポール，インド，インドネシア，ブラジル，メキシコ，ロシアなど世界10カ国にまで販路を広げる計画で，海外進出を急がしている[15]。

インドでは，スマホ分野でサムスンが市場シェアの1位を堅持しているが，マイクロマックス（Micromax）がその後ろに迫っている。携帯電話端末の巨大市場である中国とインド市場で起こっていることは，ローカル企業の低価格製品戦略にサムスンが対応できない事態に陥っていることである。サムスンは新興国市場のミドルレンジ製品において，とりわけ，中国企業に猛追されている。同社は端末の機種数を絞り込みなどによってコストを削減し，部門業績は盛り返しているようにみえるが，シェアを拡大していくのは，困難な状況にある。さらに，ハイエンド製品においても不安材料がある。2016年8月に発売したばかりの最新型端末「GALAXYノート7」は，一部の端末で電池の欠陥による出火事故で出荷停止となり，業績への影響が懸念される。しかし，2016年12月期連結決算の発表では，需要が旺盛なスマホ向けの半導体メモリーが下支えし，利益を大幅に増加させた[16]。

（2） ポストスマホ戦略

サムスンはスマホを中心とするモバイル事業の好調でトップ企業となったが，現在スマホ市場は飽和状態である。さらに，新興国企業の追い上げにより，シェアが低下している状況である。同社は，スマホに続く次の収益の柱がなく，ポストスマホの模索が急務となる。追走から革新へと転換を探るサムスンは，グループを挙げ 2020 年までに太陽電池，自動車用電池，LED，バイオ製薬，医療機器など 5 つの成長分野に集中投資することを明らかにしている。しかし，2014 年 10 月に LED 事業から撤退すると発表した。また，期待されている医療機器事業でも，サムスンは 2011 年約 5000 億ウォンを投じて医療機器ベンチャー企業メディソンの持ち株を取得したが，サムスンメディソンは業績が悪化しており，業績不振が続いている[17]。

さらに，サムスンは 2015 年 12 月にスマホの販売不振や中国企業の追撃を受け，「サムスングローバル戦略会議 2015」を実施した。グローバル戦略のキーワードとして，モノのインターネット（Internet of Things：IoT）[18]，オンライン流通チャネルの強化，企業間取引（Business to business：B2B）の強化を挙げた。スマホ事業不振の解決策としては，新興国市場の攻略の強化，新製品の機能強化，製品ラインナップの拡大，B2B と企業対政府間取引（Business to Government：B2G）の強化を，家電部門では，プレミアムマーケティングに注力，新規取引先の開拓，スマートホーム市場向けのスマート家電の強化が挙げられた。その他にも，バーチャルリアリティ（Virtual Reality：VR）や人工知能（artificial intelligence：AI）などを用いた新たな事業分野を模索している。特に，B2B では，半導体や液晶を手掛ける「部品事業部門」の傘下に自動車部品事業を立ち上げ，2016 年 11 月には米自動車部品メーカーを約 8000 億円で買収することを決定し，本格的に部品事業へ進出し始めたのである[19]。サムスンはコア事業を消費者向けから企業向けへ迅速にシフトし始めており，これらの事業構造への転換がサムスンの今後を左右する。

(3) 経営者（後継者）問題とコーポレートガバナンス

サムスンを世界 NO.1 エレクトロニクスメーカーへと成長させた立役者である李会長が 2014 年心筋梗塞で倒れてから事実上，経営を引き継いだのが長男李在鎔（イ ジェヨン）副会長である。李在鎔副会長の経営スタイルが垣間見られ，経営方針の違いが浮き彫りになっている。李会長の「新経営」に対して

李在鎔副会長は「実利経営」といえる。1993年の「新経営」は「妻子以外はすべて変えろ」という李会長の指示のもと，危機意識を根幹としたトップダウン式への変化であった。「新経営」宣言以降，「選択と集中」を進め，明確な事業戦略を行うことで，世界のトップを目指す意識改革を強化したのである。

そして，李在鎔副会長が2016年「実利経営，スタートアップサムスン」を宣言した。しかし，李会長は「新経営」を宣言した際，役員らをドイツに呼びつけ，自らの言葉で直接諭したのに対し，李在鎔副会長の場合は，代表理事等の役員が宣言を読み上げ，役員たちが宣言書に署名しただけであり，そこに李在鎔副会長は不在であった。李在鎔副会長が掲げる「スタートアップサムスン」は，社員一人一人の自発性を根幹とした意識改革である。「新経営」から23年が経ち，いつの間にか陥っていた権威主義的な社風を打破して，ボトムから自由闊達な意思疎通が出来る水平的な企業文化を創る狙いである[20]。

「新経営」宣言以降，右肩上がりの驚異的な成長を遂げたサムスンだが，李在鎔副会長が実質的に経営のバトンタッチを受けた2014年以降，売上高，営業利益ともに下がっている。2014年以降の李在鎔副会長は積極的にM&Aを進めるなど新事業の模索をする一方，2016年9月には家電部門の複写事業を1000億円で売却した。こうして，同社は，得意分野に経営資源を集中させるための事業再編や人員削減を急ぐが，過度な事業構造の調整とリストラは社員のやる気を低下させる懸念材料でもある。

また，不透明なサムスングループの経営構造であるガバナンスも問題視されている。韓国の財閥はオーナー家が少ない持ち分でグループを支配するため，グループ会社で順繰りに株式を保有する「循環出資」の構造をもっている。2016年10月には米投資会社がサムスングループに持ち株会社へ移行することで，経営の透明性を高めることを求めている[21]。サムスンは早急にグローバル企業に相応しいガバナンスを構築すべきである。特に，2016年12月以降の朴槿惠（パク クネ）大統領の友人の国政介入の疑惑を巡る事件で，サムスンをはじめとする韓国財閥の企業統治問題が再びクローズアップされている。

おわりに

　サムスンは，競合他社の製品に追いつき追い越す「ファーストフォロワー」の立場から日・米企業を追随するキャッチアップ型で成長した。半導体や液晶事業では日本企業を目標に，スマホもアップルを追って参入し，市場のニーズをキャッチする能力と優れたマーケティング戦略によりシェアを拡大し，世界NO.1にまで成長を成し遂げることができた。サムスンの発展はキャッチアップ型の成長であるが，単なる模倣を超え，莫大な設備投資と資金力，導入した技術を蓄積・活用といった内部化，グローバル市場に適合した製品展開を担う人的資源の形成といった内的資源の醸成によって，実現された。

　「ファーストフォロワー」のポジションから「ファーストムーバー（First mover＝先導者）へと変貌を遂げるサムスンだが，新興国企業の追随が激しく，世界のエレクトロニクス業界においては，スマホが成熟化を迎えている。グローバルリーダー企業としてサムスンがそのポジションを維持するためには，第1に，スマホ事業のハイエンド製品市場を確保するとともにアジア，南米などの新興国において，ミドルレンジ以下の製品市場を獲得することである。第2に，IoT時代に向けた車載やB2B市場への事業転換，さらには，グローバル企業として相応しい企業統治改革ができるかどうかにかかっている。

（李　美善）

注
1　サムスンの発展に関しては，李（2014）にて詳しく分析した。サムスンの発展に関する詳細な内容については李（2014）を参照されたい。
2　サムスン・グループは創業者李秉喆（イ　ビョンチョル）により，1938年に大邱（デグ）市で三星商会として設立され，その後，貿易，製糖，毛織業などを手掛け事業拡大を進めてきた。電子製品の潜在的な成長性や電機・電子産業の国際化と大量生産による大衆化を考えて1969年には，サムスン電子を設立し，電機・電子産業への参入を心がけた。その後も製造業，金融業などさまざまな事業に進出し，現在，サムスン・グループは韓国最大の財閥となっている。
3　なかでも随時読み出し書き込みできる半導体メモリー（Dynamic Random Access Memory：DRAM）の世界シェアは1980年代，日本企業が上位を占めていたが，1992年には日本トップの日立製作所を抜きサムスンが世界シェア1位となり，それは2016年現在まで続いている。
4　「3Pイノベーション」の詳細については，畑村・吉川（2009）を参照されたい。
5　サムスンの地域密着型製品の詳細については，徐・李（2015），14頁を参照されたい。

6 　石田賢「揺らぐサムスン共和国第 16 回」『東洋経済日報』2016 年 6 月 26 日。
7 　SVP（Samsung Shared Value Program）：新入社員から経営者に至るまで，サムスンマンとしての価値観と行動を 1 つの方向に結集し，核心的価値観を共有させるプログラム。SLP（Samsung Business Leader Program）：職層別・部門別に選抜した核心的人材を対象に，総合経営管理能力とリーダーシップ能力を磨き，次世代のビジネスリーダーを養成するプログラム。SGP（Samsung Global Expert Program）：グローバル企業サムスンにふさわしいビジネス能力を強化するサムスンならではの外国語教育プログラム。
8 　「地域専門家制度」の詳細については，徐・李（2015）を参照されたい。
9 　グローカル戦略とは，「グローバリゼーション（世界普遍化）」と「ローカリゼーション（地域限定化）」の合成語で，世界統一のスタンダードと各国・地域の自立性や特殊事情を考慮する両者のバランスを取って最適化を図ることである。
10 　以下の内容はベ・ホン（2014），4-5 頁によるものである。
11 　モジュールとは，機能単位，交換可能な構成部分である。システムの一部を構成するひとまとまりの機能を持った部品で，システムや他の部品への接合部（インターフェース）の仕様が規格化・標準化されていて，容易に追加や交換ができるようなもののことを意味する。つまり，モジュール製品とは，標準化した部品の組み合わせによる製品である。スマホで例えると，部品，素材さえ集めれば，世界のどこでも組み合わせでスマホの製品化が可能になる。
12 　『日本経済新聞』2016 年 7 月 7 日。
13 　「中国・インド携帯電話メーカーの最新動向調査（2015）」『富士キメラ総研』，113 頁。
14 　『日本経済新聞』2016 年 7 月 7 日。
15 　石田 賢「揺らぐサムスン共和国第 7 回」『東洋経済日報』2014 年 8 月 29 日。
16 　『日本経済新聞』2017 年 1 月 7 日。
17 　『朝鮮日報』2016 年 2 月 23 日。
18 　モノのインターネット（Internet of Things：IoT）とは，様々な「モノ」がインターネットに接続され（単に繋がるだけではなく，モノがインターネットのように繋がる），情報交換することにより相互に制御する仕組みである。数年前まではまだ研究段階だった IoT は，すでに成長確実な市場として形成されており，着々と成長している。2013 年に 2030 億ドル規模だったグローバルな IoT 市場は毎年 20％以上成長し，2022 年には 1 兆 2000 億ドルを超えるものと予想されている。
19 　『日本経済新聞』2016 年 11 月 15 日。
20 　石田 賢「揺らぐサムスン共和国第 27 回」『東洋経済日報』2016 年 5 月 27 日。
21 　『日本経済新聞』2016 年 10 月 7 日。

参考文献
［韓国語］
김병완 (2013)『왜 결국왜 결국 삼성전자인가 - 잡스의 혁신을 넘어선 갤럭시 S 의 이야기』브레인스토어（キム ビョンワン（2013）『なぜ結局サムスン電子なのか―ジョブズの革新を超えた GALAXY S の物語』ブレインストア。）
배은준・홍일선 (2014)「중국의 신생 스마트폰 기업들이 위협적인 이유」『LG Business Insight』 8 월호（ベ ウンジュン・ホン イルソン（2014），「中国の新生スマートフォン企業が脅威的な理由」『LG Business Insight』8 月号。）
배은준 (2016)「성숙기 스마트폰 시장의 주목할 움직임들」『LG Business Insight』 6 월호（ベ ウンジュン（2016）「成熟期のスマホ市場における注目すべき動向」『LG Business Insight』6 月号。）
송재용・이경묵 (2013)『SAMSUNG WAY 삼성웨이』(주) 북이십일 21 세기북스（ソン ゼヨン・イ ギョンムク（2013）『SAMSUNG WAY サムスンウェイ』（株）21 世紀ブックス。）

삼성전자 (1999)『삼성전자 삼십년사』(サムスン電子 (1999)『サムスン電子 30 年史』)。
삼성전자 (2010)『삼성전자 40 년』(サムスン電子 (2010)『サムスン電子 40 年』)。

［日本語］
安倍誠 (2006)「韓国携帯電話端末産業の成長」今井健一・川上桃子編『東アジアのIT機器産業─分業・競争・棲み分けのダイナミクス』アジア経済研究所。
石田賢 (2013)『サムスン式国際戦略』文眞堂。
李美善 (2009)「サムスン電子の『新経営』からの展開」『名城論叢』第10巻第1号，169-191頁。
井上裕務 (2012)『徹底解析!! サムスン成功の秘密』株式会社洋泉社。
李美善 (2014)「第4章サムスンのグローバル戦略」今井斉・宮崎信二・岸川典昭編著『新版経営からみる現代社会』文眞堂。
李美善 (2015)「グローバル競争時代における日韓企業の比較研究―グローバル人材育成の視点から」『労務理論学会誌』第24号，161-175頁。
川上桃子 (2012)「東アジアのエレクトロニクス産業からみた―キャッチアップ型成長，再考」『アジア経済研究所 調査研究報告書』。
北俊一 (2006)「携帯電話産業の国際競争力強化への道筋」『知的資産創造』11月号。
金宇烈 (2007)「サムスン電子の移動通信端末機のグローバル事業展開に関する考察」『経済経営研究所年報第29集』，244-265頁。
徐誠敏・李美善 (2015)「地域専門家制度から見たサムスン電子のグローバル・マインドセット構築戦略─複眼的・多角的な視点による考察を中心に─」名古屋経済大学『経済経営論集』第32巻第1号，11-26頁。
張相秀 (2015)『サムスン・クライシス―内部からみた武器と弱点』文藝春秋。
畑村洋太郎・吉川良三 (2009)『危機の経営』講談社。
御手洗久巳 (2012)「スマホ市場でアップを抜きついに携帯シェア世界一に」井上裕務編『徹底解析!! サムスン成功の秘密』株式会社洋泉社。
「サムスン電子グループの実態2014年版」株式会社IRC.
「2015 次世代携帯電話とキーデバイス市場の将来展望」株式会社富士キメラ総研。

第 10 章

鴻海とシャープの経営の相違および買収後の展望

はじめに

　シャープは，1912年の創業以来100年以上にわたって，世界初の電卓をはじめとする革新的な製品を世に送り出してきた。しかし，深刻な経営不振に陥り，2016年3月期の連結営業損益は1700億円という，巨額の赤字となった（『日本経済新聞』2016.3.30）。
　そのシャープを，台湾企業，鴻海が買収した。EMS（Electronics Manufacturing Service，受託専門企業）という業態の鴻海は，アップルのiPhoneや任天堂のゲーム機などの生産を受託することで，1996～2009年の間に45％の年平均成長率を達成し，売上高を約120倍伸ばすという，めざましい成長を遂げた企業である。
　本章では，シャープのものづくり，シャープの経営不振の要因，鴻海の経営手法やその危うさなどを見ていき，この買収の今後の展望を概観したい。

第1節　シャープのものづくりと，その経営不振の要因

　本節では，シャープのものづくりと，その経営不振の要因について見ていく。

1. オンリーワンの系譜と技術開発へのこだわり

　シャープは，1915年にシャープペンシルを発明した創業者早川徳次氏によ

る、「他社に真似される商品を作れ」というポリシーのもと，常にオンリーワン製品を目指してきた。

1925年には日本で初めてラジオの組み立てに成功し，1953年には日本で初めてテレビを量産した。そして1964年には世界で初めて電卓を商用化し，さらに1973年に世界で初めて液晶を表示装置として用いた電卓を開発，薄型化に成功し大ヒットさせた[1]。

その後，液晶への投資を続け，1990年代には「液晶のシャープ」という地位を築いた。しかしこれが，2000年代の液晶への過重投資という，のちの経営危機のきっかけを作ってしまうことになる。

そしてシャープは，技術開発，さらに特許取得に非常に熱心な企業である。1969年には，その翌年大阪の千里丘で開かれる予定の大阪万国博覧会への出展を取りやめ，奈良の天理に大規模な研究開発拠点を設立した。半年で壊すパビリオンよりも，研究開発拠点の設立に資金を投入した決断は，「千里から天理へ」と話題になった[2]。

また，特許取得にも熱心である。事業部では部署ごとに特許の申請目標数が課せられており，理系出身でない社員も，何らかの特許（のアイディアの種）を申請することが義務づけられていた。

2. シャープの経営不振の要因

先に見た，技術開発への資金投入と社員への奨励，オンリーワン技術へのこだわりが奏功し，2000年代には黄金時代を謳歌していたシャープの，主力3事業は，液晶，太陽電池，携帯電話端末であった。しかし，2010年代に入り，それらがすべて，急速につまずいてしまった。以下にそれらを見ていく。

まず，液晶事業についてである。もともと，家電メーカーの中位だったシャープが，2000年代にトップメーカーに躍り出る原動力になったのが，液晶であった。「20世紀に置いてゆくもの，21世紀に持ってゆくもの」という広告と，液晶パネルから液晶テレビまでを一貫生産する亀山工場製が指名買いされるという認知度の高まりにより，「世界の亀山モデル」というブランドイメージを確立した。その結果，シャープは，2001年には世界の液晶テレビのシェアの80.5％を占めていた（『週刊ダイヤモンド』2012.9.1, 38頁）。そこで，

2009年に4200億円をかけて堺に巨大工場を新設した。

　しかし，その繁栄は長くは続かなかった。2010年代に入ると，シャープの液晶テレビの世界シェアは大幅に下落し，大型液晶パネルを中心に5000億円超の大量在庫が発生した。その要因は，第1に，韓国勢の猛追，またそれによる予想以上の液晶パネルの価格下落，第2に，リーマンショックと，それ以後の円高，第3に外販への転換の遅れと外販先の開拓の失敗，第4に家電エコポイントの終了が挙げられるであろう（赤羽 2014, 193頁;『日経ビジネス』2012.9.3, 13頁）。

　堺工場は，60インチのパネルを年間600万枚も生産できる巨大工場であった。しかし操業開始がリーマンショックでテレビ市場が大打撃を受けた直後であったため，当初から稼働率が問題とされていた。シャープはテレビの大型化（60インチなど）が進むと考えていたが，市場は大型化や付加価値化よりも，ベーシックで価格が安くそこそこの品質の製品を求めていたため，大型液晶はアメリカの一部の富裕層などにしか売れなかった。

　そこで亀山工場は，脱テレビを目指して，アップルのiPad向け液晶を受注するなど中小型液晶の生産にシフトした。しかし，もともと大型液晶のための生産ラインなので，中小型液晶では，生産能力の4割程度にしかならなかった（『日経ビジネス』2012.10.15, 13頁）。特に，亀山の2つの工場のうち，第2工場は明らかに能力過剰であった。

　また，アップルへの中小型液晶の供給も，韓国勢に遅れを取り，シャープはiPhoneとiPadで2割弱程度のシェアを占めるのみで，成功したとはいえなかった（『日経ビジネス』2012.10.15, 13頁）。

　つまり，「液晶のシャープ」というオンリーワンへのこだわりが過重投資を招き，この投資が結果として仇になったのである。

　本来，堺工場のような巨大工場を作るなら，液晶パネルの外販先の開拓に注力すべきであっただろう。しかし，大量の在庫が発生してから，遅まきながら外販先を開拓しようとしたものの，当初目論んでいたソニーや東芝などへの外販に失敗した。シャープには，2009年のエコポイント特需で液晶パネルの供給が逼迫した際に，自社製品を優先して外販に回すパネルの量を制限し，ソニーや東芝に対し受注量を納めず，これら企業を怒らせるという不手際があっ

たが（日本経済新聞社 2016, 49頁），これが業界で周知の事実となっていたことも災いした。シャープはもともと内需が中心で，長く本格的な外販をしてこなかったため，営業が弱く，外との付き合いが上手ではなかったのである（日本経済新聞社 2016, 49頁）。

また，赤羽（2014）によると，シャープの液晶事業の不振の原因の1つは，技術に拘泥したことであるという。産業の成長途上の段階では，技術主導で市場を創出することは十分に可能であろうが，産業が成熟してきた段階での技術主導は，新たな市場を創出する可能性が小さい。それにもかかわらず，シャープは，産業が成熟した後も初めに技術ありきで，韓国企業が行ってきた「（A）市場ニーズの正確な特定」→「（B）特定した市場ニーズにもとづく商品の生産」というプロセスを踏まず，（B）の手段の1つに過ぎない技術に多くの経営資源を振り向け，（A）を軽視していた（195-196, 234-235頁）。これは，イノベーションのジレンマとでもいえるものであろう。

実際，シャープと韓国サムスンの双方と取引のある電子メーカーの幹部は，「サムスンは，『売れる液晶が良い液晶』と考えるが，シャープは，『良い液晶は売れるはず』と考える」と証言する（『日本経済新聞』2012.11.20）。

また，液晶事業への選択と集中の度が過ぎていたことも，不振の原因の1つであったのかもしれない（中田 2016, 95頁）。全売上の43%を液晶が占めている，という状況では，液晶事業が不振になれば，たちまち立ち行かなくなる。

次に，太陽電池である。シャープは2000年に，太陽電池生産量で世界トップになった。しかし2007年には1位から陥落した。それは，原材料であるシリコンの調達の失敗による。シャープは，シリコンの調達に出遅れ，原料不足のために太陽電池の生産が十分できない事態になったのである（『日経ビジネス』2008.2.18, 47-48頁）。そこで，約300億円分を中国企業から調達する長期契約を結んだが，その後急速にシリコンの市価が下落し[3]，割高な原料調達契約のために，国内トップシェアでありながら太陽電池事業の赤字が続くことになった（日本経済新聞社 2016, 94頁）。

最後に，携帯電話端末である。シャープの携帯電話端末は，2005年より6年連続国内トップだったが，スマートフォンへの対応に出遅れた。2012年，アクオスフォンZETAで使うはずだったクアルコム社製の最先端の半導体

チップが入手できなかったため生産できず,夏の商戦に参入できなかったのである。

一方サムスンは,シャープが入手できなかった半導体チップを獲得し,ギャラクシーを世界的にヒットさせた。ここに,シャープとサムスンの購買力の差が表われたのである(『週刊ダイヤモンド』2012.9.1, 42頁)。

第2節 鴻海の概要と特徴,危うさ

次に,鴻海の概要と特徴,そして危うさについて見ていく。

1. EMSとは

はじめに,鴻海の業態であるEMSについて見てみる。

EMSの始まりは,アメリカのカリフォルニア州に本社に構えるソレクトロンという企業に,1988年にIBMの製造部門出身のコウイチ・ニシムラ氏という日系人がCOOとして就任し,IBMやヒューレットパッカードの受託生産を始めたことだと言われる(『日本経済新聞』2012.11.5)。

鴻海も,1990年代の終わり頃に,部品メーカーからこの業態に転換した。なお,EMSと類似した概念に「ODM」(Original Design Manufacturing)[4]がある。かつては,EMSは大規模で電子機器全般の受託専門,ODMは比較的小規模で,ノートパソコンなど特定の分野に限ったもの,と区別されることもあったが(Sturgeon and Lee 2001, p.13など),現在ではその両者の区別は曖昧になってきている[5]。

2. 鴻海とは

鴻海は,1974年に郭台銘氏が24歳で創業した。コネクタ製造から始め,その後世界中の企業を果敢に買収し急成長,世界各国のメーカーから大規模な委託生産を受ける製造専門メーカーというビジネスモデルを確立した。図表10-1は鴻海の主要事項の年表である。

アジア,ヨーロッパ,南アメリカなど世界14カ国(中国では9都市に13工

図表 10-1　鴻海の主要年表

年	事項
1974	郭台銘氏が，台北市郊外の小さな納屋で創業。 白黒テレビのチャンネル用押しボタンの製造からスタート。
1980 年代	IBM から部品を受注。
1988	台湾企業の先陣を切って，中国・深圳に進出。
1998	デルからパソコンの生産を受注。 この頃，コネクタメーカーから，電子機器の生産受託へ業態転換。
2000	従業員が 3 万人に。
2003	モトローラのメキシコ工場を買収。 売上高が 1 兆円に。
2004	ノキアの携帯を受託生産していたハンガリー企業を買収。
2008	同業のアメリカ・サンミナ SCI からパソコン生産受託事業を買収。
2009	ヒューレットパッカードと合弁で，トルコにパソコン工場を設立。 ヒューレットパッカードと合弁で，中国・四川にパソコン工場を設立。 ソニーのメキシコのテレビ工場を買収。 台湾・奇美電子（液晶パネル）を買収。 デルのポーランド工場を買収。
2010	ソニーのスロバキアのテレビ工場を買収。
2011	シスコのメキシコ工場を買収。 従業員が 100 万人，売上高が 10 兆円に。
2012	シャープ堺工場の経営に参画（郭氏個人がシャープと同比率の株式を取得），「堺ディスプレイプロダクト」に。
2014	ソフトバンクの人型ロボット「Pepper」を受注。
2016	シャープを買収。

（出所）　鴻海ウェブサイト等を参考に筆者整理。

場）に生産拠点を構える世界最大の EMS で，台湾最大の企業でもある。

　2015 年度の決算は，前年比 12.5％増の 1468 億 6600 万台湾元[6]で過去最高となった（鴻海精密工業股份有限公司 2016）。その手掛ける分野は，スマートフォン，パソコン，家庭用ゲーム機，液晶テレビ，データセンター用サーバーと多岐にわたり，しかも各分野で主要メーカーを軒並み顧客に抱える。とりわけ，アップル製品の鴻海への依存度は極めて高く，鴻海なしではアップルは成り立たないとも言われるほどである。

3. 郭氏のビジネスセンス

　今日の鴻海の成功は，郭氏の傑出したビジネスセンスや，世界一優秀なセールスマンの1人と評される営業手法によると言われる。

　郭氏は1980年代，アメリカ32州を11カ月かけて回り，安宿に泊まりながらレンタカーで企業に飛び込み営業を行い，そこでIBMからの接続部品の受注に成功した（『週刊ダイヤモンド』2012.9.1, 48頁）。これがグローバル化の足がかりとなった。

　また，1988年に中国深圳に進出した決断も大きい。台湾では1980年代に労働者の賃金が高騰し，企業は生産拠点を海外に求め始めたが，東南アジアに進出する企業がほとんどで，中国を選ぶ企業はなかった。しかし郭氏は中国が世界の工場となる確信を持ち，深圳を選んだ。この際の投資がその後の鴻海の繁栄につながる（『週刊ダイヤモンド』2012.9.1, 48頁）。

　さらに，1990年代後半に，アメリカのパソコンメーカー，デルからの受注に成功したことも，大きなブレークスルーとなった。このきっかけは，1995年にデルの創業者マイケル・デル氏が訪中した際に，郭氏が中国政府機関との仲介役を買って出て，自分の車でデル氏を空港へ送る機会を得，その道中に自社工場への見学を手配したことである。その後鴻海はデルからの注文を受けるようになり，デル独自の「販売会社を介さず，注文生産した製品を直接顧客に販売する」というビジネスモデルの立役者となった。それにより，鴻海とデルはともに急成長を遂げた。1995年当時のデルは有名企業ではなかったが，郭氏がデル氏に接近して受注を図ったのは，デルのビジネスモデルの先見性を見抜いてのことであった（金 2011, 16頁）。

　また，鴻海は，ある段階において生じた不足を補強しようとしたり，困難を乗り越えようとしたりすることで，資源の蓄積と能力の向上を進め，それを使って新たな領域へと前進していった。そこでまた次の課題に突き当たり，それに取り組むということを繰り返し発展してきた。例えば，法務部門の設置である。鴻海の法務部門は規模が大きく，しかも攻撃的なことで知られている。1992年，鴻海はアメリカのAMP社から知的財産権を侵害したとして訴えられ，その処理に苦しむことになったが，郭氏はこの教訓から，1993年に鴻海に法務部門を設置し，以後拡充していった。現在では，他社の攻撃から防衛す

るだけでなく，むしろ積極的に他社による鴻海の知的財産権の侵害を訴えている。これも鴻海が，課題の解決を通して，新しい資源と能力を生み出した例である（佐藤 2007, 233-236 頁）。

4. 短いリードタイム

　鴻海の，他の EMS・ODM 企業と比較しての最大の強みは，受注から最終商品を発注者の手元に届けるまでのリードタイム[7]の圧倒的な短さにある。

　鴻海の短いリードタイムの秘訣は，高度かつ巨大な金型製造技術・設備である。一般に，金型の設計から製造までは 4 ～ 6 週間かかる。しかし鴻海はそれを 1 週間で行うため，市場の需要に即して素早く新商品を投入でき，ビジネスチャンスを逃さないのである（『日経エレクトロニクス』2006.7.31, 105, 112-3 頁）[8]。

　それが可能なのは，大規模な金型製造部門があり，2000 台以上の金型加工設備を保有し，3 万人の金型技術者たちが 24 時間フル稼働しているためである。他の EMS 企業は，ここまで巨大な金型部門を持ち合わせていない。多くの顧客が鴻海に引き寄せられるのは，この金型部門があるからである。

　鴻海は 2000 年頃から，これまでの 20 年以上に及ぶ膨大な数の金型設計図とノウハウを，余剰人員を活用してデータベース化してきた。このデータベースは，いくつかの筐体の部品ごとに，形状が似ている筐体を瞬時に探し出し，金型設計データを当てはめることができるもので，これを参照することで，極めて短時間で金型が設計できる。しかも，設計すればするほどデータベースが充実することになる。この巨大なデータベースは，鴻海の最高機密の 1 つである（『日経エレクトロニクス』2006.7.31, 106 頁）。

　そして，鴻海は，すぐれた金型技術者を揃えるために，中国で 3 つの自前の金型学校を運営し，金型技術者を育成している。専門学校や高校の卒業生に 1 年間金型の設計・製造技術を教え込み，試験に合格した者だけを工場に採用する仕組みである。これにより年間 2000 ～ 3000 人の金型技術者を育成している（『日経エレクトロニクス』2006.7.31, 106 頁）。

　また，先述した法務部門は，これらの金型技術とノウハウを守るために，金型を使った部品についての特許も数多く取得している（金 2011, 17 頁）。

さらに，中国において，自社内での通関が許可されていることも，リードタイムを短くしている。鴻海は，中国政府より，深圳工場に納入される部材や最終製品の通関手続きを自社工場内で行える特別待遇を受けている。これにより，部材や最終製品が通関手続きで滞留することを防げる。こうした優遇を受けられるのは，鴻海が中国最大の輸出企業であるためである（『日経エレクトロニクス』2006.7.31, 107-108 頁）。

5. リスクテイク

鴻海は，顧客のために大きなリスクを取ることを厭わない。1998 年には，顧客のデルの要請に従うためだけに，アメリカのカンザス州に工場を建設した。

また，最大の顧客であるアップルの，無謀とも言える要求に，高価な産業機械を購入して対応してきた。iPhone 製造において，アップルから特殊なメタルフレームを求められたため，ファナックから 1 台当たり 2 万ドルの産業機械を購入したという（『週刊ダイヤモンド』2012.9.1）。デザインや外観を極めて重視するアップルは，ステンレス鋼やアルミニウム合金の筐体を小型マシニングセンタ（MC）を使ってエンドミルで削り出す方法を求めた。端のカーブは高価なダイヤモンド工具で切削し鏡面に仕上げなければならない。1 日数十万個の大量生産品の筐体を切削で仕上げるなど常識ではあり得ないが，アップルは筐体に継ぎ目やプレス加工の跡ができることを認めないため，鴻海は巨額の資金を投入してアップルのこだわりを実現したのである（『日経ものづくり』2012.11, 36 頁；『日経エレクトロニクス』2011.1.10, 75 頁）。

6. 高度な生産技術

鴻海は，卓越した生産技術を持つ。上述の，iPhone の手間のかかる切削筐体は，生産技術という点でも，鴻海以外には作れなかったのではないかと言われる（鴻海の技術顧問を務める中川威雄氏，『日経ものづくり』2012.11, 36 頁）。

また鴻海は，アップルのタワー型パソコンのアルミニウム合金製筐体や，iPod における紫外線硬化性樹脂コーティングといった，技術的に困難な製造も成功させてきた（『日経エレクトロニクス』2011.1.10, 76 頁）。

7. 人材獲得・待遇

　鴻海は，短期間に急成長した企業だけに，有能な幹部が足りないため，外部からの人材獲得のために，以下4つの施策を進めている。

　第1に，企業買収である。第2に，競争企業の近くに拠点を設けて，自社への入社を容易にすることである。第3に，ベンチャー企業への投資である。これは，そのベンチャー企業の技術およびそれを開発した有能な人材を目的としている。第4に，ヘッドハンティングである。これは郭氏自ら手がける場合もある。クアンタからは，ヒューレットパッカードとデルの機種を担当していた従業員を引き抜いたが，とりわけデル担当は，チームごと引き抜いたと言われる（『日経エレクトロニクス』2006.7.31, 110頁；2011.1.10, 77頁）。

　そして社員は，軍隊並みの規律のもと，休日出勤や深夜残業もいとわないハードワークが求められている。労働時間は極めて長く，深夜0時からの会議や，午前1時に終業等も珍しくない。さらに，全事業部に，「売上高を年率3割伸ばす」という目標を課しており，それを満たせなければ社員は報酬の大幅カットを覚悟せねばならない。そのため，他の企業から転職してきた社員が短期間で辞めるという例も少なくない。

　逆に，この目標を満たし会社への貢献が認められれば，幹部はもちろん若手社員でも年に数百万円に相当する自社株式を与えられる[9]（『日経エレクトロニクス』2006.7.31, 110頁）。これにより，社員のモチベーションを鼓舞している。

8. 鴻海の危うさ

　鴻海は，創業者の郭氏が一代で築き，その強烈なリーダーシップで成長させてきた企業である。そのワンマンぶりは，郭氏自身が，「非効率な民主主義よりも，合理的な独裁の方が企業にとって重要」（『日経エレクトロニクス』2006.7.31, 114-116頁）と断言するほどである。しかし，それゆえの危うさを内包していると思われる。

　まず，鴻海の最大の経営リスクは，後継者問題だと言われる。1950年生まれの郭氏は，いつまで，この巨大化した企業の全ての案件を1人で背負いきれるだろうか。郭氏は以前，2008年に引退することを示唆していたが，後継者

不在のせいか,引退せず現役を続けている。成人した長男は後継者候補ではなく,40代などの幹部候補を40人程度選び,次代の経営者として育成しているという(『日経エレクトロニクス』2012.5.14, 64頁)。

そうはいっても,郭氏が,「巨大な企業全体を1人で見る」「投資案件を30分で即決する」「深夜11時から幹部を招集して会議を開く」「毎年3割成長を義務づける」という強力なリーダーシップを発揮できているのは,創業者であるからだろう。この郭氏の経営スタイルを受け継ぐのは,容易ではないと思われる。

また,鴻海においては,郭氏の個人資産と企業の資産の線引きが曖昧であると言われているが,これも,危うさの1つであろう[10]。例えば,2012年に鴻海が出資したシャープ旧堺工場(現堺ディスプレイプロダクト)の株式(シャープが保有していた株式の半分)は,郭氏個人が660億円出資したのである。

第3節　鴻海によるシャープ買収の,台湾における背景

本節では,鴻海によるシャープ買収の,台湾における背景を分析する。

1. 台湾企業によるクロスボーダーM&Aの増加

リーマンショック以後,台湾企業の考え方が変わり,クロスボーダーM&Aにより高度化を図るようになった。それも,先進国企業の技術,ブランド,販路を目的とするものが多くなってきている。つまりスマイルカーブの両端の企業を買収するようになってきているのである(『天下雑誌』2012.7.25, 53-54頁)。

その理由としては,台湾企業のコスト削減は極限に達しておりこれ以上は望めないため,これまでの中国に生産拠点を設けるという投資に代わって,クロスボーダーM&Aによって上昇を狙う,という投資を選択するようになったことがある。

台湾企業のクロスボーダーM&Aの事例として,まず,台湾最大のコング

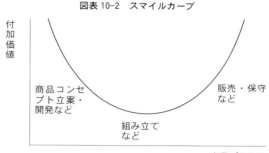

図表10-2　スマイルカーブ

（出所）　筆者作成。

ロマリットである台湾プラスチックが挙げられる。同社はこれまでM&Aを行ってこなかったが，近年，M&Aにより資源を補填するという手法を採るようになった。その結果，2011年のアメリカ企業DexcoのM&Aによって，「2015年に500億台湾元の売上高達成」という目標を4年も早く達成し，株価も40％も上昇した。一連のM&Aにより，技術だけでなく，購買，製造工程，品質管理，研究開発，マーケティングなどのノウハウも得て，国際的な一流企業に仲間入りしたのである（『天下雑誌』2012.7.25, 54-55頁）。

　次に，スマートフォンの宏達電子（HTC）である。アップルとの競争が熾烈な中，全世界の企業の買収に積極的に動いており，2010年前後の3年で6件も行った（『天下雑誌』2012.7.25, 54-55頁）。

　このように，台湾企業にとって，先進国企業の買収により高度化を図るということは，一般的な選択肢の1つになってきた。鴻海のシャープ買収も，その流れの中にあると言える[11]。

2. 台湾政府による日台間の産業連携推進

　台湾政府は，中国への過度の依存の是正を図るという意図もあり，日本との産業連携を強化しようとしている。

　そのため台湾政府は，2011年に「台日産業合作推動弁公室」（台日産業提携推動オフィス）を設立した（『台湾週報』2012.2.10）。台湾貿易センターの東京・大阪・福岡事務所等も用いて，日台間の産業提携の推進を図っている。

3. 台湾企業の技術導入のスタンス

　台湾企業は，技術の自主開発は行わず，国立工業技術研究院[12]や先進国企業等，外部からの導入に依存してきたことが多かった。それは多くが規模の小さい中小企業であること，そして資金調達が，オーナー経営者を含む個人投資家に依存しているため，投資収益の早期回収が望まれることから，長期的視野に立った研究開発が難しいことからであった。

第4節　鴻海の，シャープ買収の意図

　次に，鴻海のシャープ買収の意図を見ていく。

1. 有機EL

　鴻海の狙いは，シャープの液晶工場を有機ELパネルの工場に変えることにあるのかもしれない[13]。

　有機EL（OLED：Organic Light-Emitting Diode）とは，高画質（高コントラスト・広視野角・高速応答性能）で，液晶ディスプレイと比べてバックライトを必要としないため，薄型・省電力化が可能とされるものである[14]。ただ，生産技術が複雑で，これまでに量産化に成功したのは，韓国のとLGの2社のみである。

　ジャパンディスプレイやシャープも有機ELの研究開発を続けているが，量産化にはこぎ着けていない。「生産におけるロスが大きく，採算が合わない。液晶に比べ寿命が短いという問題もある」（シャープ幹部）ためである[15]。

　鴻海は，優れた液晶技術を持つシャープに，これを開発させたいと思っているのかもしれない。

2. 白物家電

　日本では，「白物」と呼ばれる生活家電はローテクと定義されがちだが，郭氏はシャープの持つ白物家電のノウハウを重要視しているのではないかと思われる。

テレビ，ビデオ，ステレオ，カメラ等，いわゆる「黒物」の機能のほとんどはスマートフォンに吸収された。しかし，洗濯機や冷蔵庫といった白物家電はなくならない。むしろ全てのものがインターネットにつながる IoT（Internet of Things）時代が来れば，すべての白物家電の買い換え需要が起こるかもしれない[16]。

　実際，近年，台湾・中国企業の中に，日米企業の家電事業部門を買収しようとする動きが起こっている。2016 年，中国のハイアールがアメリカの GE の家電事業を買収した。この時 GE は複数の企業と交渉しているが，最大の対抗馬が鴻海だった。ハイアールはかつて三洋電機の白物家電部門も買収している。また，同年，中国の美的集団が，東芝の白物家電事業を買収した。美的集団は，この買収が，日本や東南アジアなどの市場におけるプレゼンスの向上，巨大な販路の獲得，ブランド力の向上に貢献するとしている。鴻海にとっても，白物家電は「肥沃な市場」と映っているのかもしれない[17]。

3. 上流工程進出

　現在鴻海は，筐体やコネクタといったごく一部の部品供給と機器の組み立てだけを引き受けているケースが多い。また部品の多くは，委託元のブランド企業から譲渡されたり，命じられるまま購入したりしている。つまり機器全体の設計や部品選択という上流工程にはあまり踏み込めておらず，設計で利益を得られていないし，部材購買力（値下げ力）も低い（『週刊ダイヤモンド』2012.9.1，47 頁）。つまり，製品 1 台当たりの利益率は低いものとなっている。

　例えば，アップル製品 1 台の販売で，アップルと鴻海が得る利益は，2007 年の iPhone 発売時にはアップルが 19.4％，鴻海が 2.5％だったものが，2012 年半ばには，アップルが 30.8％と上昇したのに対し，鴻海は 1.5％に下落したと言われる[18]。そこで鴻海は，上流工程まで担当したいと考えるものの，顧客企業から上流工程を任せてもらえるようになるためには，顧客をもしのぐ上流工程の能力を持たなくてはならない。だからシャープに目をつけたのではないかと思われる。

　また，鴻海は，中国の豊富で安価な労働力を利用した大規模な受託生産で急成長したが，この「豊富で安価な労働力」も，中国の賃上げ圧力や，中国にお

ける人口増加の終結などで、いつまでも安泰ではない。実際、2012年には鴻海の中国の4工場で労働争議が勃発し、数千人規模のストライキも相次ぎ、最低賃金の引き上げを余儀なくされた。そういう意味でも、上流工程への進出は不可欠なのかもしれない。鴻海は、これまでの成功モデルとは別の成功モデルを構築する必要に迫られているのであろう[19]。

第5節　シャープの今後は

　本節では、シャープの今後について、堺ディスプレイプロダクトからの示唆、そして、鴻海の傘下に入ることのメリットと懸念を追っていく。

1. 堺ディスプレイプロダクトからの復活からの示唆

　シャープが2009年に4200億円をかけて新設した堺の液晶パネルの巨大工場は、2012年3月期にシャープが計上した大赤字の主犯とされた。そこで、その直後に鴻海が経営に参画しシャープ本体から切り離され、「堺ディスプレイプロダクト」という企業となった。

　この堺ディスプレイプロダクトは、鴻海の経営参画後わずか半年で、早くも黒字に転じるという、驚くべき復活劇を見せた。堺ディスプレイプロダクトに対し、鴻海が行ったてこ入れは、以下の通りである。

　技術陣はパネルの原価構造を根本から見直し、歩留まりを100％近くに引き上げた。そして、鴻海からの営業の精鋭部隊約50人が、アメリカの新興テレビメーカーのビジオなど、新たな販路を開拓した。この結果、鴻海の出資前は3割だった生産ラインの稼働率が9割を超え、またたく間の黒字転換を果たしたという（『日本経済新聞』2012.11.22；『聯合晚報』2012.11.13）。

　このように、鴻海には、これまでのシャープになかった、「販路の開拓」を行う能力と機動力がある。これらは、シャープにもプラスとなるものと思われる。

2. 鴻海の傘下に入ることのメリットと懸念

　シャープにとって，鴻海の傘下で，鴻海の経営手法や交渉力，高度な生産技術，充実した生産設備による効率的な大量生産を利用できることは，大きなメリットであろう。

　また，赤字からまたたく間に再生した堺ディスプレイプロダクトのように，販路の開拓等の具体的な黒字転換の道筋が示されることも，メリットであろう。これまでのシャープは，技術をいかに利益に結びつけるかという点が弱かった。つまり，開発した技術がいったん量産可能になった後は，次の技術の開発に関心が移り，その技術を生かした製品の販路の拡大には注力してこなかったようであった。赤羽（2014）によれば，結局のところ技術は市場に従属しなければならない（235頁）。シャープは今後，鴻海の傘下で「はじめに技術ありき」ではなく，「はじめに市場ありき」という姿勢で，技術を利益に結びつける，という観点からの製品開発や販路の開拓を行っていくことを促されるのであれば，それはシャープにとってプラスとなるだろう。

　一方で，懸念材料も数多くある。

　第一に，鴻海の企業風土に，シャープの社員が馴染めるかということである。シャープは典型的な日本の伝統的電機メーカーで，個人の能力や達成度が大きく昇給に影響することもなく，皆ほどほどに昇給してきた。しかし鴻海は，先述の通り，徹底した実力主義を貫く企業である。また，新卒で入社後，定年退職するまで長く勤めるのが一般的な企業風土のシャープと異なり，鴻海では社員の入れ替わりも非常に盛んである。これらの差異は，今後大きな問題となるだろう。

　第二に，長期的視野に立った経営や，研究開発の芽が失われる可能性があることである。先述の通り，台湾企業は多かれ少なかれ，長期的視野に立った研究開発を行わない傾向にある。一方でシャープは，1969年に千里万博への出展を取りやめて天理に研究所を設けて以来，長くコツコツと液晶の研究開発を行い，1990年代にその蓄積を開花させた。また，シャープの強みは，さまざまなアイディアを発案して，消費者を驚かせるような日本初・世界初の製品を企画・開発することであるが，豊富なアイディアを試せる環境でなければ，そのような企画・開発力は発揮できないと思われる（『日経エレクトロニクス』

2016.4, 27頁)。このシャープの企業風土が失われれば，これまでのような日本初・世界初のイノベーションを生むことは難しくなるかもしれない。

おわりに―日台連携の今後，日本企業のものづくりの今後への示唆

　最後に，本章での分析を踏まえ，日台連携の今後，さらには日本企業のものづくりの今後への示唆を見ていく。

1. 日台連携の今後への示唆
　これまでの日台連携は，1980年代の，日本企業が台湾に直接投資を行っての生産や，1990年代の，日本企業から台湾企業へのODM委託など，日本から一方的に技術を与えるものであった[20]。
　しかしこれからの日台連携は，日本と台湾双方の強みを生かし，世界市場を攻略する，というものになっていくだろう。鴻海によるシャープ買収は，そのベンチマークとなるかもしれない。
　そうだとすれば，鴻海によるシャープ買収に関し，「日本の電機産業の老舗が，台湾企業に乗っ取られた」などと悲観するのではなく，むしろ「日本の斜陽企業が，台湾のリソースを利用して，もう一度発展のチャンスを与えられた」と歓迎する姿勢で捉えねばならないであろう。

2. 日本企業のものづくりの今後への示唆
　以上に見てきたように，今後シャープは，技術をいかに利益に結びつけるかという，これまで弱かった点を克服せねばならないが，これは現在の日本企業のものづくりに多かれ少なかれ共通する問題であろう。今後の日本企業は，「はじめに技術ありき」ではなく「はじめに市場ありき」という姿勢で，技術を利益に結びつけるという観点からの製品開発や販路の開拓を行っていかねばならないと思われる。
　一方で，経済産業省が2010年に全国4532社を対象に実施した研究開発に関する調査によれば，「10年前と比べ，短期的な研究開発が増えている」と回答

したのは，日本企業全体で44％，電気機器メーカーに限っては56％であった。つまり，日本企業，とりわけ電機メーカーは，近年，短期的なビジョンでの研究開発をするようになってきている（経済産業省 2010）。

しかし，このような姿勢では，今後の技術のシーズが欠乏する恐れもある。

今後の日本企業は，中長期的視野にも立った，優れた技術を生み出してきた土壌を保ちつつも，その技術で少しでも多くの利益を生み出すための販路の開拓や，効率的な生産を追求する方向に，変わっていかねばならないであろう。それに加え，どんどん速まっている産業界のスピードに対応する迅速な意思決定システムや，貢献した社員に報いる給与体系に変えることも，考えていかねばならないであろう。

鴻海によるシャープ買収は，日本企業にとって，ものづくりのあり方や，技術に対する考え方，意思決定システム，給与体系等，多くの点で再考を迫るのかもしれない。

（中原裕美子）

注
1 シャープ株式会社ウェブサイト http://www.sharp.co.jp/100th/history/pdf/year.pdf。
2 シャープ株式会社ウェブサイト http://www.sharp.co.jp/100th/history/pdf/year.pdf。
3 シリコンの市価は，ピークだった2008年のリーマンショック前に比べ，2012年時点には20分の1以下になったという。
4 Original Development Manufacturing とされる場合もある。
5 例えば，ペガトロン（エイスースからパソコン受託生産部門が独立した企業）は，従来の区分だとODMに分類されるような企業であるが，2011年，アップルから初めてiPhone4を受注して，それまでiPhoneの受注を独占していた鴻海の牙城を崩した（『日経ものづくり』2012.11, 51-52頁）。
6 1台湾元＝約3.3円（2016年9月8日現在）。
7 リードタイムとは，工業製品の発注から納品までに必要な時間のこと。開発リードタイム，調達リードタイム，生産リードタイム，配送リードタイムに分解されることもある。
8 金型は，新製品を開発する上で極めて厄介な存在であると言われる。例えば，マグネシウム筐体向け金型の場合，強度を高めるための熱処理に1週間を要するといった具合に，製造に時間がかかるため，開発スケジュールのボトルネックになりやすいからである（『日経エレクトロニクス』2006.7.31, 105頁）。
9 この制度は，台湾のハイテク企業に特有の「株式ボーナス」というもので，アメリカなどで一般的な「ストックオプション」（株式購入権）とは異なり，株式そのものをボーナスとして与えるものである（『日経エレクトロニクス』2006.7.31, 110頁）。
10 もっとも，鴻海では，財務部長の黄秋蓮氏が，郭氏の個人資産も含んだ鴻海全体の資金の流れを把握していると言われる。黄氏は「銭ママ」の愛称を持ち，町工場時代から金庫番として鴻海を支えてきたと言われる。そういう点から見れば，個人資産と企業の資産の線引きの曖昧さはさほど問

題にならないのかもしれない。なお，黄氏は，郭氏の亡くなった妻の叔母に当たり，創業時に郭氏に資金を提供した創業メンバーの1人であるという（『日経産業新聞』2016.4.8）。
11　この背景には，世界における，新興国企業によるクロスボーダー M&A の増加がある。McKinsey & Company (2015) によれば，新興国企業による M&A は 2000 ～ 2013 年の間に2桁成長し，世界の M&A 全体の37％を占めるようになった。また，新興国企業による M&A の目的は，先進国企業によるものと比較して，「戦略的資産取得のため」の比率が高い。戦略的資産取得のための M&A の比率は，先進国企業が37％であるのに対し，新興国企業では56％である (McKinsey & Company, 2015)。
12　工業技術研究院とは，産業界への実用的な技術提供を目的として台湾政府が設立した研究機関で，ハイテク産業が多く立地する新竹科学工業園区内にある。シリコンバレーからの帰国者や，修士号・博士号取得者が多く従事する。台湾においては，中小企業が多く研究開発に資金を投入するのが難しい民間部門の代わりに，政府が国立研究機関で実用的な製品開発および人材訓練を行ってきた。政府資金による研究開発の成功の典型例とされている（Yusuf 2004, p.18）。
13　日経ビジネス 2016/2/26 http://business.nikkeibp.co.jp/atcl/report/15/110879/022500264/?P=2。
14　2つの電極間にある有機材料直流電圧により励起し，再び元に戻るときに光を放出し，その電流制御によって発光量を抑制する仕組みのディスプレイである（ソニーウェブサイト http://www.sony.co.jp/Products/SC-HP/tech/display/el/）。東洋経済オンライン 2016.2.25 http://toyokeizai.net/articles/-/95351。
15　東洋経済オンライン 2016.2.25 http://toyokeizai.net/articles/-/95351。
16　鴻海は，2016年2月，IoT の強化を目的の1つとした組織変更を行っている（『経済日報』2016.2.15）。
17　日経ビジネス 2016.2.26 http://business.nikkeibp.co.jp/atcl/report/15/110879/022500264/?P=2。
18　ブルームバーグ　http://www.bloomberg.com/news/2012-01-04/apple-profit-margins-rise-at-foxconn-s-expense.html。また鴻海は，アップルからの受託が売り上げの半分を占めていると言われており，アップルが減速したらたちまち影響を被る。鴻海は上流工程等に進出する力をつけることで，この状況を改善したいと考えていると思われる。
19　また，鴻海は，サムスンを強く意識していると見られ，シャープへの出資は，サムスンへの対抗という意図もあると思われる。実際，郭氏は，「日本企業と鴻海が組めば韓国企業に勝てるのでしょうか」と問われ，「もちろん。間違いない。100％勝てます」と答えている（『日経エレクトロニクス』2011.8.8, 46頁）。
20　台湾において，日本企業をはじめとする先進国企業からの直接投資や ODM 委託は，多くの技術を台湾にもたらしたと言われる。直接投資では，先進国企業が台湾に設立した子会社への技術移転や，部品の現地調達を通して台湾の部品企業に対する技術指導を通して，また ODM 委託では，先進国企業が自社のブランドを冠した製品としての高いレベルの確保のための委託先台湾企業への継続的な技術指導を通して，多くの技術がもたらされたのである（中原 2009, 53-58頁）。

参考文献　（アルファベット順。中国語文献はピンインによる）
［英語］
McKinsey & Company (2015), *Why emerging-market companies acquire abroad*, http://www.mckinsey.com/business-functions/strategy-and-corporate-finance/our-insights/why-emerging-market-companies-acquire-abroad.
Sturgeon, T. J. and Lee, J. (2001), "Industry Co-Evolution and the Rise of a Shared Supply-Based for Electronics Manufacturing," *Globalization Study, MIT Industrial Performance Center Special Working Paper Series*, 01-003, Cambridge.

Yusuf, Shahid (2004), "Competitiveness through Technological Advances under Global Production Networking," in *Global Production Networking and Technological Change in East Asia*, eds. Yusuf, Shahid, M. Anjum Altaf and Kaoru Nabeshima, Washington DC: World Bank, Oxford University Press.

［中国語］
鴻海精密工業股份有限公司（2016）『鴻海精密工業股份有限公司　民国一〇四年度版年報』。
『経済日報』2016.2.15。
『聯合晩報』2012.11.13。
『天下雑誌』2012.5.2, 2012.7.25, 2016.3.1。

［日本語］
赤羽淳（2014）『東アジア液晶パネル産業の発展―韓国・台湾企業の急速キャッチアップと日本企業の対応―』勁草書房。
経済産業省（2010）『平成22年度産業技術調査報告書　我が国企業の研究開発投資効率に係るオープン・イノベーションの定量的評価等に関する調査』http://www.meti.go.jp/policy/economy/gijutsu_kakushin/innovation_policy/kaihatu-hyoka-22.htm。
金奉春（2011）「中国における台湾EMS企業の急成長の要因分析と将来予想―鴻海集団（Foxconn）の発展経過を分析し，今後の事業展開の方向を予測する―」『龍谷ビジネスレビュー』No.12 1-21頁。
佐藤幸人（2007）『台湾ハイテク産業の生成と発展』岩波書店。
『週刊ダイヤモンド』2012.9.1。
中田行彦（2016）『シャープ「企業敗戦」の深層―大転換する日本のものづくり』イースト・プレス。
中原裕美子（2009）『台湾―黒子に徹するIT企業群』中川涼司・髙久保豊編著『東アジアの企業経営―多様化するビジネスモデル』ミネルヴァ書房，48-68頁。
『日経エレクトロニクス』2006.7.31, 2011.1.10, 2011.8.8, 2012.5.14, 2016.4。
『日経産業新聞』2016.4.4。
『日経ビジネス』2008.2.18, 2012.9.3, 2012.10.15。
『日経ものづくり』2012.11。
『日本経済新聞』2010.12.27, 2012.11.1, 2012.11.15, 2012.11.20, 2012.11.22, 2015.10.26, 2016.2.6, 2016.3.30。
日本経済新聞社（2016）『シャープ崩壊―名門企業を壊したのは誰か』日本経済新聞社。
『台湾週報』2012.2.10。

結章

タックスヘイブンと変貌する世界の大企業体制

はじめに

　近年の世界経済において，アジア NIEs（韓国，シンガポール，台湾，香港）や BRICs（ブラジル，ロシア，インド，中国）諸国などの新興国の企業は，売上を増加させ規模を拡大している。その一方で，アメリカなどの先進国の多国籍企業は，事業活動領域における諸活動をグローバルに最適配置することによって営業利益の最大化を図るだけではなく，獲得された利益をグローバルに管理することによって税引き後利益の最大化を実現しようと行動している。つまり，先進国の多国籍企業は知的財産を戦略的に活用し，企業価値を最大化しようとしている。

　そこで，本章では，新興国の多国籍企業と先進国の多国籍企業がグローバル競争のなかで途上国を巻き込みながら行動することによって世界の経済・社会に及ぼされる影響，すなわち多国籍企業の経営戦略とその受入国と本国，さらにはタックスヘイブン（税回避地）化する狭隘な島嶼国について考えてみる。

第1節　先進国と新興国の多国籍企業

1. 混とんとする世界経済

　第二次世界大戦後の世界経済は，自由貿易を推進する関税及び貿易に関する一般協定の締約国団（GATT），のちの世界貿易機関（WTO），および自由貿易体制を支える国際通貨基金（IMF），さらに経済開発協力機構（OECD）や

先進国により構成された主要国首脳会議（G7）などによって調整されてきた。

しかし，1990年代以降に金融分野を皮切りに進展してきたグローバルな自由競争の潮流のなかで，いくつかの社会主義諸国が従来のシステムを変容させ自由貿易体制へと移行した。そして，G7の構成国に急速に経済発展してきた新興諸国など12カ国および欧州連合（EU）を加えた20カ国の地域首脳会議（G20），ないしはアメリカと中国の戦略会議（G2）などによって世界経済は調整が試みられるようになってきた。

たとえば，ヨーロッパは20世紀にその域内を主戦場とする2度の世界大戦において戦勝国も含めて多くの諸国が疲弊した経験を有する。また，紛争の原因にもなりうる経済的格差の存在を内在している。つまり，域内に先進国から途上国までを抱えている。さらに，ヨーロッパでは20世紀終盤以降に大気汚染などの環境問題が局地的ではなく国境を越えて拡大している。それらに対して，ヨーロッパの諸国は国家を超えた地域連合でこれらの問題を解決しようとしてマーストリヒト条約を掲げてヨーロッパ連合（EU）を成立させた。その後，東ヨーロッパの諸国がEUに加盟し，EUは拡大してきた。

しかし，近年，EUはその域内の諸問題を解決する経済的な負担が増加し，その調整の限界を露呈させた。最近では2010年のギリシャの財政危機，2013年のキプロスの金融危機がその例である。とくに，ギリシャやキプロスが位置するバルカン半島周辺は，EU対ロシア，キリスト対イスラムが対置している地域であり，政治的に緊迫した状態が続いている。さらに，2015年には中東やアフリカの紛争地域の多くの難民が経済的に豊かで比較的人権が保護されるEUを目指してこの地域を経由して移動していて，EU内部においては人々が国境を越えて自由に移動できるためドイツなどにおいて移民問題が発生している（Sassen, 伊豫谷訳 1997, 154-155頁）。

というのも，ヨーロッパの先進諸国では移民（難民を含む）によって自分たちの職が奪われる，または自分たちが納めた税金から社会保障費の多くが移民に対して使用されるという理由から移民の受け入れに反対する人々もいるからである。現代の労働者の人権問題は，また移民の人権問題にかかわっているのである（伊豫谷 2001, 123-124頁）。それゆえ，EUにおいて各国の難民の受け入れ条件がまとまらず，EUは域内の構成諸国を支えていく経済的な余裕も

なくなってきた。こうした問題は，移民が労働力として移入しなかったとしても，国外に資本が出ていけば産業の空洞化問題が発生する議論につながっていく。それらに関連して，2016年にイギリスはEUを離脱する選択をした。

上述したように，20世紀終盤以降，グローバリゼーションの進展によって資本や労働力，そして製品やサービスの移動がより容易になりつつある。そのなかで，アジアにおいて製造業の産業内分業が国際分業関係として発展してきた。その分業の担い手として発展してきた新興国，または自国内の埋蔵資源を採掘し輸出することによって経済力を蓄えてきた新興国は，先進諸国と協力して世界経済の安定化を目指すよりも，グローバルな自由競争のなかで自国の政権基盤の安定のために自国の企業と経済の発展をより優先的に扱おうとした（夏目 2014，119頁）。

このように各国が自国の経済発展を優先することによって，またそれらに対する先進諸国も自由貿易体制を堅持しつつも保護貿易政策を展開することによって，ブレマー（Bremmer, I.）とルービニ（Roubini, N.）によれば，21世紀の世界経済は，国家資本主義の台頭によって国際的なリーダーの空白状態（Gゼロ）になるという（Bremmer and Roubini 2011，6頁）。

2. 新興国の多国籍企業の躍進と先進国の多国籍企業

ところで，いち早く産業革命を達成したイギリス，フランス，そしてアメリカに対して遅れて資本主義化したドイツや日本のような諸国は殖産興業政策を採用した。そして，インフラストラクチャーに関連する産業を中心に，たとえば，石炭，鉄鋼，化学，電機などの基幹産業における企業が国家の保護育成政策の下に置かれた。つまり，特定の産業企業が国策として保護され，育成された。そのために，その産業に属する少数の企業同士のカルテルも実質的に容認されたのである（Levy 1935）。

つまり，国家が主導する資本主義的な展開は新しい現象ではない。かつて世界中に植民地を所有したイギリスやフランス，さらに，広大な国土と資源を有するアメリカに対して，新しく工業国として発展してきたドイツや日本との間にその諸資源の供給元であり消費市場となる植民地をめぐり戦争に至ったことは歴史に刻まれている。現代においては20世紀の経済的リーダーであった先

進諸国（G7 の構成国）と新興諸国，たとえば中国やロシアとの間で国際的な緊張が高まりつつある。その脈略においてブレマーらの見解は的を射ているといえる。とくに，資源を確保するという国家政策の下で資源関連産業において，また情報通信技術の発達にともなった社会変革（ICT 革命）のなかで ICT 関連の産業において，新興国とその多国籍企業の台頭がみられる。

　たとえば，雑誌『フォーチュン』において毎年発表されるグローバル 500 社（http://beta/fortune.com/global500/）のなかで，2016 年の世界の売上高順位における第 1 位は，小売業のウォルマート社（アメリカ）であり，その売上高は 4821 億ドルである。しかし，第 2 位から第 4 位は中国企業であり，第 2 位は電力配送の国家電網公司（ステイト・グリッド社）である。第 3 位と第 4 位は，石油業の中国石油天然気集団公司（ペトロチャイナ社）と中国石油化工集団公司（シノペック社）である。第 5 位と第 6 位も，石油業のロイヤル・ダッチ・シェル社（オランダ）とエクソン・モービル社（アメリカ）である。

　売上高の第 7 位と第 8 位は，自動車産業の VW 社（ドイツ）とトヨタ社である。第 9 位は ICT 産業のアップル社（アメリカ）であり，その売上高と利益額は 2337 億ドルと 533 億ドルであり，その利益額は世界第 1 位である。売上高の第 10 位は BP（ブリティッシュ・ペトロリアル）社（イギリス）であり，世界の売上高の上位 10 社のなかで，半分の 5 社が石油精製業企業である。また，鉱物資源開発のグレンコア社（スイス）も売上高の第 14 位に入っている。さらに，売上高の第 15 位以降においても先進国，および新興国，たとえばロシアやブラジルの資源関連の企業が上位に入っている。

　また ICT 革命のなかで台頭してきた新興国の ICT 関連の企業は，売上高の第 13 位にサムスン社（韓国），第 25 位にホンハイ社（台湾），そして第 129 位にファーウェイ社（中国）が上位に位置している。さらに，金融分野においても新興国の企業が躍進している。

　そうした新興国の多国籍企業が台頭している一方で，1990 年代以降の経済のグローバル化のなかで，資本の自由化が進み，先進国の多国籍企業が大きく発展することによって，結果として国家の境界の位置づけが相対的に低くなっている現状がある。例をあげれば自由貿易協定（FTP）を締結した国同士において，お互いの多国籍企業が相手国を訴える投資家対国家間の紛争解決条項

(ISD 条項：Invester State Dispute Settlement）が存在する。これは，外国企業の投資を保証するため，多国籍企業がその進出先国の不当な規制で損害を被った場合，その国を国際仲裁機関に訴えることができるというものである（中本 2012, 176 頁）。

つまり，これまでの国家資本主義の台頭と異なる事態があらわれている。そうした企業の代表がアップル社である。先進国の多国籍企業の活動は，自由競争という前提の下で，進出先国のみならずその本国の経済や社会の発展に結びつかないこともある。極端な場合には，多国籍企業は本国国家とは無関係に企業の利益を追求しはじめたという事例がある。先進諸国の巨大な多国籍企業はグローバルな生産と流通を実質的に統制している。さらに，多国籍企業は租税を回避する国際税務戦略を実践することによって，その本国国家の財政にまで影響を及ぼしながらその存在を強固なものにしている（林 2013, 418 頁）。

現代の世界経済は，新興国とその多国籍企業，先進国，そして先進国の多国籍企業が競争と協調を綱引きするような関係で動いているといえる。

第2節　多国籍企業のオペレーション・マネジメントとタックス・マネジメント

1. オフショア・アウトソーシング（海外製造委託）

この節では，近年の先進国の ICT 多国籍企業の行動方式の特徴を見ていこう。1990 年代までの多国籍企業は，国内企業にはない独自の国際的な優位性を発揮することで成長してきた。つまり，企業は複数国に海外直接投資（FDI）を通じて生産子会社と販売子会社を設立し，さらに研究開発（R&D）拠点を配置することによって北アメリカやヨーロッパなどの域内において垂直統合を推し進めた。その結果，多国籍企業は，それらの垂直的なサプライチェーン（供給連鎖）をその企業内貿易を通じてどのように管理するか（Dunning and Rugman 1980, p.230），そして，彼らがその国際的な事業からどのように安定的に利益を得るかに最大の関心を持ったのである。

しかし，多国籍企業は，1990 年代以降，その行動様式を大きく変えてきた。

現在では，グローバルな活動から生み出される価値をどのように持続的に増加させていくかにその目標が変化してきている。企業価値をどのように測るかはいくつかの指標があり，またその評価も困難なものであるが，少なくとも株式時価総額（および純有利子負債）が大きく関連していることに異論はないであろう。企業は企業価値を高めるために株式総額を高めようとするのである。

　このような多国籍企業の行動様式の変化は，彼らの経営環境の変化から起こった。まず，1980年代前半の日本のICT企業や自動車企業のグローバルな躍進のなかで，アメリカの大企業は，巨大企業に付随的に発生するその内部の官僚制の弊害問題などによって，取引コストを上回る管理調整にかかわるコストなどを発生させていることに気がついた（Dyer and Ouchi 1993, p.62）。

　さらに，1990年代以降の社会主義諸国の市場経済体制への移行や金融派生商品市場の拡大などのグローバリゼーションの進展，およびICT革命などがアメリカやヨーロッパの多国籍企業の経営戦略の転換を後押しした。

　企業のグローバル競争が激しくなるなかで，たとえばICT企業のIBM社はPC事業のオープン・アーキテクチュア戦略を実践した。その結果，PC/AT互換機に参加する企業は，共通のインターフェイスでつながれ，利益を分け合うことになった。そのなかで，マイクロソフト社はオペレーティング・システム（OS）の使用料から利益を得るビジネスモデルを実現させた。つまり，実際の使用と所有が分離された管理手法，すなわち知的財産権を軸とした管理モデルの出現が大きな転換期となった。

　というのも，事業活動で主な利益を生み出してきた製造や販売活動が大きな利益を生み出さなくなってきたからである。すなわち，グローバル競争による価格競争の激化によって，R&Dから生産，販売，アフターサービスまでの垂直的なサプライチェーンのなかで，生産，販売の事業で利益をあげることが難しくなってきたのである。

　反対に，知的財産の所有とその使用料から利益と企業価値を生み出すことが容易になってきた。知的財産とは，特許を獲得した技術や確立された企業的評判，すなわちブランド価値を指す。言い換えると，R&Dによって生み出された技術の特許などの使用料と製品の販売後のアフターサービスの事業で，つまりランニングコストの回収をシステム化することによって利益をあげる仕組み

が成立してきた（高橋 2012, 74 頁）。

とくに，グローバルにブランドが確立されている企業は，その管理が容易なためファブレス化しやすいのである。WTO が推進する自由貿易体制が整備されればされるほど多国籍企業にとって自由に活動できる範囲が広がるのである。それゆえ，アメリカやヨーロッパの ICT 産業の多国籍企業は，その製造の多くをアジアの製造業企業にオフショア・アウトソーシング（海外製造委託）するようになった。

アメリカやヨーロッパの ICT 産業の多国籍企業は，垂直的なサプライチェーン，すなわち生産・販売ネットワークにアジア NIEs の企業，または中国やインドの企業を組み込むようにオフショア・アウトソーシングを開始した。しかし，これによって資本規模が小さかったアジアの企業はモジュール部品の製造に特化してさらに成長していった（United Nations 2006, p.128）。つまり，先進国の多国籍企業は，その製造部門を切り離し，アジアの企業がそれを担う。そして，多国籍企業はそれらのサプライチェーンを管理するという重層的な構造ができあがったのである。

現代の多国籍企業は，事業活動領域における諸活動について，自身が保有し管理する中心を知的財産に移動し，その製造および販売活動を外部委託に移行し，企業自体をスリム化している。つまり，多国籍企業は，事業をオフショア・アウトソーシングすることによって製造と販売のコストを削減し，営業利益の最大化を図るオペレーション・マネジメントを実践している。

2. 多国籍企業の国際税務戦略

上述の多国籍企業のオフショア・アウトソーシング戦略は，主に営業利益の最大化を目指し効率的な管理を追求した経営戦略に従った結果である。さらに財務の機能の一部を企業の本社から切り離す戦略も展開されている。つまり，現代の多国籍企業は税務戦略としてタックスヘイブン（租税回避地）を大いに利用して，獲得された利益を地球規模で管理することによって税引き後利益の最大化を実現しようと行動している。

ICT 革命のなかで，とくにアジアにおいて ICT 関連製品の産業内分業が進行した。それは多国籍企業のオフショア・アウトソーシング戦略とも呼応す

る。その結果，たとえばアメリカの多国籍企業の本社と子会社，または子会社同士における企業内貿易の比率は 1995 年以降わずかに低下してきている（*Survey of Current Business* 各年版参照　http://www.bea.gov/scb/）。しかし，多国籍企業の国際税務戦略において，多国籍企業のタックスヘイブンを介した企業内貿易は，むしろ重要な位置を占めるようになってきている。

　多国籍企業の優位性は，その子会社が位置する各国の制度の違いを利用できることである。たとえば，課税対象がその所得を稼いだ場所（源泉地国）と，受益者が通常本拠を置く場所（居住地国）との違いを利用できることにある（Palan, Murphy and Chevagneux, 青柳訳 2013, 145 頁）。とくに知的財産の客観的な価格設定が困難な場合に企業内取引の価格を恣意的に決定する移転価格操作の濫用が目立つのである。つまり，多国籍企業は営業利益をグローバルに管理して，具体的にはタックスヘイブンを経由してブランド使用料などを調整することによって自社の最終利益を管理するタックス・マネジメントを実践している。

　というのも，多国籍企業は実物資産を削減することによってその本体の財務活動を最小化し，税引き後の最終利益を最大化するよう経常利益を調整しているからである。さらに，その活動は負債を圧縮することにも結びついていく。つまり，現代企業において，企業資産の多くが知的財産によって占められることによって，知的財産がすなわち企業価値の源泉となっている。それゆえ，企業は資産における知的財産を増やすためにオフショア・アウトソーシングによって営業利益の最大化を図る。また，その企業価値の多くは株式時価総額によってあらわされるため，企業は株式総額を増やすよう税引き後利益の最大化を図るのである。

　また，現代の多国籍企業は，その経営管理において，その内部の管理だけではなく，外部とのコラボレーションを必要としている。言い換えれば，彼らの問題は，その知的財産のサプライチェーンにおける使用と管理である。多国籍企業は，自らの明確な目的をもったグローバルな経営戦略に基づいて，生産，財務などの職能別に，または事業別や地域別に，その最適な配置に向けて組織構造を再編成していく。現在はその製造部門を切り離し，知的財産部門を形式的に海外に移転する段階になってきている。つまり，現代の多国籍企業は，一

方で資本統合のないまま生産・販売ネットワークを効率的に管理する手法を生み出し，他方で知的財産の所有権のライセンス管理などから利益を抽出する方法を精緻化してきている（林 2015, 48 頁）。

こうした国際的な2元（2層）管理が可能になった背景には，グローバルなレベルで知的財産の所有権と管理が確立したことにある。また，技術特許や商標権についての不法活用が国際的に厳しく取り締まられるようになったこともその理由といえるだろう。

1990 年代以降の国際的な資本移動の規制緩和と ICT 革命による金融の決済などの瞬時化，そして台湾，韓国や中国，インドをはじめとするアジア諸国の世界的な生産拠点の勃興というグローバルな経営環境の変化によって，現代の多国籍企業は事業管理と税務管理という2元のマネジメントをグローバルな水準で最適化を図り，企業グループ全体に最終的に帰属する税引き後利益を最大化するよう行動していると考えられる。そして現代の地球規模の産業社会においては，税引き後利益は企業価値すなわち株主価値を体現している。とりわけ，ICT 産業は製造業にあってもその製品の技術的仕様と生産技術の標準化が進展し，ブランドイメージを形成する製品コンセプトおよび設計技術などの知的財産権が企業価値の中心になるようなハードウエアからソフトウエアへの移行が顕著な産業である。

このように，1990 年代以降の経営環境変化が進行するなかで，ICT 産業における知的財産権を企業の戦略的な企業価値とする多国籍企業は，このオペレーションとタックスの2元管理によって，グローバルにその知的財産権すなわち企業価値の最大化を図る経営活動を行ってきたと考えられる。それらによって，グローバルな経営活動からもたらされる税引き後利益の最大化につながるマネジメントが出現してきた。

3. アップル社の経営戦略

知的資産のグローバルな2元管理は，税引き後の利益の最大化を追求し，それは企業価値の最大化につながる。その結果，知的財産の増大ということにつながるのである。世界の売上高の第9位，利益額の第1位のアップル社はまさにそうした企業の代表といえるだろう。

まず，2014年度の世界の株式時価総額の上位企業を見てみると，その第1位はアップル社の7247億ドルで，第2位が石油精製業のエクソン・モービル社，第3位が保険産業のバークシャー・ハサウェイ社であり，第4位はグーグル社の3458億ドルで，第5位はマイクロソフト社であり，アメリカのICT企業が上位に位置している。日本企業のその最上位はトヨタ社の2389億ドルであり，第15位に位置している（*Financial Times Global 500*, 2015, http://www.ft.com/intl/cms/s/2/1fda5794-169f-11e5-b07f-0144feabdc0.html#axzz48nT7XU60）。

トヨタ社はグーグル社の3倍強の売上高を計上しながら，株式時価総額ではグーグル社の約2/3にとどまっている。アメリカのICT企業がいかに株式時価総額を重視して経営しているかがわかる。

次に，フォーチュン・グローバル500にランキングされた主なICT企業を見てみよう（図表11-1参照）。売上高の上位は，アップル社，サムスン社，そしてホンハイ社の順である。売上高純利益率の上位は，アップル社（22.8％），グーグル社（21.8％），インテル社（20.6％）である。総資産利益率（ROA）の上位は，アップル社（18.4％），IBM社（11.9％），インテル社（11.1％），グーグル社（11.1％）であり，株主資本利益率（ROE）の上位は，IBM社（92.5％），アップル社（44.7％），ファーウェイ社（32.0％）である（*Fortune Global 500*, 2016, http://beta.fortune.com/global500/）。売上高では新興国の企業が上位に位置づけられるが，ROAやROEではアメリカの企業が上位に位置づけられる。

とくに，3つの指標で上位を占めるアップル社の実効税率をそれぞれの報告された財務諸表からみると，2015年が26.31％，2014年が26.10％である（http://files.shareholder.com/downloads/AAPL/1777142890x0x861262/2601797E-6590-4CAA-86C9-962348440FFC/2015_Form_10-K_As-filed_.pdf）。これらの数値は，アメリカのカリフォルニア州の法人税率（およそ41%）と比較すると大きく低いことがわかる。

そこでアップル社をもう少し詳しくみていこう。というのも，アップル社は，1990年代前半までは従来の多国籍企業の経営に従って内製化に軸足を置いていたが，その創業者のジョブス（Jobs, S）氏が復帰した1996年以後はオ

図表 11-1　世界の主な ICT 企業の経営状況

順位	企業名	売上高 (100万ドル)	純利益 (100万ドル)	総資産 (100万ドル)	総株式資本 (100万ドル)	純利益/売上高 (%)	純利益/総資産 = ROA	純利益/自己資本 = ROE
9	Apple	233,715	53,394	290,479	119,355	22.8%	18.4%	44.7%
13	Samsung（韓）	177,440	16,532	206,585	147,468	9.3%	8.0%	11.2%
25	HonHai（台）	141,213	4,627	70,287	30,682	3.3%	6.6%	15.1%
44	Amazon	107,006	596	65,444	13,384	0.6%	0.9%	4.5%
48	HP	103,355	4,554	106,882	27,768	4.4%	4.3%	16.4%
63	Microsoft	93,580	12,193	176,223	80,083	13.0%	6.9%	15.2%
71	Siemens（独）	87,660	8,338	134,320	38,476	9.5%	6.2%	21.7%
79	日立	83,584	1,434	111,684	24,338	1.7%	1.3%	5.9%
82	IBM	82,461	13,190	110,495	14,262	16.0%	11.9%	92.5%
92	ソフトバンク	76,469	3,950	184,261	23,257	5.2%	2.1%	17.0%
94	Google	74,989	16,348	147,461	120,331	21.8%	11.1%	13.6%
113	ソニー	67,519	1,231	148,366	21,920	1.8%	0.8%	5.6%
128	パナソニック	62,921	1,610	49,804	15,172	2.6%	3.2%	10.6%
129	Huawei（中）	62,855	5,873	57,311	18,329	9.3%	10.2%	32.0%
158	Intel	55,355	11,420	103,065	61,085	20.6%	11.1%	18.7%
169	東芝	52,032	▲3,832	48,348	2,926			
180	LG（韓）	49,996	110	30,977	9,918	0.2%	0.4%	1.1%
183	Cisco	49,161	8,981	113,481	59,698	18.3%	7.9%	15.0%
202	Lenovo（中）	44,912	▲28	24,933	3,000			

（出所）　Fortune Global 500, 2016（http://beta/fortune.com/global500/）より抜粋。

フショア・アウトソーシングを実践することによって営業利益を増大させたからである（百嶋 2013, 6頁）。アップル社の利益率の推移を見てみると，純利益率は，2004年から2012年まで上昇し，2010年以降は20％以上を維持している（http://aaplinvestors.net/stats/salesincome/）。

たとえば，2015年度のアップル社の損益計算書の売上原価，販売管理費，そして営業利益の比率は，それぞれ60％，10％，30％である（http://files.shareholder.com/downloads/AAPL/1777142890x0x861262/2601797E-6590-4CAA-86C9-962348440FFC/2015_Form_10-K_As-filed_.pdf）。それに対して，日本企業のパナソニック社の2015年のそれは，それぞれ72％，23％，5％である（http://www.panasonic.com/jp/corporate/ir/pdf/panasonic_ar2015_

j.pdf）。アップル社の営業利益率の高さは，売上原価と販売管理費の圧縮から生成されているといえる。

　次に，アップル社の貸借対照表に占める長期の有価証券の比率（2015年）は56％であり，それに現金と短期の有価証券の比率（14％）を加えると70％を占める（http://files.shareholder.com/downloads/AAPL/1777142890x0x861262/2601797E-6590-4CAA-86C9-962348440FFC/2015_Form_10-K_As-filed_.pdf）。それゆえ，アップル社の有形固定資産がいかに少ないか見て取れる。反対に，日本のパナソニック社のそれは，5％と22％である（http://www.panasonic.com/jp/corporate/ir/pdf/panasonic_ar2015_j.pdf）。つまり，パナソニック社の場合にはアップル社に比べて長期の有価証券の比率が少なく，有形固定資産の比率が高いのである。これらの数値は，アップル社のオフショア・アウトソーシング戦略を裏付ける。

　さらに，シェパード（Sheppard, L.）氏は，次のように述べている。「アップル社の企業価値の本質は，その卓越した技術と洗練されたデザインおよびそこから培われたブランド力であり，この企業価値を生み出す知的財産権を，その工業製品に具現化して市場で販売し，キャッシュとして回収することによって，純利益の拡大を図り，結果として企業価値を増幅させようとするのがアップル社の基本戦略である。アップル社は，この基本戦略をタックスヘイブンであるアイルランドに子会社を設立するとともに，中国の企業への製造委託を活用することによって実効性を高めて，その企業価値を拡大してきたのである（*Forbes* 2013 May）」。

　さらに，アップル社は，「ダブル・アイリッシュ＆ダッチ・サンドイッチ」という節税スキームを開発した。アップル社においては，世界中のアップル社の子会社を統括するアイルランドのアップルの子会社（AOI）が2009年から2012年に300億ドルの利益を計上したが，どこにも税金を納めていないという。というのも，アメリカでは法人化されている場所が会社の所在地と見なされるが，アイルランドでは経営ないし管理している場所が会社の所在地と見なされるためである。つまりAOIの実質的な経営はアメリカで行われているため，どこにも納税しないで済むのである（*The Economist* 2013 May 25, pp.59-60）。アップル社は上述のスキームによって2重非課税という状況をつ

くり出している。

　アップル社のケースでみてきたように，現代の典型的な多国籍企業は，その売上を本社の知的財産として海外で管理している。また，彼らは，オフショア・アウトソーシングによって製造と販売のコストを圧縮する。このように多国籍企業は，製造委託行動によって営業利益を最大化しようとしている。

　さらに，多国籍企業は，タックスヘイブンを活用して，営業利益を最大の税引後利益に変換しようと試みている。なぜならば，多国籍企業は，企業価値の最大化のために税コストの最少化を図っているのである。つまり，多国籍企業は，製造と販売のコストの削減，および財務活動のコストの削減という2つの活動によって，管理された最大の利益が確保されるような再生産構造，すなわち2元的マネジメントモデルを採用している。

第3節　多国籍企業の行動が途上国へ及ぼす影響

1. 多国籍企業と南北問題，南々問題

　新興国の多国籍企業の成長と先進国の，とくにアメリカの多国籍企業の株価重視の行動が世界経済へ及ぼす影響を考えてみる。第1節でみてきた世界の多国籍企業の売上高と世界の国々の国内生産高（GDP）を比較してみる。

　2015年の世界のGDPの下位5カ国（第190位から第186位）は，ツバル（3300万ドル），キリバス（1億6200万ドル），マーシャル諸島（1億8300万ドル），パラオ（2億8700万ドル），ミクロネシア（3億1800万ドル）であり，いずれも太平洋島嶼国である。さらに，世界のGDPの下位20カ国のなかで太平洋島嶼国は実に9カ国を占めていて，他の11カ国は，カリブ海島嶼国の6カ国，そしてアフリカの5カ国である（http://www/globalnote.jp/post-1409.html, データ元：IMF-World Economic Outlook Databases）。そのなかでアフリカの2カ国を除いた18カ国は，周りを海に囲まれた小さな島嶼国である。

　たとえば，ツバルのGDP値がウォルマート社の売上高の約1万5000分の1，アップル社の利益額の約1600分の1であることからもその経済格差が見て

とれる。多国籍企業の売上高や利益額は，途上国，とくに，最貧国に属する太平洋やカリブ海の狭隘な島嶼国の GDP をはるかに上回る規模である。

多国籍企業は，グローバルな生産と流通の供給連鎖を効率的に管理しようとしている。たとえば，石油メジャーと称される多国籍企業は油田の開発から石油精製，さらに，石油製品の製造までの製造工程も含めて川上から川下までを生産し管理している（山崎 2008）。実際に，石油業の巨大企業であるエクソン・モービル社は，化学産業の分野でも世界の上位の売上高を有している。

また，1990 年代以降の BRICs の成長によって食糧需給に変化が生じ，その食糧を生産するのに必要な肥料や農薬に鉱物資源が必要なために，一部の資源関連の多国籍企業は肥料分野に進出している（小嶋 2013, 55 頁）。

反対に，一次産品を供給する途上国は，この供給連鎖の始点であり，その生産と流通の連鎖が多国籍企業の管理下にある限り，取引相手としての多国籍企業を避けられないのである。別の取引手段としては，フェアトレード（公正貿易）が考えられるが，現在のところフェアトレードの市場規模は限られている。

新興国の多国籍企業，とくに資源関連企業は，その先進国の市場ではまだ知名度が低い場合もあるが，途上国の市場では先進国の多国籍企業と競争関係にある。たとえば，中国企業の太平洋やアフリカへの進出によって，まさにここにおいてブレマーらのいう G2 のアメリカと中国がせめぎあっている。とくに，資源関連産業において中国（または華人系）の多国籍企業とアメリカやヨーロッパ，さらにオーストラリアや日本の多国籍企業が激しく競争している。同時に，そこでは深刻な環境問題や人権問題が噴出している。

また，天然資源の埋蔵量には限界があり，かつてリン鉱山開発で潤ったナウル共和国のように鉱物資源が枯渇することによって最貧国へと転落した例もある（Folliet, 林訳 2011, 135 頁）。つまり，途上国は外国の多国籍企業の投資によって一時的に経済が成長したとしても，資源が枯渇する前に次の産業，すなわち産業構造の高度化を実現できなければ，ナウル共和国のように最貧国に逆戻りである。

先進国と新興国の多国籍企業が台頭している背景には，規制が国家の枠を超えられないゆえに企業がそれを利用して利益を拡大していることがあげられ

る。しかし，このような企業行動の背後にある国家の存在は無視できない。ブレマーらが述べているように，従来の南北問題（North-South problem）が残されたまま新興国が台頭しグローバルな競争が激化するなかで，多国籍企業とその本国がほぼ一体となって活動し，南々問題（South-South problem）をはじめとする新たな問題を引き起こしている場合がある。その結果，最大の被害者は経済的弱者である最貧国である。唐沢によれば，そこに現代の世界経済の課題を特徴的に見ることができるといえる（唐沢 2013，70-73 頁）。

2. 多国籍企業の国際税務戦略とタックスヘイブン

　世界のなかで天然資源の乏しい狭隘な国家やイギリスやその他の先進諸国の海外領土（自治政府）や旧植民地などの最貧国は，市場経済化が推進されるグローバル化の潮流に乗り，タックスヘイブン化して多国籍企業や富裕な個人の投資を引き寄せようとしている。前述した世界の GDP の下位に位置する狭隘な島嶼国のいくつかがタックスヘイブン化政策を採用している。というのも，多国籍企業の多くがその企業内取引の際に，タックスヘイブンを利用する国際税務戦略を採用するからである。

　多国籍企業が発展し，企業の立場が優位になると，各国は，たとえば，税などを軽減する経済特区を設置する，または法人税率を引き下げる。これによって自国の企業の海外移転を阻止し，また外国企業を誘致しようとしている。しかし，多くの場合，そうした経済政策を採用しても経済・社会の発展を達成できていない（Palan, Murphy and Chevagneux, 青柳訳 2013, 249-252 頁）。

　多国籍企業は生産と流通の効率性だけではなく，税をコストとして計算し，それをできるだけ回避する国際税務戦略を駆使して利益をあげようとしている。とくに，多国籍企業は税制度が十分整っていない途上国の子会社からの輸出について，それらを利用して取引を行う。つまり市場価格の設定が困難な知的財産について実質的な移転価格を用いてタックスヘイブンに記載された会社と帳簿上の取引を行うことによって実効税率を低く抑えている。

　たとえば，2008 年に資源商社のグレンコア社が銅産出国のザンビアに支払った金額とザンビア政府が受け取った金額との間に 6600 万ドルの差があり，さらに，ザンビアの銅の主要な輸出先（帳簿上）であるスイスの銅の再輸出価格

がザンビアのそれの 6 倍となっているという。それらの数値からザンビアの潜在的損失額は 114 億ドルであり，これはザンビアの GDP の 8 割に及ぶという（三村 2011）。

　つまり，途上国は，資源産出国であれ，タックスヘイブンであれ，多国籍企業の国際税務戦略に利用されているのである。結果として，途上国は自国に納入されるべき税額が多国籍企業に蓄積されているだけでなく，多国籍企業の本国に納入されるべき税額の一部が多国籍企業に蓄積される手助けをしているのである。

　現在では，多国籍企業のこの租税回避行動がその本国である先進国の国家財政にも大きな影響を及ぼしている。それゆえ，G7 や G20 などの先進国側からも租税回避の問題が提起され，タックスヘイブンとともに多国籍企業の行動を規制しようという動きもある。たとえば，OECD や G20 は「世界規模の公正かつ現代的な国際課税システム」の導入に向けて，つまり，知的財産権の取引を透明化してその納税状況の報告を義務づける国際的なルールを作成するという（『日本経済新聞』2015 年 8 月 13 日）。多国籍企業は，利益を追求する活動のみを最優先するなかで世界の所得の再分配のアンバランスを拡大させている。

おわりに

　2016 年にいわゆる「パナマ文書」が世界に公にされ，世界中の富裕な人々や大企業の税逃れの一部が白日にさらされた。その結果，1998 年に OECD が実施した「有害な税競争」に対する取り組み以来の大きな話題となり，市民からタックスヘイブンの問題点が改めて問題視されるようになってきた。つまり，タックスヘイブンという法制度の抜け穴とそれを利用する多国籍企業が世界経済に多大な影響を与えている現状が明らかになった。

　そこで，OECD や G20 をはじめとする国際的な機関によって，その規制が検討され実行されようとしている。多国籍企業とタックスヘイブンとの資金の流れが明らかにされ，世界経済と社会の発展に向けて税負担の不公正の問題が

少しでも是正されることが望まれる。

※本章は,「南太平洋島嶼国の開発と環境」(南太平洋生態系保全学術懇談会編『南太平洋島嶼国の社会経済開発と生物多様性の保護』(2016) 所収) および「現代多国籍企業における二元的マネジメントモデル」(『龍谷大学経営学論集』第55巻4号 [2016] 所収) を新しいデータをもとに再編し,加筆したものである。

(林　尚毅)

参考文献

[英語]

Bremmer, I. and Roubini, N. (2011)「金融危機が出現させたGゼロの世界」『Foreign Affairs Report』No.3, フォーリン・アフェアーズ・リポート・ジャパン。

Dunning, J.H. and Rugman, A.M. (1980), "The Influence of Hymer's Dissertation on the Theory of Foreign Direct Investment," *American Economic Review*, 75(2).

Dyer, J. H. and Ouchi, W. G. (1993 Fall), "Japanese-Style Partnerships: Giving Companies a Competitive Edge," *Sloan Management Review*.

Folliet, L. (2010), *Nauru, l'île devastée, La Découverte*. (林昌宏訳 (2011)『ユートピアの崩壊ナウル共和国』新泉社。)

Levy, H. (1935), *Industrial Germany: A Study of its Monopoly Organisations and their Control by the State*, Cambridge University Press.

Plan, R., Murphy, R. and C. Chevagneux (2010), *Tax Haven -How Globalization Really Works*, Cornell Univ. (青柳伸子訳 (2013)『徹底解明タックスヘイブン』作品社。)

Sassen, S. (1996), *Losing Control?* Columbia Univ. Press. (伊豫谷登士翁訳 (1997)『グローバリゼーションの時代』平凡社。)

Sheppard, L. (2013 May), "How does Apple avoid taxes?," *Forbes*.

United Nations (2006), "United Nations Conference on Trade and Development Division on Transnational Corporation and Investment," *World Investment Report 2006*.

[日本語]

伊豫谷登士翁 (2001)『グローバリゼーションと移民』有信堂。

唐沢敬 (2013)『世界経済　危機と発展の構図』関西学院大学出版会。

小嶋吉広 (2013)「中国のアフリカ進出について (4)」石油天然ガス・金属鉱物資源機構『金属資源レポート』PDF版。

髙橋俊樹 (2012)「拡大する米国の海外収益」『国際貿易と投資』No.88。

中本悟 (2012)「グローバル企業の投資保護と公共利益との対立」田中祐二・内山昭編著『TPPと日米関係』晃洋書房。

夏目啓二 (2014)『21世紀のICT多国籍企業』同文館。

林尚毅 (2013)「タックスヘイブンと日本企業」Plan, R., Murphy, R. and C. Chevagneux (2010) Tax Haven -How Globalization Really Works, Cornell Univ. 青柳伸子訳 (2013)『徹底解明タックスヘイブン』作品社。

林尚毅 (2015)「企業と社会の共生」竹内貞雄・重本直利編著『共生の現代的探求』晃洋書房。

百嶋徹 (2013)「アップルのものづくり経営に学ぶ」ニッセイ基礎研究所『基礎研レポート』。

山崎克雄 (2008)「国際メジャー・準メジャー・大手国営企業の競争優位」安保哲夫編著『日本石油・

ガス企業の国際競争戦略』ミネルヴァ書房。

［雑誌，新聞，HP］
Fortune Global 500（2016）（http://beta/fortune.com/global500/）．
Survey of Current Business（http://www.bea.gov/scb/）．
The Economist（2013）May 25.
Financial Times Global 500（2015）（http://www.ft.com/intl/cms/s/2/1fda5794-169f-11e5-b07f-0144feabdc0.html#axzz48nT7XU60）．
Apple（http://files.shareholder.com/downloads/AAPL/1777142890x0x861262/2601797E-6590-4CAA-86C9-962348440FFC/2015_Form_10-K_As-filed_.pdf）．
AAPL Investors.net（http://aaplinvestors.net/stats/salesincome/）．
パナソニック（http://www.panasonic.com/jp/corporate/ir/pdf/panasonic_ar2015_j.pdf）．
Global Note（http://www.globalnote.jp/post-1409.html）．
三村琢磨（2011）（http://www.cosmos-international.co.jp/library/11-7.html）．
『日本経済新聞』2015/8/13。

キーワード（用語解説）

【序章】

◆経営戦略

　経営戦略とは，企業の経営環境となる市場のありかた，あるいは新しい技術の登場，競争企業の動向に対応して企業が持続的に拡大し，資本を蓄積していくための長期的な目標と行動方策を立案，決定することである。経営戦略は，具体的に (1) 事業規模を拡大する事業規模の拡張戦略, (2) そのために地理的な事業の多角化戦略と, (3) 新しい製品分野への事業の多角化戦略がある。企業内部にある，人材，物理的な施設・設備，資金，情報などの経営資源を拡張戦略のために配分する政策立案と意思決定こそ経営戦略である。この経営戦略にしたがって20世紀の現代企業は2つの特質をもつようになった。一つは，多角化企業であり，他の一つは，多国籍企業である。

◆A. D. チャンドラー，Jr. による経営戦略の定義

　経営史の泰斗，A. D. チャンドラー，Jr. による経営戦略の定義を見ておこう。A. D. チャンドラー，Jr. によれば，「戦略とは一企業体の基本的な長期目標を決定し，これらの諸目的を遂行するために必要な行動方式を採択し，諸資源を割り当てることと定義される。事業活動を量的に拡大したり，遠隔地に工場や事務所を設立したり，新しい分野へ進出したり，または事業系列の多角化を計るためには，新しい基本目的を定める必要が生ずる。新しい行動方式を考案し，また諸資源の割当てを変えたりしなければならないのは，需要の推移や，供給源の変化や，経済情勢の変動や，新しい技術の開発や，競争者の出方などに対応して，これらの諸目的を達成し，かつ新分野での企業の活動を維持・拡大してゆくためである」(Chandler 1962)。

◆企業内国際分業

　21世紀の大企業が多国籍企業へと事業展開することは，世界的規模で展開する製造，販売，購買，研究開発，マーケティングなどの事業単位が多国籍企業内に内部化される過程であった。その内部化の過程は，新規の子会社の設立か既存の企業を買収・合併する方法によって行われた。こうして多国籍企業の内部で世界的な規模で製品・半製品の開発，製造，物流，販売，マーケティング，サービスが行われ

るようになり，国境を超えた事業単位間で製品・半製品が流通する国際分業を企業内国際分業という。この企業内国際分業は，製品別分業あるいは工程別分業という分業関係に分かれる。製品別分業は，製品の種類ごとに分業がおこなわれ，工程別分業は，各工程ごとに分業がおこなわれる。

◆戦略的提携関係

戦略的提携関係は，企業間で，合併とはゆかないまでも，事業のいろいろな面での結びつきを深める正式な，しかも長期的にわたる友好関係で，合弁事業，ライセンス契約，納入契約，マーケティング契約，その他さまざまの約束である（Porter 1989）。戦略的提携は，パートナーと事業活動を行うほうが，内部でその活動を行ったり，対等の取引に依存したり，他の企業と合併することよりも勝っている時に生じる。戦略的提携は，事業活動を市場の取引を通じて行ったり，企業内部に内部化するのではなく，独立した企業の外部の経営資源を活用する戦略である。

◆ICT（情報通信）産業

ICT産業とはどのような産業か。ICTとはInformation and Communication Technology（情報通信技術）の頭文字である。本章が研究するICT産業は，日本の総務省（2008），OECD（2008）が定義するICT産業を使用する。この定義によると，ICT産業は，情報を電子的に処理し，伝達し，表示する活動を可能にする機器，ソフトウェア，サービスを生産する産業である。それゆえ，ICT産業は，電気通信サービス，エレクトロニクス，IT機器・システム，専業半導体，ソフトウェア，インターネット，通信機器，ITサービスの8つの産業部門を包括する。この定義は，アメリカの商務省（2002）の定義とは異なる。アメリカ商務省の定義には，放送業のハード生産と放送サービス業が含まれている。同省の定義では，IT革命は，デジタル技術の発展により情報と通信と放送が融合する，としているからである（U.S.D.C., 2002）。

【第1章】

◆多国籍企業と対外直接投資

多国籍企業とは，2カ国以上の複数の外国で商品の生産，販売，研究開発，調達などの企業活動を行う企業のことを指す。多国籍企業という用語が，ビジネスの世界で使われ始めたのが，第2次世界大戦後の1950年代後半のアメリカであった。この時代，多国籍企業は，Multinational CorporationとかWorld Enterpriseと呼ばれた。1958年にEEC（ヨーロッパ経済共同体）が設立されたことに対するアメリカ製造企業の対応策であった。多国籍企業の進出は，既存の株式会社の株式の取

得か，あるいは，新規の会社設立という2つの方法をとる。このため，多国籍企業の進出は，現地の株式会社の発行株式総数に占める取得株式数＝持ち株比率で示される。持ち株比率10％以上が，現地の株式会社に影響力を及ぼす範囲と判断され，統計上，多国籍企業の対外直接投資と分類されている。

◆大規模な統合企業

アメリカの大規模な統合企業は，歴史的に見ると，1917年までに大量生産と大量流通を企業内部に垂直的に統合し，購買，製造，販売，物流，マーケティング，保守・サービス，研究開発，財務などの間を通ずる資金，財，情報の流れを効率的に調整できる階層的な管理組織を形成し，競争優位を維持した。さらに，この大規模な統合企業は1920年代から50年代にかけて，異なる市場，異なる地域への経営資源の配分を行うことによって，1970年代までには多角化企業，多国籍企業へと展開したのであった。経営史家，A. D. チャンドラーは，かれの著書（Alfred. D.Chandler, 1977）で，この大規模な統合企業が広く普及したアメリカ資本主義を『経営者資本主義』と呼んだ。

◆専業企業のネットワーク関係

1982年，IBM/PCの登場は，企業の競争的な寡占構造に影響を及ぼした。IBMが，IBM/PCを市場に投入する際にオープン・アーキテクチャ戦略を採用し，パソコンのアーキテクチュア（基本設計思想）を公開した。このためコンパックなど競争企業がIBM/PCのアーキテクチャにしたがって自社ブランドのパソコンの生産，販売にのりだした（Carroll 1993）。このIBMのオープン・アーキテクチャ戦略によって，IBMがIBM/PCの要素技術や周辺装置の開発・製造を外部の専業企業に委託したり，発注したりすることによって専業企業がお互いに補完関係や協力関係（ネットワーク関係）を形成して事業活動できる競争構造ができた（Ferguson and Morris 1993）。こうしてコンピュータ産業は，パソコンやWS（ワークステーション）などの特定の基幹部品への集中や組立など特定の企業活動を担う専業企業の登場により，IT産業といわれるようになった。

◆オフショア金融センター

IMF（1987）の定義によると，オフショア金融センターとは，その内部経済の大きさおよびこれに対する資金調達には不釣り合いな規模で非居住者に対する金融サービスを提供する国または法域（jurisdiction）である。ここでいう法域とは，なじみのない用語であるが，法令の効力の及ぶ地域的範囲という意味。このIMFの定義にしたがえば，オフショア金融センターは，タックスヘイブンと同義と思われる。タックスヘイブンで設立されたペーパー・カンパニーの企業情報は，基本的に

非開示で，誰が代表者なのかがわからないことが多い。同様に，オフショア金融センターもまた，金融サービスの情報は，基本的に非開示で，税率が低い国や法域で設立されるからである。

◆**タックスヘイブン（租税回避地）**

　法人税や所得税などの税率が，極めて低い国や地域をタックスヘイブン（租税回避地）という。香港やシンガポールはじめ，カリブ海の英領バージン諸島，ケイマン諸島，地中海のキプロスが知られる。タックスヘイブンの原語は，Tax Heavenであり，「税金天国」，「税金極楽」という意味。こうした国や地域で設立された企業の多くは，企業活動の実態のない登記上の会社という意味でペーパー・カンパニーと呼ばれる。ペーパー・カンパニーの企業情報は，基本的に非開示で，誰が代表者なのかがわからないことが多い。このため，犯罪組織がこのペーパー・カンパニーを利用するなど資金洗浄問題も指摘される。また，パナマの法律事務所から流出した情報（パナマ文書）が，明らかにしたことは，世界の大物政治家，資産家，有名人の名前が含まれていたことであった。

【第2章】

◆**リストラクチャリング（restructuring）**

　1980年代米国の大企業に始まり，「企業再構築」「事業の再構築」を意味し，不採算部部門の統廃合，人員削減，高収益部門への事業分野のシフト，海外展開，本社・事業部・工場の分離・分社化，M&A（企業合併・買収）等が含まれる。1980年代後半，日本企業の新たな動向として使用され，単に人員削減の意味で「リストラ」を用いられる場合も多い。

◆**垂直統合型企業**

　上流の原材料調達から下流の最終消費に至るまでの財・サービスの事業活動を企業内あるいはグループ内統合した企業。上流の部品の供給会社を合併したり自社内で生産し調達機能を内部化することを後方統合と言い，下流の卸売業者の合併や自社の販売組織を設け販売機能を内部化することを後方統合と言う。

◆**モジュール化**

　製品全体を機能単位，交換可能な構成部分とシステムの一部を構成するひとまとまりの機能を持った部品で，それらモジュールを組み合わせることで製品としての機能を発揮させるもので，モジュール間の接合部（インターフェース）の仕様が規格化・標準化され製品構造が簡単となる。モジュール化によりエレクトロニクス産業ではハードウェアとソフトウェア，設計と製造の分業が進み，ファブレスとファ

ンウンドリ等の国際水平分業体制が形成された。
◆選択と集中
　企業が競争力のある事業や成長分野の事業を「選択」し，経営資源をこの事業に「集中」するという経営戦略。1980年代米国GEの最高経営責任者ウェルチ（John Francis Welch）が提唱・採用した。ウェルチは，将来，世界市場でナンバー1かナンバー2を確保できる得意分野のコア事業のみを残し，それ以外のノンコア事業）はたとえ黒字でも売却・廃止し，大規模なリストラを展開した。

【第3章】

◆半導体
　近年において半導体は，20世紀最大の発明ともいえる自動車の機能にも大きな影響をもたらすようになっている。半導体はエンジンの制御だけでなく，安全性や快適性につながるキーデバイスとして重要な役割を担うまでに成長した。このことから，自動車に対して半導体が占めるコストの割合は，年々高まり続けている。まさに半導体は，我々の日常生活に深く浸透しおり，「産業のコメ」としての意味合いが以前にも増し一層強くなっている。今後も半導体が社会に与える影響は，より大きなものになると思われる。

◆半導体製造装置
　半導体製造装置の評価をめぐって，日本半導体産業の衰退とともに，韓国半導体産業の急速な台頭要因とは何かを明らかにするうえで多くの研究が蓄積されてきた。半導体製造に果たす熟練労働者のノウハウが，装置に体化した結果，韓国半導体産業のキャッチ・アップが相対的に容易になったとの指摘もある。製造装置は半導体を製造するうえで密接な関係性にあるだけでなく，半導体産業の盛衰に大きな影響を与えると言える。

◆日本半導体製造装置産業
　半導体産業が誕生した当初，製造装置は半導体企業内部で製造されていた。しかしながら，日々技術が進歩する中で製造装置に対する研究開発費は年を追うごとに膨大な額になり続けていったため，製造装置産業が誕生したのである。そして現在では，半導体企業にとって代わり，製造装置企業が装置の研究開発・製造を担う業界構造になっている。この製造装置産業で重要な役割を果たしているのが日本である。Gartner March 2014を考察すると，製造装置企業は世界中に82社存在している。そしてその中で，日本の装置企業は37社とアメリカの20社を遥かに凌駕する企業数である。

キーワード（用語解説） 253

◆ DRAM

　DRAM は，一時的にデータを保存する半導体である。PC には不可欠な半導体であるため，この PC 需要の増大に伴い DRAM も大量に生産されるようになった。そして DRAM は PC の急激な需要拡大を背景に市場が大きく成長した結果，「ドル箱市場」と呼ばれるようになった。もともと DRAM は，アメリカによって開発・生産された半導体である。したがって，DRAM ビジネスが開始された初期（1970 年代）は，アメリカ企業のみ参入していたが，やがては日本の半導体企業も参入するようになった。その後，日本は品質・コスト面でアメリカを凌駕する DRAM 生産に成功し，1980 年代初期には，アメリカ企業の多くが DRAM 市場からの撤退を余儀なくされた。しかし現在は，日本もまた韓国企業の急速な台頭によって撤退している。

◆ 超 LSI 技術研究組合

　超 LSI 技術研究組合（以下，超 L 研）は，アメリカに対抗する手段として国家が主導した一大プロジェクトである。このプロジェクトは，半導体製造に関する技術開発に焦点をあてたものであり，ここでの成果はプロジェクトに参加した半導体企業と，製造する際に重要となる装置企業にも大きな影響をもたらした。そして超 L 研が終了した後，日本半導体産業・半導体製造装置産業はアメリカと肩を並べるまで飛躍的に成長している。またアメリカも，超 L 研の成功に触発された形で日本版超 L 研とも言える SEMATECH を立ち上げ，アメリカ半導体業界の再発展に寄与している。したがって超 L 研は，グローバルな視点から見ても半導体産業・製造装置産業の進歩に重要な役割を果たしたと言えよう。

【第 4 章】

◆ 職能資格制度

　従業員の仕事を能力に基づき格付けする制度であり，等級ごとの職能内容及びレベルを定義した職能資格基準のもとで，昇進・昇格等が決められる。職能資格制度のもとでの賃金形態を職能給という。

◆ 垂直統合体制

　垂直統合体制をモノ・機能・ヒトの企業内統合体制と定義する。モノは基幹部品等を企業内で内製化すること，機能は「開発―製造」の両機能を企業内に抱えること，ヒトは，研究開発技術者と製造技術者を含めた従業員を企業内で処遇することを意味する。本章では，機能・ヒトの統合に焦点を当てて分析した。

◆国際人的資源管理

多国籍企業の戦略のもとで，複数の国籍・文化的背景などからなる従業員を雇用しながら，その能力を十分に活かすべく採用される人的資源管理システム（詳しくは本文参照）。

◆グローバル採用

「グローバル採用」の用語は，実務家の世界で頻繁に使われている。「グローバル採用センター」というように，組織名称で使われることもある。国際人的資源管理の定義を参考にして，本章では，「多国籍企業の戦略のもとで，グローバルに優秀なコア人材を採用すること」と定義した。

【第5章】

◆中国，台湾，香港

1912年に中華民国が建国されたが，日中戦争後の1949年に武力革命により中華人民共和国が成立し，中国全土のほとんどを支配した。中華民国政府は台湾に逃れ，台湾を実効支配し続けた。その後2つの中国の争いが続いたが，1971年に国連の代表権が中華人民共和国に移り，中華民国が国連を脱退したことで，今では中国といえば中華人民共和国のことを指す。ただし，国際機関だけでなく，中国国内においても経済統計上は「台湾」を独立した地域として扱うことが多い。また，香港は1997年にイギリスから中国に返還され，特別行政区となったが，これも同様に経済統計上は独立的に扱うことが多い。WTO（世界貿易機関）には，中国，香港，台湾がそれぞれ加盟する形になっている。

◆発展途上国 (Developing Countries)

かつて経済的に未発展の国は「後進国」や「低開発国」と呼ばれた。しかし，1962年のUNCTADの設立以降，それらの表現は差別的であるとして，発展途上国（ないし開発途上国）(developing countries) という表現に変えられた。代表的な指標は世界銀行の分類によって，低所得国，低位中所得国，高位中所得国に分類される国々であり，最新の指標では2014年の年間1人当たり国民総所得 (GNI) が1万2735ドル以下の国々である。中国はいまや世界第2位の経済大国であるが，世界最大の人口国であり，2015年の1人当たりGNIは7820ドルで，高位中所得国であり，発展途上国に分類される。

◆多国籍企業 (Multinational Corporation ないし Transnational Corporation)

論者により定義は一致はしていないが，諸論者の定義をまとめたものとして竹田氏の以下の定義がある。「多国籍企業とはその実態からみて数カ国で直接投資によ

り主として生産（サービス）活動を行う拠点をもち，世界市場という観点から　これらを本国本社が経営，コントロールする企業である」（竹田志郎『国際戦略提携』同文館，1992年）。

◆対外直接投資（Foreign Direct Investment）

　国際資本取引のうち，「ある国の居住者（直接投資家）が，他の国にある企業（直接投資企業）に対して支配または重要な影響を及ぼすことに関連したクロスボーダー投資」のことで，通常は親会社が10%以上の持株比率を有する子会社・関連会社などに対する株式取得，資金貸借などを指す。多国籍企業化を測る主要な統計指標である。

【第6章】

◆BPO（Business Process Outsourcing）

　企業の中には，中核的な業務に人員や資金などの経営資源を集中する一方で，定型的な業務や一時的にしか必要としない業務を外部化（アウトソーシング）するところもある。こうした状況下，外部化された業務を専門的に請け負うBPO企業が誕生している。電話などによるカスタマーサービス，販売促進，給与計算，購買業務や受発注管理など，BPO企業が受注する業務は広範囲にわたる。情報通信技術を用いることで，比較的に自由に立地を選定できることから，定型的で労働集約的な業務は，低廉な労働力を確保できる場所へと分散していくようになった。それは，先進国の大都市から地方へ，そして先進国から発展途上国の大都市へ，さらに発展途上国の大都市から地方都市へと拡大している。近年ではインドのほか，フィリピン等でもBPO産業の成長がみられる。

◆インドの産業立地政策

　インドにおいて，産業振興に関しては，州政府が強い権限を持つ。具体的には工業団地の開発などで各州政府は公社を設立し，そこが電気や水道といったインフラ開発だけでなく企業誘致も行ってきた。また各州は独自に税の優遇策などを含めた産業政策を策定している。かつては大都市との地域的な不均衡を是正するために，経済的に後進な地域でのインフラ開発が精力的に推し進められてきたが，近年では大都市の近郊などで民間資本を導入した経済特別区（SEZ）の開発が活発化している。

【第7章】

◆グローバル寡占企業

　グローバル寡占企業とは，貿易と投資が自由化した産業で活動する企業が，大規模化し，寡占化した企業である（夏目［2014］）。この定義により，当該国や地域の市場が海外企業に開放されている限り，地元の企業が海外市場に進出しなくてもグローバル寡占企業になり得る。この意味で，フォーチュン誌のグローバル500にランキング入りをしている企業はグローバル寡占企業である。

◆新興国多国籍企業

　本国を含めた2カ国以上の先進国・発展途上国で事業活動する企業である。つまり，中国など新興国のグローバル寡占企業は，自国のグローバル市場で先進国企業との企業間競争を経て大規模化，寡占企業化し，企業特殊的優位を確立することにより，他の発展途上国や先進国に進出し，新興国発の多国籍企業となるのである（夏目［2014］, p17）。

◆モジュール化

　モジュール化とは，1つの複雑なシステムを，相互依存の強い部品同士で構成するのではなく，交換可能な独立した機能を持つ部品同士で構成しようとすること。パソコン，特にデスクトップ・パソコンの場合，CPUのロケット，PCI，シリアルATAなどデータ伝送・交換のインターフェースが標準化され，組立や部品の交換・アップグレードが容易になっている。

◆スマホ

　スマートフォンの略語であり，個人用の携帯コンピュータの機能を併せ持った携帯電話のことである。従来の携帯情報端末（PDA）に携帯電話・通信機能を統合したもの，と表現されることもある。単に高機能というだけでなく，汎用のOSを搭載し，利用者が後からアプリと呼ばれるソフトウェアなどを追加できるようになっている機種を指す場合が多い。一般的なスマートフォンの持つ機能としては，パソコンと同じウェブブラウザ（フルブラウザ）によるウェブ閲覧や，電子メールの送受信，文書ファイルの作成・閲覧，写真や音楽，ビデオの再生・閲覧，カレンダー機能，住所録，電卓，内蔵カメラのある機種では写真や動画の撮影，テレビ電話などがある。

◆中国語（漢字）情報処理技術

　今日，日本や中国など漢字を使用する国々では，コンピュータやパソコンは数千字種の漢字を多様なフォントで自由に扱うことは当然のことと思われるが，実は，

キーワード（用語解説） 257

これは1980年代末になって，ようやく実現したものである。というのは，アルファベットを使用する国においては，一般のデータ処理では47〜63字あればよく，テキスト処理でも88〜94字程度の文字種が扱えれば十分で，これを前提に入出力装置が開発されてきたからである。しかし，アルファベットは1バイトの容量で表現できるのと違って，漢字を表現するには2バイトが必要であり，また，漢字の文字種が多く，文字の字形も字画が多く複雑であるため，コンピュータでの漢字処理はアルファベットと比べてはるかに困難であった。中国では，政府主導で1974年8月からその後約10年間にわたって数百の研究チーム，数万人の技術者を動員した大型研究開発が行われた結果，多数の研究成果が蓄積された。

【第8章】

◆グローバル・サプライチェーン・マネジメント

　グローバル・サプライチェーンとは，グローバルな規模で部品・材料の調達から生産，組立，販売を行いモノの流れおよびこれに関連する情報の流れをさす。このグローバル・サプライチェーンを合理的にマネジメントするために行われるのが，グローバル・サプライチェーン・マネジメントである。

◆部品調達

　部品調達とは，企業が部品や材料を入手することであり，内部調達と外部調達の2つに大別される。内部調達には，自社の内部からの調達と，多国籍企業の親会社および海外子会社からの調達がある。外部調達には，国内の独立供給企業からの調達と海外の独立供給企業からの調達がある。

◆モジュール

　モジュールとは，機能単位，交換可能な構成部分を意味する。システムの一部を構成するひとまとまりの機能をもった部品で，システムやその他の部品への接合部（インターフェース）の仕様が規格化・標準化されていて，容易に追加や交換ができるようなものを意味する。一般的なパソコン製品は主要な部品がモジュール化されており，必要に応じて部品を組み替えたり，後から最新の部品に交換して性能を向上させられるようになっている。

【第9章】

◆新興国市場

　新興国市場とは，いくつかのカントリーリスクがあるものの，近年の目覚ましい経済発展と内需拡大が大いに期待されるブラジル，ロシア，インド，中国，南アフ

リカ，ベトナム，メキシコ，中近東，インドネシアなどの市場を指す。これらの市場経済の成長スピードは，以前より鈍化しているものの，先進国市場より5倍以上のスピードで成長し続けており，数多くのグローバル企業が進出している。

◆**キャッチアップ**

キャッチアップとは，追いつくことである。キャッチアップ論は，後発国が先進国の開発した技術の導入や資本を輸入することによって，技術開発と資本蓄積に必要な時間と費用を節約（後発性の優位）でき，先進国に短期的に追いつくというものである。このキャッチアップ論において，国家レベルでは後発性の優位を享受するための後発国側での社会的技術基盤，社会の技術的能力といった主体的能力の研究が進められるとともに，産業・企業レベルでは後発企業での企業内の資源や学習プロセスへの研究が進められている。

◆**成長戦略**

成長戦略とは，企業戦略ともいい，自社の成長を計画的に実施するための方針である。とりわけ，複数の事業部をもつ企業が，会社全体として，どのように成長し発展するかを検討するものである。つまり，将来にわたって成長が見込め，利益をもたらすと想定される分野へ積極的かつ計画的に対応する方針である。事業分野の選択と事業間の資源展開が主たるものになる。

◆**競争戦略**

競争戦略とは，企業間における競争が激化する中で，自社の確固たるポジションを確保すべく，競合他社と異なる独自の戦略を行うことである。それには，ポーターが提唱した「3つの基本戦略」が代表的である。1つ目は，競合他社よりも低いコストを実現することにより，競争優位を確立する「コスト・リーダーシップ戦略」である。2つ目は，競合他社の製品と比べ機能やサービス，デザイン面において差異を生み出すことにより，競争優位を確立する「差別化戦略」である。3つ目は，市場を小さく区切り，特定の顧客，特定の地域，特定の流通チャネルに絞って攻める「集中戦略」である。集中戦略には，コスト集中戦略と差別化集中戦略の2つがある。

【第10章】

◆**特許**

特許とは，その発明を使用する権利を持っている会社等が，その権利を独占できる制度。企業は開発した製品を特許として権利化し，その権利を武器に事業で利益を上げ，その収益の一部を研究開発に投じる。他社は特許権者の許可がなければそ

の製品の製造も販売もできない。独創的な発明をしていても、特許を取らなかったために他人に先を越されてしまうこともある。しかし、特許出願を行うと、その内容が公開されるため、あえて特許出願をせず模倣を防ぐ戦略を採る場合もある。

◆イノベーションのジレンマ

イノベーションのジレンマとは、業界をリードするような優良企業が行う合理的で正しい経営判断が、破壊的技術が作り出す新しい成長市場への参入機会を失わせる現象のこと。バウアーとクリステンセンが提示した。技術レベルが一定以上に達し、製品の性能が過剰になってくると、低価格・低性能の製品で満足する顧客が現れる。優良企業はこの低価格・低性能の新市場への参入を見合わせるが、この市場が急成長し、性能面でも既存市場の製品を凌駕して、優良企業の牙城である既存市場を駆逐するという事例が見られる。このように、競争市場を勝ち抜くために行われる「持続的イノベーション」への経営資源の集中という戦略が、低価格・低性能の製品という「破壊的イノベーション」に直面した時には戦略的に失敗となってしまう現象を、イノベーションのジレンマという。

◆選択と集中

選択と集中とは、1980年代にアメリカのゼネラル・エレクトリック社のCEOであったジャック・ウェルチ氏が実践した経営戦略で、自社の得意な事業に経営資源を集中的に投下する手法のこと。1980年代までは、多くの日本企業は経営の多角化を行い、事業を拡大していった。しかしバブルが弾けると、手を広げたことが経営の足を引っ張るようになり、コア事業を見極めそれに資源を投入する、選択と集中という戦略を取るようになっていった。

◆金型

金型とは、工業製品を製造するための型のこと。同じ形の工業製品をたくさん作るためには、もととなる「型」が必要になるが、その型の総称。多くが金属製であるためこう呼ぶ（鯛焼きの型をイメージするとわかりやすい）。専門の技術が必要なため、メーカーが自社内で作成するのではなく、金型専門の企業に外注するのが一般的である。

◆スマイルカーブ

スマイルカーブとは、エイサーの創業者である施振栄氏が発案したもので、IT産業における収益構造を示すものとしてよく利用される概念である。事業プロセスの川上に位置する商品コンセプト立案や開発、川下にあたる販売や保守の収益性は高いが、中間の組み立て工程の収益性は低い傾向がある。これを、縦軸に付加価値、横軸に事業プロセスをとってグラフ化すると、図表10-2が示すように、両端

が高く，中ほどが低い線が描け，ちょうど笑った時の口のラインのようになることから，「スマイルカーブ」と呼ばれている。

【結章】

◆タックスヘイブン

租税回避地という訳になるが，それは非居住者にゼロまたはゼロに近い税率を提供し，ゆるくて柔軟な法人設立制度を有する守秘法域である。この守秘法域とは情報の不透明性を制度化する自治権を有する場所あるいは国のことであり，この情報の不透明性という特徴により単なる優遇税制の地域とは異なるのである。

◆企業内貿易

多国籍企業，またはそのグループ内部において本国の親会社と外国にある子会社，また外国にある子会社とその別の外国にある子会社において国境を越えて製品などが取引されることをいう。企業の多国籍化と産業内貿易の発展により，こうした取引が世界経済に大きな影響を及ぼすようになってきた。

◆移転価格

企業内貿易におけるその取引価格のことである。その価格が経営者によって恣意的に決められ，独立企業間の取引価格である市場価格と大きくかい離している場合には，当該国がその移転価格税制に基づき多国籍企業に追徴課税を行う場合がある。

◆フェアトレード

フェアトレードとは，たとえば途上国の生産者や労働者の自立をめざし，公正な国際貿易，すなわち原料や製品を適正な価格で継続的に取引することをめざして実践することである。その前提は，自由貿易は途上国に不利であり，それが貧困の拡大の原因ととらえられるという問題意識である。というのも，一次産品の取引において，およそ生産者はその仲買人や輸出入業者よりもその立場が弱いためである。

◆南々問題

南北問題は主に途上国と先進工業国の経済的格差の問題であるが，南々問題は近年のグローバリゼーションの進展により先進国が製造業の比重を下げ，サービス産業の比重を増やし，途上国のなかでその製造の担い手として工業化を達成し経済を発展させた新興工業国や資源産出国が現れ，それらの国と最貧国との経済格差が拡大する問題である。

索　引

【数字・アルファベット】

21世紀の多国籍企業　17
BPO　126-127, 130, 136
DRAM　66
Dell　49
EMS　49, 57, 210, 214-215, 217
　　──鴻海精密工業　49, 57
FDI所得　34
　　──の割合　33
FG500　143
GDPに対する海外直接投資（FDI）所得　32
GE　47
HP　49, 59
IBM　47, 145
ICP（インターネット・コンテンツ・プロバイダー）　149
ICT革命　233, 238
ICTサービス　125
　　──請負拠点　18
　　──企業　128, 131, 133, 135
　　──産業　123-128, 131-132, 135
　　──多国籍企業　17
IT-BPO　17
ITサービス　126-127, 136
ITバブル崩壊　52-53
IT―ビジネス・プロセス・アウトソーシング　17
IoT　223, 228
LG電子　55-56, 60
Made "in" Japan　50
M&A　220-221
MIS　147
MRP II　147
NASSCOM　126
NEC　45, 47, 49-50, 52-54, 60-61, 145

ODM　152, 214, 217, 226-228
OEM　152
OPPO　152
SEZ　135, 137
SPEs　28
STPI　135-136, 138
TCS社　131, 133, 135
Tokyo Electron　72
Vivo　152, 154
WTO　1

【ア行】

アイルランド　31
アウトソーシング　50, 124-126, 130-131
アジア企業　19
アジア通貨危機　188, 190-191
アジアの製造請負企業　23
アセンブリモジュール　171
アップグレード　131
アップル　59-60
アメリカ多国籍企業　16, 22
　　──の経営戦略　6
アメリカの政治的な不安定　19
アメリカの中間所得層　19
委託契約　18
移転価格　237, 244
インテル　54
インド　19, 123
　　──企業　123
　　──南部　128
　　──北部　128, 136
インフォシス社　131-133, 135-137
ウィプロ社　133
請負製造企業　17
売上高世界最大500社　1-2
英国領バージン諸島　30

エイサー　49
エイスース　49,59
液晶　211-213, 215, 222, 224-225
エリクソン　60
エルピーダメモリ　50,53
エレクトロニクス産業　17
オフィス・パーク　131, 135
オフショア・アウトソーシング（海外製造委託）　17, 236-237, 239, 242
オフショア金融センター　27, 29, 34
オフショアリング　17
オペレーション・マネジメント　236
オランダ　31
オンリーワン　210-212

【カ行】

海外生産　49-50, 62
海外調達　171
海外直接投資（FDI）　234
海外展開　52
外部委託（アウトソーシング）　48
外部化　123-124, 126
外部環境　187-188
外部調達　167
外部不経済　130-131
過剰設備能力　27
各国大企業の経営戦略　6
金型　217, 227, 259
株価至上主義　7
株式時価総額　235, 239
株式ボーナス　227
株主価値主義　7
株主資本利益率（ROE）　239
ガラパゴス化　60
ガリバー型寡占　1
カリブ海金融センター　30
カルテル　232
韓国　19
企業価値　7, 235, 237-238, 241
企業内貿易　234, 237
企業モデル　22
逆技術スピルオーバー　118
キャッチアップ　51, 56, 63, 184, 187-188
競争環境　130-131

競争戦略　201
競争優位　131
クアルコム　54
クリスタルサイクル　56-57
クレパス　179, 181
グローカル戦略　197, 199
クロスボーダー　220
　——M&A　143-144, 228
グローバリゼーション　232, 235
グローバル寡占企業　143, 256
グローバル採用　82-91, 93-94, 97-99
グローバル・サプライチェーン・マネジメント　163
グローバル人材　184, 190, 195
グローバル戦略　195
グローバルなICT産業　19, 21
　——構造　19
経営戦略　7
経営者　138
景気対策　2
経済大国　44-45
経済特別区　135
携帯電話　211, 213
ケイマン諸島　30
系列企業　167
現在の価値　7
現地化　187-188
現地調達　171
減量経営　45
コア・コンピタンス　189
構造改革　52, 62
高等教育機関　133
高付加価値　46
　——化　52
　——化製品　46
　——製品　53, 62
国際人材紹介サービス　95, 97
国際人的資源管理　83-85
国際税務戦略　244-245
国有企業　4
国立工業技術研究院　222
コスト・パフォーマンス　203
コスト優位　131, 133
国家資本主義　234

コモディティ化　62
雇用と賃金　18
コールセンター　126, 137

【サ行】

最貧国　244
サービス請負企業　23
サービス産業　25
サービス貿易　126-127
サプライチェーン（供給連鎖）　234-237
サムスン電子　39, 50-51, 53, 55-56, 59-63, 184
産業振興　124, 136, 138
産業部門別構造の特質　21
産業誘致　136-137
三洋電機　38, 47, 61
賜給制度　179, 181
市場志向型　99
市場ニーズ　213
持続的競争優位性　72
シャオミー　152, 154
社内資格　92, 98
ジャパン・アズ・ナンバーワン　39
シャープ　38, 47, 54-55, 57, 59-61
州政府　135
集積　124, 130
　──地　131, 133, 138
自由貿易　231-232
情報家電　49
情報通信技術　123, 127
情報配信サービス　22
将来の価値　7
職能資格制度　82, 84-85, 98
所得の発生　30
シリコンサイクル　52
白物　222-223
シンガポール　31
新経営　188-190, 198, 205-206
新興国企業　3
新興国市場　156
新興国大企業　1
新興国多国籍企業　256
新興国の経済発展　1
新・三種の神器　53
新竹科学工業園区　228

垂直型統合戦略　149
垂直統合型企業　47, 62
　──モデル　54
垂直統合型組織　123
垂直統合体制　85
スマート・モバイル革命　149
スマホ　256
　──産業　149
すり合わせ　47, 52, 55, 58, 62
生産的投資　30
製造工程　78
成長戦略　184
製品の高付加価値化　46
世界経済危機　15
世界製造装置産業　70
世界の工場　2
世界の資源採取産業　26
世界の市場　2
世界の多国籍企業　15-16
世界貿易機関　2
折衷理論　116
設備能力が過剰　26
専業企業　22
　──化する戦略　18
　──群　22
先進国市場　156
先進国大企業　1
先進国へ回帰　24
選択と集中　48-49, 53, 55, 61-62, 188-190, 206
戦略的資産取得　147
総合電機　38, 47, 50, 53-54, 58, 60, 62
総資産利益率（ROA）　239
創造性資産追求　116
走出去政策　117
組織志向型　99
租税回避行動　245
租税回避地　29, 33
ソニー　47, 54-55, 57-61

【タ行】

対外M&A　113
対外直接投資　105
　──フロー　15, 17
大規模な統合企業　18, 22

索　引　263

大卒者　133, 137-138
大都市　124, 127-128, 130-131, 133
対内直接投資残高　24-25
対内直接投資フローの急激な減少　26
太陽電池　211, 213
台湾　19
台湾積体回路製造（TSMC）　54
多角化　46, 49
多国籍企業　123
タックスヘイブン（租税回避地）　29, 33, 236-237, 242, 244-245
タックス・マネジメント　237
地域専門家制度　195
知的財産　235, 237
　──権　216-217, 241, 245
地方政府　124, 139
地方都市　128, 131, 133, 135, 137, 139
地方分散　127, 133
チャンディーガル　128-129, 136-138
中央政府　135-136
中国移動通信　143
中国科学院計算技術研究所　145
中国企業　2
　──の成長　1
中国語（漢字）情報処理技術　256
中国語（漢字）情報処理用　146
中国製造業のICT（情報通信）産業　5
中国多国籍企業　107
中国電子信息（CEC）　143
中国電信　143
中国の国有大企業　4
中国の自動車産業　4
中国の超巨大国有企業　4
中国の鉄鋼業　5
中国聯通　143
中小企業　138
中小部品企業　167
中進国企業　3
超LSI技術研究組合　67
調達戦略　180
地理的な分布　127
通信規格　150
デジタル化　52, 59, 61-62
デジタル家電　49, 52-54

テック・マヒンドラ社　133, 136-137
デリー　127-129, 133, 136-137
デル　59
電子商取引（eビジネス）　22
電子立国・日本　38-39, 42, 44, 47-48, 50, 53-54, 61
東芝　45, 47, 49, 52-54, 58-61
投資フロー　28
特別目的会社（SPEs）　28
特許　217, 258
トランスナショナル企業　119

【ナ行】

内部環境　187
内部資源　187
内部調達　167
南々問題（South-South problem）　244
日米逆転　3
日米再逆転　3
日米半導体協定　45, 50
日本型企業システム　44, 47-48, 61-62
日本型生産システム　52
日本企業システム　38
日本的雇用慣行　47, 49, 52, 56, 62
認可制　151
ネットワーク型企業（専業企業）　146
ノキア　49, 60

【ハ行】

ハイアール　53, 61
パイオニア　55
発展途上国　124
　──多国籍企業論　105
パナソニック　45, 47, 52-55, 57, 59-61
バミューダ　31
バンガロール　127-128, 131, 133
パンジャーブ州　129, 136-137
半導体産業　65
半導体製造装置産業　65
ビジネスモデル　123, 131
日立製作所　45, 47, 50, 52-55, 57-61
ヒューレット・パッカード（HP）　145
費用節減　131, 133
ファーウェイ　59-60, 143, 154

索引

ファウンドリ　49, 53-54
　　——である台湾積体回路製造（TSMC）　48
ファーストフォロワー　189, 197-198, 200, 207
ファーストムーバー　207
ファブレス化　52, 62, 236
ファブレス企業　57
フェアトレード（公正貿易）　243
フォーチュン・グローバル500　143
富士通　45, 47, 52-54, 59-61
部品開発　177, 180
部品調達　164, 175
　　——ルート　167, 172, 180
部品の国産化率　170-171
部品の内製化　169
　　——率　169, 180
プラザ合意　45
プラットフォーム　198
　　——・エコノミー　23
　　——戦略　150
ブランド　236
プロセス・レシピ付製造装置　69
分散立地　124, 129, 132, 139
分析対象　6
分析方法　6
米日欧の先進国大企業　1
ベンチマーキング　197
法域　34
法人税率　239, 244
保護貿易　232
ボディ・ショッピング　126-127
ボリュームゾーン　53, 56-57, 61-62, 193
ホワイト・カラー労働者　18
本業部門のスリム　46
香港　19
鴻海精密工業　61

【マ行】

マイクロエレクトロニクス（ME）技術革新　45
マイクロン・テクノロジー　53
マーケット・イン　190, 192
三菱電機　45, 47, 49-50, 52, 54, 57, 60-61
メインバンク制　47, 52, 62
メディオン　145
モジュール　150
　　——化　52, 57, 61-62, 171, 256
持ち株会社　33
持株会社形態　33
モトローラ　49, 60
　　——・モビリティ　146, 154
モバイル　143

【ヤ行】

有機EL　222
輸出大国　44

【ラ行】

ライセンス　151
ラインナップ　193, 203
リストラクチャリング（リストラ）　46, 48-49, 52-54, 56, 62-63, 189
立地　123, 126, 128, 130-131, 133, 135-136, 139
　　——行動　135
　　——点　139
リードタイム　217, 227
リバースエンジニアリング　51, 56, 188, 197
リーマン・ショック　2, 15, 52, 57
ルクセンブルグ　31
ルネサスエレクトロニクス　54
レノボ　59-61, 143, 145
労働力プール　133, 137-139
ローカル企業　138

【ワ行】

ワンチップ化　177

執筆者紹介 （執筆順）

夏目　啓二	（龍谷大学経営学部教授）	序章，第1章
宮崎　信二	（名城大学経営学部教授）	第2章
上田　智久	（東京農業大学生物産業学部准教授）	第3章
羽渕　貴司	（神戸国際大学経済学部准教授）	第4章
中川　涼司	（立命館大学国際関係学部教授）	第5章
鍬塚賢太郎	（龍谷大学経営学部准教授）	第6章
陸　　云江	（龍谷大学経営学部非常勤講師）	第7章
宋　　娘沃	（中国短期大学情報ビジネス学科准教授）	第8章
李　　美善	（名古屋経済大学経営学部准教授）	第9章
中原裕美子	（九州産業大学経営学部教授）	第10章
林　　尚毅	（龍谷大学経営学部教授）	結章

編著者紹介

夏目　啓二（なつめ　けいじ）

1948 年　名古屋市生まれ
1979 年 3 月　立命館大学院経営学研究科博士課程単位取得
1994 年 4 月～現在，龍谷大学経営学部教授
1997 年 3 月　博士（経営学）
1998 年 9 月～1999 年 9 月　カリフォルニア大学デービス校客員研究員

単　　著　『21 世紀の ICT 多国籍企業』同文館，2014 年
　　　　　『アメリカの企業社会』八千代出版，2004 年
　　　　　『アメリカ IT 多国籍企業の経営戦略』ミネルヴァ書房，1999 年
　　　　　『現代アメリカ企業の経営戦略』ミネルヴァ書房，1994 年
編 著 書　『アジア ICT 企業の競争力』ミネルヴァ書房，2010 年
　　　　　『21 世紀の企業経営』日本評論社，2006 年
共編著書　『グローバリゼーションの経営学』ミネルヴァ書房，2009 年
　　　　　『テキスト多国籍企業』ミネルヴァ書房，2006 年
　　　　　『企業経営変革の新世紀』同文館，2002 年
　　　　　『競争と協調の技術戦略』ミネルヴァ書房，1999 年
　　　　　『地球時代の経営戦略』八千代出版，1997 年
　　　　　『経営管理論の歴史と思想』日本経済評論社，1992 年

龍谷大学社会科学研究所叢書第 114 巻
21 世紀 ICT 企業の経営戦略
―変貌する世界の大企業体制―

2017 年 2 月 28 日　第 1 版第 1 刷発行　　　　　　　　　検印省略

編著者　夏　目　啓　二

発行者　前　野　　隆

発行所　株式会社 文　眞　堂
　　　　東京都新宿区早稲田鶴巻町 533
　　　　電　話　03（3202）8480
　　　　FAX　03（3203）2638
　　　　http://www.bunshin-do.co.jp
　　　　〒162-0041　振替00120-2-96437

製作・モリモト印刷
© 2017
定価はカバー裏に表示してあります
ISBN978-4-8309-4922-7 C3034